本书为国家社科基金项目"马克思主义价值观研究"(15CKS032)和中共中央党校(国家行政学院)青年教师个性化成长规划项目成果

中共中央党校（国家行政学院）
马克思主义理论研究丛书

历史唯物主义的"名"与"实"

THE "NAME" AND "REALITY" OF
HISTORICAL MATERIALISM

王虎学 ◎ 著

社会科学文献出版社
SOCIAL SCIENCES ACADEMIC PRESS (CHINA)

中共中央党校（国家行政学院）
马克思主义理论研究丛书
编委会

主　编　张占斌
副主编　陈江生　牛先锋　辛　鸣
成　员（按姓氏笔画排序）：
　　　　　　王中汝　王虎学　张　严　李海青
　　　　　　邱耕田　陈曙光　黄　锟　薛伟江

代序一

在中央党校马克思主义学院成立大会上的讲话
（2015年12月26日）

何毅亭

今天是中央党校一个值得纪念的日子，因为中央党校马克思主义学院正式成立了。我代表刘云山校长、代表中央党校校委会，对中央党校马克思主义学院成立表示热烈的祝贺！对前来参加马克思主义学院成立大会的各位领导和嘉宾表示衷心的感谢！对在马克思主义理论教学和研究中辛勤耕耘和默默奉献的校内外老领导老同志和广大教职员工表示诚挚的敬意！

《共产党宣言》发表以来，马克思主义在一个多世纪里实现了广泛的传播，唤起了普遍的觉醒，指导和引发了世界范围深刻的社会变革。马克思主义的传入给近代中国带来了革命性变化，中华民族由此开启了全新历程。如今，世界上越来越多的人认识到：中国道路深刻改变了当代中国面貌，中国理论使马克思主义焕发生机，中国经验对世界的影响日益凸显。回过头看，世界上还没有哪种思想理论像马克思主义这样对人类社会发展产生如此巨大的作用和如此深远的影响。

成立中央党校马克思主义学院，是中央党校校委会作出的重大决策，得到刘云山校长的大力支持和党中央批准同意。在前不久召

何毅亭，中共中央党校（国家行政学院）分管日常工作的副校（院）长。

开的全国党校工作会议上，习近平总书记在讲话中强调坚持党校姓党首先要坚持姓"马"姓"共"时特别指出："中央批准中央党校成立马克思主义学院，就是坚持党校姓'马'姓'共'之举。"在如此重要的场合，习近平总书记把中央党校成立马克思主义学院提到这样的高度来强调，充分体现了党中央对发挥好党校作用这个党的独特优势的重视和期望，是对中央党校马克思主义学院乃至全国所有马克思主义学院的最大鼓舞和鞭策。

中央党校的前身就是1933年在江西瑞金建立的"马克思共产主义学校"，一开始就姓"马"。新中国成立前后一段时间，中央党校曾更名为"马列学院"，也公开姓"马"。长期以来，中央党校的教学和科研坚持以马克思主义为中心，各个教研部围绕马克思主义理论学科建设来设置，2009年又专门增设马克思主义理论教研部。就是说，中央党校从整体上就是一所马克思主义学院。那么，为什么还要单独成立马克思主义学院呢？

我们知道，中央党校是党的最高学府，是党的思想理论建设的重要阵地和意识形态工作的重要部门，讲授马克思主义、研究马克思主义、宣传马克思主义，既天经地义更责无旁贷，中央党校马克思主义基本理论学科齐全，除国务院学位委员会第一批批准的马克思主义理论一级学科外，还拥有马克思主义哲学、政治经济学、政治学等学科博士学位授权点，其中哲学、理论经济学、科学社会主义、党史党建是国家重点学科。在多年理论教学和研究工作中，中央党校聚集和培养了一批政治立场坚定、马克思主义学养深厚、在相关学科领域有影响的专家学者。在中央党校马克思主义理论教研部基础上成立马克思主义学院，可以搭起一个新的更大的平台，更好整合校内马克思主义理论学科资源，更好聚集党校系统马克思主义理论学科建设优势，更好发挥中央党校乃至整个党校系统在马克思主义理论教学、研究、宣传和人才培养方面的重要作用。特别是党的十八大以来，以习近平同志为核心的党中央更加重视马克思主义理论研究和建设工程，明确提出要大力推进包括马克思主义学院建设在内的理论工作"四大平台"建设。中央党校成立马克思主义学院，是贯彻党中央要求的重要举措，很有必要、意义重大。

刚才，几位兄弟单位的领导发表了热情洋溢的讲话，你们在讲授、研究、宣传马克思主义理论方面卓有成效的工作，对我们有很大启发和帮助。中国社会科学院自2005年成立马克思主义研究院至今已经十年，取得的成就和产生的影响有目共睹。北京大学今年10月举办首届"世界马克思主义大会"，来自五大洲的400余位中外学者参加会议，120余位专家学者在论坛发言，规模空前、成果丰厚。目前，全国已有200多所高校成立了马克思主义学院，大家各具特色和优势，发展态势可喜可贺。中央党校马克思主义学院要学习借鉴兄弟单位的成功做法，进一步彰显自己的特色和优势，努力建成一流的马克思主义教学基地、一流的马克思主义研究高地、一流的马克思主义思想阵地。

建成一流的马克思主义教学基地，最根本的是干好党的理论教育和党性教育这个主业主课，在用马克思主义理论教学育人方面走在前列。党校是我们党教育培训党员领导干部的主渠道主阵地。旗帜鲜明、大张旗鼓地讲马克思主义、讲中国特色社会主义、讲共产主义，用马克思主义理论武装学员头脑，推动学员提升看家本领，帮助学员补钙壮骨、立根固本，是党校办学的中心工作，更是马克思主义学院必须重点抓好的第一位任务。马克思主义学院讲授马克思主义，要更加注重学员对马克思主义经典著作的学习研究，引导学员努力掌握辩证唯物主义和历史唯物主义基本原理和方法论。特别要把马克思主义中国化最新成果作为中心内容，深入解读阐释习近平总书记系列重要讲话精神，引导学员以"四个全面"战略布局和"五大发展理念"为主线，进一步深化对习近平总书记系列重要讲话的系统学习和深入理解，做到学而信、学而用、学而行。还要强化问题导向，注重回答普遍关注的问题，注重消除学员思想上的疙瘩，防止空对空、两张皮，增强马克思主义理论教学的针对性和实效性。

建成一流的马克思主义研究高地，最根本的是以马克思主义眼光纵观天下大势，在研究阐释 21 世纪马克思主义、当代中国马克思主义方面走在前列。马克思主义是在提出问题和分析问题过程中产生的，也要在提出、分析和解决问题中不断丰富和发展。21 世纪的世界，各种问题矛盾风险层出不穷、不确定因素大量增多，马克思主义为分析和应对这些问题矛盾风险以及不确定因素提供了根本的思想指南。21 世纪的中国，我们党带领人民为实现"两个一百年"目标和中华民族伟大复兴的中国梦而不懈奋斗，在这个进程中也会遇到各种矛盾风险挑战，会面临一些需要研究解决的深层次问题。比如，如何在经济社会发展中更好体现社会主义本质，实现效率与公平、人与自然的统一；如何在坚持和完善中国特色社会主义政治制度中更好发展社会主义民主、健全社会主义法治，充分实现人民当家作主；如何在推进社会主义精神文明建设中培育和践行社会主义核心价值观，实现人的自由全面发展，在借鉴世界优秀文明成果基础上实现中华文明的复兴。凡此等等，都需要以马克思主义为指导进行深入探索和研究，从理论和实践结合上作出有说服力的回答。马克思主义学院开展这方面的研究，开展哲学社会科学研究，不能坐而论道，而要突出问题意识和实践导向，积极参加马克思主义理论研究和建设工程，深入实施马克思主义理论骨干人才计划，加强对重大现实问题和突出矛盾的对策性研究，努力成为出思想、出成果、出人才的研究高地。

建成一流的马克思主义思想阵地，最根本的是在加强思想理论引领、构建中国特色话语体系方面走在前列。当今时代，社会思想观念和价值取向日趋多元，社会思潮纷纭激荡。党校不是世外桃源，意识形态领域的许多重大问题都会在党校汇聚。这就给党校、给中央党校马克思主义学院提出了提升思想引领力和话语主导权的任务。现在，世界范围话语权上"西强我弱"的格局还没有根本改变，我们的话语体系还没有建立起来，声音偏小偏弱，不少方面处于"失语"或"无语"状态，我国发展优势和综合实力还没有转化为话语优势。你没有，西方话语体系就乘虚而入，就大肆兜售和贩卖。如果我们饥不择食，沿用人家的逻辑和思路来做，就会进人家的套。习近平总书记在全国党校工作会议上明确提出：失语就要挨骂。争取国际话语权是我们必须解决好的一个重大问题。他要求党校在这方面发挥重要作用。马克思主义学院要认真贯彻习近平总书记这一要求，发挥好中央党校和党校系统的学科优势、人才优势和整体优势，加强力量协调，加强资源整合，弘扬主旋律、传播正能量，及时发出中国声音、鲜明展现中国思想、响亮提出中国主张。要加强对各种社会思潮的辨析和引导，坚持在重大政治原则和大是大非问题上净化"噪音""杂音"，敢于发声亮剑，善于解疑释惑，为坚持和巩固党在意识形态工作的领导、巩固马克思主义在意识形态领域的指导地位作出积极贡献。

这里需要特别指出的是，中央党校成立马克思主义学院，绝不是简单的名称改换，绝不是追求形式上的好看中听，而是要以学院成立为新起点和重大契机，着力提振全校的精神状态，以新的思路和得力举措全面提升马克思主义学院的教学科研水平，全方位提升马克思主义学院的影响力和核心竞争力。

马克思主义学院要坚持政治建院，始终唱响姓"马"姓"共"主旋律。马克思主义学院因加强马克思主义理论教学和科研而办，坚持政治建院是应有之义。要始终把握正确的政治方向，严守党的政治纪律和政治规矩，向以习近平同志为核心的党中央看齐，把姓"马"姓"共"贯穿于办院全过程，做到党中央要求干什么就坚定干什么，党中央禁止什么就坚决反对什么，以实际行动维护党中央的权威。马克思主义学院一切工作都要围绕党和国家的中心工作来进行，无论是制定教学和科研规划、确定教学和科研任务，还是设置教学和科研内容、创新教学和科研方法，都要自觉从党和国家工作大局去把握、去落实。在这个问题上，脑子要特别清醒、眼睛要特别明亮、立场要特别坚定。要把握好政治立场坚定性和科学探索创新性的有机统一，处理好学术研究和理论宣传的关系，处理好言论自由和政治纪律的关系，做到学术研究无禁区、课堂讲授有纪律、公开言论守规矩，决不允许公开发表违背党中央精神的错误观点，决不能信口开河、毫无顾忌。

马克思主义学院要坚持人才强院，多举措打造高端理论人才队伍。办好学院，关键在人才，尤其是领军人才和拔尖人才。缺乏马克思主义理论名师名家，缺乏一流的理论人才队伍，马克思主义学院是一流不起来的。习近平总书记在全国党校工作会议上对党校师资队伍和人才队伍建设提出明确要求，强调党校要办好必须有一批理论大家和教学名师，强调要充分利用各方资源，不求所有、但为所用，强调只要能够提高党校师资水平和教学水平，可以"八仙过海，各显神通"，各种办法都可以用。这些重要思想，给办好党校、办好学院提供了科学的人才方法论。中央党校将围绕打造马克思主义理论高端人才队伍，抓紧实施"名师工程"和"高端人才引进计划"。一方面，通过访学深造、挂职锻炼、教研实践、蹲点调研、外出培训以及优秀教师传帮带等方式，着力提高学院现有教研人员的政治素养、专业水平、科研能力。另一方面，打开选人用人视野，以调入、聘任、兼职、合作研究等多种方式网罗人才，确保引得来、留得住、用得好。要通过坚持不懈努力，造就理论功底深、学术造诣高、教学科研成绩大、在学术界有影响的马克思主义理论名师名家；引进学术功底扎实、具有创新能力、在相关领域作出突出贡献的马克思主义理论高端人才；培养专业知识丰富、具有较大发展潜力的马克思主义青年才俊，从而形成自己的人才高地，以人才高地建设增强学院的实力、提振学院的影响力。

马克思主义学院要坚持管理兴院，全方位提升办学水平。办好一流的马克思主义学院，必须有一流的管理。政治建院、人才强院要落到实处都要依靠管理，通过管理形成风清气正、充满活力，富有效率、有利于出思想出人才出成果的政治生态和人文环境。学院的领导和中层干部要有责任意识和管理才能，处理好治院与治学的关系，既要当好学问家、学术带头人，还要当好管理者、组织者，善于抓执行、抓落实，积极探索和遵循办学规律，把马克思主义学院办出水平。一要坚持开放办院、开拓办院。要加大与先进同行的战略联盟，互联互通，共赢互进，共谋发展。尤其要加大与国内外先进同行在重大活动开展、议题设置、学科建设、平台建设、人才培养等方面的交流与合作，取长补短，博采众长，联合国内外优秀马克思主义研究者，引领马克思主义研究方向，提升话语权和软实力。二要抓好协同。把学院办好不仅仅是学院本身的事，党校各个单位都有责任，都要尽心尽力、协同作战。目前已经成立了囊括我校马克思主义理论研究和建设工程专家的专家委员会，还把中国马克思主义研究基金会也放了进去，下一步还要根据需要继续做好整合协调工作，像教研部门、刊物、学会、网站、数据库等都要协同起来，共同发挥最大作用。三要抓好保障。当前首要的是抓紧实施中央党校教学和智库建设创新工程，切实在用人制度创新、机构设置创新、教研组织方式创新、教研评价机制创新、教学科研资源配置方式创新上下功夫，最大限度地解放和发展教研生产力，调动教研人员积极性和创造性，为建成一流马克思主义学院提供坚强保障。要通过改革创新建立完善办学体制机制，鼓励学术立身，鼓励拔尖冒尖，鼓励集体攻关，让马克思主义理论人才感到有尊严、有盼头、有奔头，让马克思主义理论领军人才和青年才俊茁壮成长，让马克思主义理论名师名家脱颖而出。

中央党校马克思主义学院的成立，是中央党校的光荣，更是学院教职员工的光荣。希望学院全体同志牢记使命、振奋精神、鼓足干劲，全身心投入到马克思主义学院建设上来，尽快找准定位、理清思路，确保开局顺利，早日实现建院目标。

代序二

在"马克思主义理论创新与新中国70年成功实践暨第四届全国党校系统马克思主义学院教学科研座谈会"上的讲话
（2019年7月20日）

甄占民

今年是中华人民共和国成立70周年，深入总结我们党治国理政的经验无疑是庆祝新中国70岁华诞的重要内容。目前全党正在开展"不忘初心、牢记使命"主题教育，深入研究守初心、担使命的深刻内涵和实践要求无疑是理论工作者的重要责任。在这样的背景下，我们召开这次座谈会，以习近平新时代中国特色社会主义思想为指导，围绕新中国70年成功实践，探讨马克思主义理论创新问题，有助于我们深化对共产党执政规律的认识，把握初心初衷和使命担当，进一步回答中国共产党为什么"能"；有助于我们深化对马克思主义中国化历程的认识，深刻理解马克思主义深刻改变中国的生动实践，进一步回答马克思主义为什么"行"；有助于我们深化对改革开放和中国特色社会主义道路非凡意义的认识，更好地探讨"中国经验""中国奇迹"，进一步回答中国特色社会主义为什么"好"。可以说，这次座谈会时机特殊、意义特殊，展现了党校人、马院人对坚持和发展马克思主义的深厚情怀；展现了我们对党校姓党、思想建党、

甄占民，中共中央党校（国家行政学院）副校（院）长。

理论强党的不懈追求；展现了我们对坚持和发展中国特色社会主义、实现"两个一百年"奋斗目标和中华民族伟大复兴中国梦的责任担当。

在理论创新与实践创新的紧密互动中坚持和发展马克思主义，不断用发展着的马克思主义指导新的实践，是我们党带领人民进行革命、建设和改革的鲜明主题，也是新中国成立70年来最为宝贵的历史经验。70年来，我们党始终坚持解放思想、实事求是、与时俱进，始终坚持把马克思主义基本原理同中国具体实际和时代特征相结合，不断赋予马克思主义以新的时代内涵和新的实践特色，又不断从新的历史实践和历史经验中丰富和发展马克思主义。从坚持和发展毛泽东思想，再到创立邓小平理论，到形成"三个代表"重要思想，到形成以人为本、全面协调可持续的科学发展观，都是如此。历史也充分表明，理论创新与实践创新的紧密互动，成就了我们党，成就了中国特色社会主义，成就了马克思主义的新境界。也可以说，正是靠着不懈的理论创新和实践创造，我们党一次次在回答"时代之问"上达到了新的高度，一次次在"从哪里来、向何处去"的问题上产生了新的思想飞跃，一次次在推动历史进步上掀开了新的历史篇章。

越是波澜壮阔的实践，越是呼唤新的思想引领，也越能孕育新的伟大思想。党的十八大以来，面对具有许多新的历史特点的伟大斗争，以习近平同志为核心的党中央顺应时代发展大势，勇于回答"新的时代之问"，创立了习近平新时代中国特色社会主义思想，开辟了马克思主义的新境界。如果我们仔细分析这一思想的创立过程，就会清晰感到，一系列新的重大思想观点的提出、一系列新的重大战略举措的确立，都是在理论创新和实践创新的紧密联系中不断深化和完善的；如果我们深深领悟这一思想的鲜明特质，也会深深感到，贯穿其中的就是习近平总书记马克思主义政治家、思想家、战略家的非凡理论勇气、卓越政治智慧、强烈使命担当，"我将无我，不负人民"的赤子情怀，应时代之变迁、领时代之先声、立时代之潮流的领袖气度。应该说，植根于中国特色社会主义新时代，坚持理论创新和实践探索相统一，彰显了习近平新时代中国特色社会主义思想的独特思想魅力和强大实践引领力。

在理论创新与实践创新的紧密互动中坚持和发展马克思主义，是推动马克思主义中国化时代化大众化的基本规律；从理论与实践的紧密结合上学好、用好、讲好习近平新时代中国特色社会主义思想，是我们坚持和发展当代中国马克思主义、21世纪马克思主义的重要遵循。近年来，全国党校（行政学院）系统把学习研究宣传习近平新时代中国特色社会主义思想作为重中之重，在推进这一思想"进教材、进课堂、进头脑"上做了卓有成效的努力，得到了广大学员和社会各方面的普遍好评。如何往"深"里钻、往"透"里讲，引导党员干部在学懂、弄通、做实上再往前迈进一步？一个重要方面，还是要从理论与实践相结合上多努力、下功夫。从当前看，有两个方面的问题特别值得我们重视。

第一个问题，深入研究习近平新时代中国特色社会主义思想重大历史意义，特别是原创性贡献。

理论的价值在于原创性，原创性贡献越大则历史作用就会越深远。这对于我们深入学习贯彻习近平新时代中国特色社会主义思想，是一个至关重要的问题。

我们说，形成党的理论创新成果，实现了党的指导思想的与时俱进，重要的体现是什么？就是在紧跟时代中实现了理论上的创新创造；我们说，要充分认识这一思想的时代意义、理论意义、实践意义、世界意义，意义在哪里？关键是有理论上创新创造价值；我们说，增强贯彻落实创新理论的政治自觉、思想自觉、行动自觉，前提也是要真正弄清这一思想的原创性贡献。

"善学者尽其理，善行者究其难。"理论的原创性，不是指一般的看法、办法和措施，更多的是指对事物发展变化的规律性或本质性的新揭示，是指具有长远和全局意义的思想理念和战略举措的新创造，从而在社会历史进程中发挥引领作用。习近平新时代中国特色社会主义思想，贯穿着许多新视角、新范畴、新的分析框架，打破了惯常的视野局限、思维局限与理论局限，既有对马克思主义基本原理的进一步揭示，又有关于当今时代问题的新思想新观点，既有对社会主义理论基本范畴的丰富，又有对一些重要思想观点内涵的拓展，说出了很多前人没有说过的"新话"，阐明了很多前人没有阐明的道理，提出了许多前人没有提出的战略之举。

对习近平新时代中国特色社会主义思想的原创性贡献，思想理论界作了不少研究阐释。有的从马克思主义三大组成部分角度来阐述，即阐明对马克思主义哲学、政治经济学、科学社会主义方面的贡献；有的从中国特色社会主义理论体系的基本框架角度来阐述，即阐明这一思想在揭示社会主义本质特征、目标追求、发展动力等方面的贡献；有的从现代化发展战略的角度来阐述，包括阐明在战略目标、战略路径、战略布局等方面的贡献。所有这些，都对我们有重要的启示意义。

如果从政治与学理的结合上把握这一思想的原创性贡献，"三大规律"是很好的切入视角。为什么是一个好视角？从字面上讲容易理解：共产党执政规律、社会主义建设规律、人类社会发展规律，是一个层层递进、逐步深入的思路；从更深层面来思考，在坚持和发展中国特色社会主义的过程中，无论是在理论上，还是在实践上，我们党遇到的最经常、最集中的问题，就是这"三大规律"的问题。党的十九大报告也指出，"以全新的视野"深化了对"三大规律"的认识，在此基础上形成了习近平新时代中国特色社会主义思想。

第二个问题，深入研究习近平新时代中国特色社会主义思想的基本内涵，特别是系统化的理论体系。

任何一种思想学说都有一定的系统性。作为马克思主义中国化最新成果的习近平新时代中国特色社会主义思想，同样具有系统化的鲜明特征。从党的历史进程看，每一次重大理论创新成果的确立，每一次指导思想的与时俱进，都是在系统回答时代课题中实现的，也是以系统化的思想观点来呈现的。

比如，关于毛泽东思想，党的历史上有两次集中的阐述。第一次，是党的七大上刘少奇在修改党章的报告中的阐述，强调毛泽东思想是"中国人民完整的革命建国理论"。第二次，是1981年6月党的十一届六中全会审议通过《关于建国以来党的若干历史问题的决议》，对毛泽东思想独创性贡献作出集中概括，强调"它在土地革命战争后期和抗日战争时期得到系统总结和多方面展开而达到成熟，在解放战争时期和中华人民共和国成立以后继续得到发展"，同时系统阐述了其"6个关于"和"3个灵魂"的内涵。

比如，关于邓小平理论，实际上也有两次集中的阐述。第一次是党的十四大，当时的提法是"建设有中国特色社会主义的理论"，指出这个理论第一次比较系统地初步回答了如何建设社会主义、如何巩固和发展社会主义的一系列基本问题。第二次是党的十五大，把"建设有中国特色社会主义的理论"明确概括为"邓小平理论"，又一次强调这一理论抓住"什么是社会主义、怎样建设社会主义"这个根本问题，"第一次比较系统地初步回答了中国社会主义"的一系列基本问题。

习近平新时代中国特色社会主义思想，作为马克思主义中国化的最新成果，也有其内在的系统性。党中央印发的《习近平新时代中国特色社会主义思想学习纲要》（以下简称《学习纲要》）不仅强调习近平新时代中国特色社会主义思想"体系严整、逻辑严密、内涵丰富、博大精深"，而且围绕党的十九大报告特别是"八个明确""十四个坚持"的核心内容进行了更为逻辑化、系统化的阐述，这也是《学习纲要》的一个突出贡献。

我们可以结合研读《学习纲要》，对习近平新时代中国特色社会主义思想的科学体系做进一步的研究，包括这一思想的历史方位；包括坚持和发展中国特色社会主义的方向目标；包括坚持和发展中国特色社会主义的根本立场和领导力量；包括坚持和发展中国特色社会主义的总体布局、战略布局和战略安排；包括坚持和发展中国特色社会主义各个领域的理念思路和大政方针；包括贯穿这一思想的马克思主义世界观和方法论等,都值得我们深入研究探讨。

这次会议,同时是第四届全国党校系统马克思主义学院教学科研座谈会。前三届,各位专家、代表围绕马克思主义学院教学科研提出了一些真知灼见,很好地推动了工作的展开。这里,我想从工作层面,就进一步做好马克思主义学院教学科研工作提几点要求。

第一,切实加强党校系统马克思主义学院(学科)建设。2016年12月,我们在第二届全国党校系统马克思主义理论教学科研座谈会上说过,如果要说党校工作的"四梁八柱",那么马克思主义理论教学科研就是"第一根梁,第一根柱"。加强马克思主义学院工作,就是要加强马克思主义学科建设,围绕"马克思主义"这条主线搞好教学科研,将"源头"和"潮头"结合起来。我们既要加强对马克思主义基本原理、马克思恩格斯等经典作家思想即"源头"的研究,又要加强对马克思主义中国化尤其是最新理论成果——习近平新时代中国特色社会主义思想即"潮头"的研究。我们既要坚持"老祖宗",又要发展"老祖宗",还要讲"老祖宗"没有讲过的新话。

第二,深入推进党校系统马克思主义学院(学科)的协同创新。我们要广泛交流,集思广益,探讨马院之间的交流平台、合作机制。比如,搭建教学擂台。大家可以围绕马院承担的经典著作导读或专题课程进行集体备课和集体评课,共同推进教学管理与教学方法创新;可以围绕打造精品课程进行集体攻关。比如,搭建传播平台。党校系统马院要进一步加强学术互动,形成有特色的学术交流平台和品牌;集体合作撰写发表具有全局性和战略性意义的马克思主义研究报告,打造马克思主义研究权威的理论发布平台。再如,搭建交流合作舞台。加强党校系统马院教师的交流互访以及共同合作,更好地为教师提供各种舞台,提升教师在全国马克思主义理论界的能见度、知名度、美誉度。2015年12月,习近平总书记在全国党校工作会议讲话中明确提出:"要在研究上多下功夫,多搞'集成'和'总装',多搞'自主创新'和'综合创新',为建设具有中国特色、中国风格、中国气派的哲学社会科学体系作出贡献。"党校系统马院要进一步推进资源整合，强化力量协同，形成相得益彰、共生多赢的良好发展态势，不断提升党校系统马克思主义理论教学科研工作的学科引领力、社会影响力和学术团队凝聚力。

第三，充分发挥党校马克思主义学院（学科）在思想理论领域的引领作用。何毅亭同志曾在中央党校马克思主义学院成立大会上讲过"三个一流"和"三个走在前列"。这实际上就是马院的目标、使命。"一流的马克思主义思想阵地"、"在加强思想理论引领、构建中国特色话语体系方面走在前列"，是这一目标、使命的重要内容。马院的各位专家学者要走出书斋、走出课堂，积极主动关注思想理论领域的重大问题，在重大事件重大节点上发出声音，在坚守重大政治原则和大是大非等重大问题上亮出观点，在守住思想舆论领域红色主阵地，压缩负面黑色地带，争取灰色地带重大时段上体现担当、敢于发声。只有这样，我们才能不断提升马院的学术引领力、社会影响力、平台辐射力。

第四，注重培养壮大党校系统马克思主义理论人才队伍。我们要牢固树立人才强院意识，切实尊重学术发展规律和人才成长规律，打造一支忠诚党的事业、坚守人民立场、有学术影响力的人才队伍。我们要坚持德才兼备原则和生产力标准，创造有利于人才成长的环境和氛围。我们要加大人才培养和引进力度，通过培养与引进相结合的方式，着力培养具有全国影响、在马克思主义理论研究方面有深厚造诣的学术名师和学科带头人。我们还要加大青年教师培养力度，注重资源向青年教师倾斜，注重加强名师大家、学科负责人与青年教师的结对，注重扶持青年教师研究团队，尽快让青年教师脱颖而出、担当大任。

丛书出版前言

马克思主义深刻改变了世界，也深刻改变了中国。在马克思主义指导下，中国共产党人带领中国人民历经艰苦卓绝的奋斗，创建了中华人民共和国。新中国成立70年来，中华民族历经站起来、富起来到强起来的伟大飞跃，我们比历史上任何时期都更接近、更有信心和能力实现中华民族伟大复兴的目标，比历史上任何时期都更具坚定走中国特色社会主义的道路自信、理论自信、制度自信、文化自信。

新组建的中共中央党校（国家行政学院）是党中央培训全国高中级领导干部和优秀中青年干部的学校，是研究宣传习近平新时代中国特色社会主义思想、推进党的思想理论建设的重要阵地，是党和国家哲学社会科学研究机构和中国特色新型高端智库，是党中央直属事业单位。站在新的历史起点，分管日常工作的副校（院）长何毅亭同志提出，经过五年左右乃至再长一些时间的努力，把中共中央党校（国家行政学院）建设成为党内外公认的、具有相当国际影响力的中国共产党名副其实的最高学府，建设成为在党的思想理论建设特别是研究宣传习近平新时代中国特色社会主义思想上不断开拓创新、走在前列的思想理论高地，建设成为英才荟萃、名师辈出、"马"字号和"党"字号学科乃至其他一些学科的学术水准在全国明显处于领先地位的社科学术殿堂，建设成为对党和国家重大问题研究和决策提供高质量咨询参考作用的国家知名高端智库。中共中央党校（国家行政学院）马克思主义学院是党中央批准成立的。2015年12月14日，习近平总书记在全国党校工作会议上强调:"中央批准中央党校成立马克思主义学院,就是坚持党校姓'马'姓'共'之举。"习近平总书记的重要讲话和中共中央党校(国家行政学院)"四个建成"目标的提出,为我们建设好马克思主义学院指明了方向。

为了向新中国70华诞献礼,展示中共中央党校(国家行政学院)马克思主义学院政治过硬、理论自觉、本领高强、作风优良、建功立业党校人的学术风范和最新研究成果,学好用好习近平新时代中国特色社会主义思想,推动中共中央党校(国家行政学院)马克思主义学院建成一流的马克思主义教学基地、一流的马克思主义研究高地、一流的马克思主义思想阵地,努力在国内乃至国际上产生重要的政治影响力、学术影响力和社会影响力,我们编辑出版了"马克思主义理论研究丛书"。首批丛书共11册,包括《探求中国道路密码》《对外开放与中国经济发展》《国家治理现代化的唯物史观基础》《中国道路的哲学自觉》《历史唯物主义的"名"与"实"》《马克思主义中国化的理论逻辑》《发展:在人与自然之间》《马克思主义基本原理若干问题研究》《马克思人学的存在论阐释》《新时代中国特色新型城镇化道路》《比较视野下的中国道路》。以后,我们还会陆续编辑,择时分批出版。

本丛书的编辑出版得到中共中央党校(国家行政学院)分管日常工作的副校(院)长何毅亭和副校(院)长甄占民的大力支持,并同意将他们在"中央党校马克思主义学院成立大会"上的讲话和在"马克思主义理论创新与新中国70年成功实践暨第四届全国党校系统马克思主义学院教学科研座谈会"上的讲话作为丛书的序言。社会科学文献出版社社长谢寿光、该社社会政法分社总编辑曹义恒及各本书的编辑也为丛书出版做出了重要贡献。在此一并感谢。由于我们的水平有限,错误之处在所难免,请广大读者批评指正。

丛书编委会
2019年7月28日

目 录

上篇 现实性与超越性

历史唯物主义的"名"与"实" …………………………………… 3
"物质生产"的历史剥离与奠基 …………………………………… 18
"生产力和生产关系的辩证法"再思考 …………………………… 30
"社会形态"及其演进的历史辩证法 ……………………………… 41
"自由的精神生产"的现实性与超越性 …………………………… 54
"共产主义"的现实性与超越性 …………………………………… 67
马克思学说的"秘密和诞生地" …………………………………… 74
马克思主义发展史上的四对重大关系 …………………………… 89

中篇 个体性与社会性

青年马克思哲学视域中的"人" …………………………………… 103
马克思哲学视域中的"社会" ……………………………………… 113
"现实的人"与人的现实生存境遇 ………………………………… 123
"人的全面发展"及其现实条件 …………………………………… 135
从社会分化的视角理解分工 ……………………………………… 148
从"分工的观点"看"人"的发展 ………………………………… 160
个人与社会何以维系？ ……………………………………………… 174

"共同体""资产阶级社会""自由人联合体" …………………… 189

下篇　价值性与文化性

"历史向世界历史转变"的内在逻辑与价值启示 …………… 205
全球化进程中的"文化自觉" ………………………………… 217
多元社会的价值重建 …………………………………………… 227
"分化—整合"：现代社会的价值学诠释 …………………… 240
社会主义的价值意蕴与民族国家的价值本性 ……………… 252
"共产主义"的多维价值意涵 ………………………………… 264
"人类命运共同体"的马克思主义理论基础 ………………… 277
一种新的现代文明秩序的建构何以可能？ ………………… 282

参考文献 ………………………………………………………… 294

上篇　现实性与超越性

历史唯物主义的"名"与"实"

众所周知，历史唯物主义是马克思的"第一个伟大发现"，关于历史唯物主义的讨论和研究近年来一直是学界关注的焦点。实际上，在汉语语境和学术研究中，"第一个伟大发现"至少存在"唯物主义历史观""唯物史观""历史唯物主义"三种不同表述和称谓，因此，从学理上对历史唯物主义的流变之"名"进行考察，在此基础上开掘并彰显历史唯物主义在历史观、哲学观和方法论层面的思想革命之"实"，对于推进马克思主义哲学研究特别是深化历史唯物主义研究都是一项具有前提性且意义重大的工作。

众所周知，历史唯物主义是马克思的"第一个伟大发现"，而且是"唯一科学的历史观"。国内学界关于历史唯物主义的争论由来已久，近年来，学界对于历史唯物主义的讨论和研究持续升温，特别是随着"重新理解马克思"这一问题的复兴和流行，重新理解并给予马克思所创立的历史唯物主义以"新"的阐释再次成为学界关注的焦点问题。实际上，关于历史唯物主义的讨论和争论，首先必须从理论上厘清一个前提性的问题，即对历史唯物主义的流变之"名"或历史唯物主义名称的流变历程从学理上进行一番细致考察，在此基础上着力开掘并彰显历史唯物主义在历史观、哲学观和方法论层面的思想革命之"实"。笔者以为，这项工作对于推进马克思主义哲学研究，特别是深化历史唯物主义研究是必要而迫切的。

一　历史唯物主义流变之"名"

提及"唯物史观",我们首先应该为"唯物史观"正名,这还得从国内理论界的研究现状说起。众所周知,在当前的汉语语境和学术研究中,马克思的"第一个伟大发现"已经成为一种常识和共识,我们也知道,马克思的"第一个伟大发现"至少有"唯物主义历史观""唯物史观""历史唯物主义"三种不同称谓,而且这些称谓似乎都是自明的,可以见诸不同学者乃至同一学者的著作和文章中,或择其一种,或交替使用,但很少有人进一步追问这些不同称谓之间是什么关系?这些不同概念背后是否存在本质性差异?这些术语的交替使用是否具有合法性?为了消除心中的疑惑,避免研究中的"心虚",我们有必要对这些概念、术语及其历史流变分别予以考察。从经典作家写作的先后顺序来看,依次出现的是"唯物主义历史观""唯物史观""历史唯物主义"。

先来看"唯物主义历史观"。众所周知,1845 年马克思和恩格斯合作完成了《德意志意识形态》,标志着马克思"第一个伟大发现"的诞生,但正如巴加图利亚所说,在这里总是"形式落后于内容",有其实无其名。1859 年,"唯物主义历史观"这一术语的出现,标志着马克思的"第一个伟大发现"获得了真正的"形式"和完整的"名称"。这一术语的完整形式首次是在恩格斯同年为《政治经济学批判》第一分册撰写的书评《卡尔·马克思〈政治经济学批判〉》中出现的。恩格斯指出,德国无产阶级政党的"全部理论内容来自对政治经济学的研究,它一出现,科学的、独立的、德国的经济学也就产生了。这种德国的经济学本质上是建立在唯物主义历史观的基础上的"[①]。同样是在 1859 年,马克思在《〈政治经济学批判〉序言》中对"唯物主义历史观"的要点做了简明扼要的阐

---

① 《马克思恩格斯选集》第 2 卷,人民出版社,1995,第 37~38 页。

述，并就其实质给予了经典性的表述。马克思指出，通过研究政治经济学，"我所得到的、并且一经得到就用于指导我的研究工作的总的结果，可以简要地表述如下：人们在自己生活的社会生产中发生一定的、必然的、不以他们的意志为转移的关系，即同他们的物质生产力的一定发展阶段相适合的生产关系。这些生产关系的总和构成社会的经济结构，即有法律的和政治的上层建筑竖立其上并有一定的社会意识形式与之相适应的现实基础。物质生活的生产方式制约着整个社会生活、政治生活和精神生活的过程。不是人们的意识决定人们的存在，相反，是人们的社会存在决定人们的意识"①。后来，这一表述被称为"唯物主义历史观"的经典"范本"和"标准"答案。正如巴加图利亚所说："后来，这个序言已不再是历史编纂学的源泉，而首先成为从发展观点研究其中所包含的唯物主义历史观的对象，后来又成为我们用以衡量被研究理论的进一步发展程度的标准。"②

实际上，我们已经烂熟于心的"唯物史观"这一术语的出现要晚于"唯物主义历史观"。1872~1873年，恩格斯在《论住宅问题》一文中正式使用了"唯物史观"这一术语，并指出："唯物史观是以一定历史时期的物质经济生活条件来说明一切历史事件和观念、一切政治、哲学和宗教的。"③ 显而易见，"唯物史观"与"唯物主义历史观"的实质和主旨都是完全吻合的。

相比之下，"历史唯物主义"这一术语的诞生与流行就更为晚近。19世纪90年代初，针对将"唯物史观"歪曲、曲解为"经济决定论"的各种反动思潮，或者将其简单化为"经济唯物主义"的庸俗化倾向，以及工人阶级内部一些人（包括马克思的女婿拉法格在内）对唯物主义历史观的误解，晚年的恩格斯秉笔直书，留下了

---

① 《马克思恩格斯选集》第2卷，人民出版社，1995，第32页。
② 〔苏〕巴加图利亚：《马克思的第一个伟大发现：唯物史观的形成和发展》，陆忍译，中国人民大学出版社，1981，第63页。
③ 《马克思恩格斯选集》第3卷，人民出版社，1995，第209页。

著名的"关于历史唯物主义的通信"①，并开始启用"历史唯物主义"②这一新术语。在"关于历史唯物主义的通信"中，恩格斯对唯物史观的一些重要问题做了进一步的阐发。恩格斯指出："根据唯物史观，历史过程中的决定性因素归根到底是现实生活的生产和再生产。无论马克思或我都从来没有肯定过比这更多的东西。如果有人在这里加以歪曲，说经济因素是唯一决定性的因素，那么他就是把这个命题变成毫无内容的、抽象的、荒诞无稽的空话。经济状况是基础，但是对历史斗争的进程发生影响并且在许多情况下主要是决定着这一斗争的形式的，还有上层建筑的各种因素。"③可见，经典作家认为物质的生活条件、经济因素，在社会发展中起决定作用，它们归根结底决定着政治、意识形态、国家制度，但是政治、意识形态等因素一旦出现，就具有相对独立性，又会对物质条件、经济运动发生反作用。正如恩格斯所说："一种历史因素一旦被其他的、归根到底是经济的原因造成了，它也就起作用，就能够对它的环境，甚至对产生它的原因发生反作用。"④需要注意的是，作用与反作用，"这是两种不相等的力量的相互作用：一方面是经济运动，另一方面是追求尽可能大的独立性并且一经确立也就有了自己的运动的新的政治权力。总的说来，经济运动会为自己开辟道路，但是它也必定要经受它自己所确立的并且具有相对独立性的政治运动的反作用，即国家权力的以及和它同时产生的反对派的运动的反作用"⑤。1892年，恩格斯在为《社会主义从空想到科学的发展》而写的《英文版导言》中指出，"本书所捍卫的是我们称之为'历史唯物主义'的东西"⑥。实际上，恩格斯所捍卫的正是"唯物史观"，因为他使

---

① 主要是指恩格斯在19世纪90年代分别致康·施米特（1890年8月5日、1890年10月27日）、约·布洛赫（1890年9月21～22日）、弗·梅林（1893年7月14日）、瓦·博尔吉乌斯（1894年1月25日）的"五封信"。
② 《马克思恩格斯选集》第4卷，人民出版社，1995，第692、698、700页。
③ 《马克思恩格斯选集》第4卷，人民出版社，1995，第695～696页。
④ 《马克思恩格斯选集》第4卷，人民出版社，1995，第728页。
⑤ 《马克思恩格斯选集》第4卷，人民出版社，1995，第701页。
⑥ 《马克思恩格斯选集》第3卷，人民出版社，1995，第698页。

用"历史唯物主义"这个名词所要表达的正是这样一种关于历史过程的观点,"这种观点认为一切重要历史事件的终极原因和伟大动力是社会的经济发展,是生产方式和交换方式的改变"①。在1892年6月,恩格斯把这篇导言译成德文,并于7月寄给《新时代》杂志,发表在该杂志1892年第1期和第2期上,当时采用的标题就是《论历史唯物主义》。② 可以说,自此之后,"历史唯物主义"便作为唯物主义历史观的另一种科学表述而通行起来。

由此可见,"唯物主义历史观"与"唯物史观"这两个术语的内涵与所指是一致的,后者不过是前者的简称或缩略语罢了;同样,在论战中,恩格斯坚决捍卫的"历史唯物主义"只不过是"唯物主义历史观"和"唯物史观"的代名词或别名而已,三种称谓的思想内容、理论实质都是完全一致的。巴加图利亚通过考察和研究指认的正是这样一个事实:"历史唯物主义"只是恩格斯晚年在与形形色色反动思潮的斗争中关于"唯物主义历史观"或"唯物史观"的一个"新提法"而已。他说:"在恩格斯活着的最后几年,从1890年起,在他的著作中,对这一概念出现了一个新提法,而从1845年起,在马克思的一生中和几乎恩格斯的一生中,他们一直把这个新概念称为'唯物主义历史观'。大约从1890年起,'历史唯物主义'这一新术语逐渐代替了旧概念而成为惯常用语。"③ 之所以替换,也许正是出于论战和斗争的需要,恩格斯首倡的"历史唯物主义"强调的是历史**唯物主义**,而不是**历史**唯物主义。

在对唯物史观的概念流变、术语转换的考察过程中,我们不难发现这样一个事实:作为马克思文本最初的读者和权威的解释者,恩格斯也是马克思"第一个伟大发现"的最初命名者,"唯物主义历史观""唯物史观""历史唯物主义"的首创者和最初使用者都是

---

① 《马克思恩格斯选集》第3卷,人民出版社,1995,第704~705页。
② 《马克思恩格斯选集》第3卷,人民出版社,1995,第852页。
③ 〔苏〕巴加图利亚:《马克思的第一个伟大发现:唯物史观的形成和发展》,陆忍译,中国人民大学出版社,1981,第44页。

恩格斯。那么，应该如何看待恩格斯与历史唯物主义之间的关系呢？日本学者柄古行人指出："如果没有恩格斯的天才，实际上马克思主义则不可能拥有那种神话般的宗教性力量。"① 当然，我们决不能否定恩格斯在历史唯物主义创立中的巨大贡献，但是，柄古行人据此断言"历史唯物论"就是恩格斯的哲学未免有些夸大其词，柄古行人武断地指出："'历史唯物论'，无非是离开马克思的文本而被生出来的'意思'，也就是恩格斯的'哲学'。"② 可以说，这既是对马克思的极大误解，也是对恩格斯的极大误解。正如列宁所指出的那样，恩格斯绝对没有离开唯物主义历史观的阵地，而只是总结了唯物主义理论并使之具体化罢了。而且，恩格斯本人也曾多次强调，唯物史观的"绝大部分基本指导思想（特别是在经济和历史领域内）尤其是对这些指导思想的最后的明确的表述，都是属于马克思的"③。在1870年《德国农民战争》第二版的序言中，恩格斯不仅将唯物史观称作"唯一唯物主义的历史观"，而且申明：这一历史观"不是由我，而是由马克思发现的"④。在1888年为《共产党宣言》撰写的英文版序言中，恩格斯再次申明，"虽然《宣言》是我们两人共同的作品，但我认为自己有责任指出，构成《宣言》核心的基本思想是属于马克思的。这个思想就是：每一历史时代主要的经济生产方式和交换方式以及必然由此产生的社会结构，是该时代政治的和精神的历史所赖以确立的基础，并且只有从这一基础出发，这一历史才能得到说明"⑤。

因此，说历史唯物主义是马克思的"第一个伟大发现"，可谓实至名归。恩格斯曾回忆说："当我1844年夏天在巴黎拜访马克思时，

---

① 〔日〕柄古行人：《马克思，其可能性的中心》，中田友美译，中央编译出版社，2006，第8页。
② 〔日〕柄古行人：《马克思，其可能性的中心》，中田友美译，中央编译出版社，2006，第83页。
③ 《马克思恩格斯选集》第4卷，人民出版社，1995，第242页。
④ 《马克思恩格斯选集》第2卷，人民出版社，1995，第623页。
⑤ 《马克思恩格斯选集》第1卷，人民出版社，1995，第257页。

我们在一切理论领域中都显出意见完全一致，从此就开始了我们共同的工作。"① 也就是说，恩格斯与马克思的合作是建立在对基本问题的"意见完全一致"的基础上的，而这一点就体现在历史唯物主义的基本原理上，即"决不是国家制约和决定市民社会，而是市民社会制约和决定国家，因而应该从经济关系及其发展中来解释政治及其历史，而不是相反"②。恩格斯也指出："当我们1845年春天在布鲁塞尔再次会见时，马克思已经从上述基本原理出发大致完成了发挥他的唯物主义历史理论的工作。"③ 实际上，当马克思成为唯物主义者的时候，就已经是一个不折不扣的历史唯物主义者了。巴加图利亚敏锐地指出："当马克思转向唯物主义的时候，他正是在历史观方面（费尔巴哈在这方面也不曾成为唯物主义者）成为一个唯物主义者。换句话说，马克思在他成为历史唯物主义者以前，并不是一个唯物主义者。"④

二　历史唯物主义革命之 "实"

回顾整个马克思哲学的思想历程，我们就会清晰地发现，唯物史观正是在一系列的批判、论战、斗争中得以阐明，进而发展起来的。从某种意义上说，马克思正是通过批判他者而实现自我发展的，因此，我们只有真实而深切地领悟了马克思所正在反对的学说，才能正确地理解马克思本人的思想真意。相反，正如胡克所说："如果不领会他（指马克思——引者注）所明确地或含蓄地提到的相反的立场，便不能理解他的任何著作。在反对布鲁诺·鲍威尔及其青年黑格尔主义的伙伴们的唯心主义时，马克思提出了唯物主义的论点。在反对费尔巴哈的消极的唯物主义时，马克思保卫了作为黑格尔辩

---

① 《马克思恩格斯选集》第4卷，人民出版社，1995，第196页。
② 《马克思恩格斯选集》第4卷，人民出版社，1995，第196页。
③ 《马克思恩格斯全集》第21卷，人民出版社，1965，第247页。
④ 〔苏〕巴加图利亚：《马克思的第一个伟大发现：唯物史观的形成和发展》，陆忍译，中国人民大学出版社，1981，第12页。

证法的核心的能动性和交互作用的原则。在反对绝对唯心主义和'庸俗的'（还原的）机械主义的宿命论时，马克思宣称人类创造他们自己的历史。然而，在反对词句上的革命者时，马克思又指出，历史并不是由整块布料作成的，而是在确定的、限定的条件下创造出来的。"① 也就是说，马克思的一系列重要论断都是针对特定的论战对象提出的，是在特定历史条件下的有感而发。列宁也曾总结性地指出："马克思和恩格斯的学说是从费尔巴哈那里产生出来的，是在与庸才们的斗争中发展起来的，自然他们所特别注意的是使唯物主义哲学向上发展，也就是说，他们所特别注意的不是唯物主义认识论，而是唯物主义历史观。"② 事实上，唯物主义历史观的创立堪称人类社会历史上最深刻、最全面的变革，集中表现为历史观、哲学观、方法论的革命。

首先，唯物史观的革命表现为历史观的革命。正如列宁所说："马克思的历史唯物主义是科学思想中的最大成果。过去在历史观和政治观方面占支配地位的那种混乱和随意性，被一种极其完整严密的科学理论所代替。"③ 可以说，唯物史观消除了对历史的偏见，标志着一门"历史科学"的诞生。而在马克思以前，"历史总是遵照在它之外的某种尺度来编写的；现实的生活生产被看成是某种非历史的东西，而历史的东西则被看成是某种脱离日常生活的东西，某种处于世界之外和超乎世界之上的东西"④。由此导致历史与生活出现"两张皮"的现象，而与迄今为止一切历史观的一个根本性区别在于，唯物史观特别重视历史的生活底蕴和现实基础，从而使"历史破天荒第一次被置于它的真正基础上；一个很明显的而以前完全被人忽略的事实，即人们首先必须吃、喝、住、穿，就是说首先必须劳动，然后才能争取统治，从事政治、宗教和哲学等等，——这

---

① 〔美〕悉尼·胡克：《对卡尔·马克思的理解》，徐崇温译，重庆出版社，1989，第57~58页。
② 《列宁选集》第2卷，人民出版社，1995，第336页。
③ 《列宁选集》第2卷，人民出版社，1995，第311页。
④ 《马克思恩格斯选集》第1卷，人民出版社，1995，第93页。

一明显的事实在历史上的应有之义此时终于获得了承认"①。自此，历史才真正从"天上"回到了"地上"，获得了现实基础，成为追求自我目标的人的活动。如此看来，实际上，"每个个人和每一代当作现成的东西承受下来的生产力、资金和社会交往形式的总和，是哲学家们想像为'实体'和'人的本质'的东西的现实基础，是他们神化了的并与之作斗争的东西的现实基础"②。而且，唯物史观将人与自然界的关系重新归为历史的构成要素，从而消解了自然界和历史之间的根本对立，确立了历史的现实基础，超越了对历史的唯心主义认识，真正找到了历史的唯物主义道路。而且，"自从历史也得到唯物主义的解释以后，一条新的发展道路也在这里开辟出来了"③。恩格斯概括指出："这些互相斗争的社会阶级在任何时候都是生产关系和交换关系的产物，一句话，都是自己时代的经济关系的产物；因而每一时代的社会经济结构形成现实基础，每一个历史时期的由法的设施和政治设施以及宗教的、哲学的和其他的观念形式所构成的全部上层建筑，归根到底都应由这个基础来说明。这样一来，唯心主义从它的最后的避难所即历史观中被驱逐出去了，一种唯物主义的历史观被提出来了，用人们的存在说明他们的意识，而不是像以往那样用人们的意识说明他们的存在这样一条道路已经找到了。"④

其次，唯物史观的革命表现为哲学观的革命。实际上，唯物史观的诞生不仅意味着历史观的革命，而且表现为哲学观的全面变革。从马克思哲学内部来看，唯物史观的诞生引发了哲学社会学的转向。巴加图利亚认为，马克思"向唯物主义的转变，不仅是在纯哲学领域中，而且正是在社会学的领域中实现的"⑤。就其哲学革命而言，

---

① 《马克思恩格斯选集》第3卷，人民出版社，1995，第335～336页。
② 《马克思恩格斯全集》第3卷，人民出版社，1960，第43页。
③ 《马克思恩格斯选集》第4卷，人民出版社，1995，第228页。
④ 《马克思恩格斯选集》第3卷，人民出版社，1995，第365页。
⑤ 〔苏〕巴加图利亚：《马克思的第一个伟大发现：唯物史观的形成和发展》，陆忍译，中国人民大学出版社，1981，第12页。

"现代唯物主义本质上都是辩证的，而且不再需要任何凌驾于其他科学之上的哲学了"①。如此一来，根据恩格斯的分析，除了形式逻辑和辩证法还存在于哲学中，其他一切都被归到关于自然和历史的实证科学中去了。实际上，随着唯物史观的创立，不仅以往的"独立哲学"终结了，而且引发了"实证科学"领域的革命。因此，可以说，哲学社会学转向实现了哲学与社会学的双重革命。"在战胜了旧的历史哲学之后，又战胜了资产阶级的社会学。……所以，历史地形成了这样一个状况，即历史唯物主义应该同时兼有哲学科学和社会学科学的双重职能。"② 因此，巴加图利亚也指出："在马克思主义史上，唯物主义历史观的创立是对科学共产主义理论从历史上和理论上所作的第一个哲学的或社会学的论证。"③

从唯物主义的历史发展来看，历史唯物主义的诞生不仅弥补了旧唯物主义的缺陷，而且严正拒斥形而上学，并从根本上消解了思辨哲学。早在《关于费尔巴哈的提纲》中，马克思就曾指出，包括费尔巴哈在内的一切旧唯物主义的根本缺陷就在于未能理解革命实践活动的情况以及正确评价这一活动的意义。列宁说："唯物主义缺少这一方面，就是不彻底的、片面的、毫无生气的唯物主义。"④ 相比之下，历史唯物主义称得上是彻底的、全面的、生机勃勃的唯物主义，是唯物主义的现代形态或现代唯物主义。历史地看，唯物主义与形而上学可谓水火不容、此消彼长，正如马克思和恩格斯所说："17世纪的形而上学的衰败可以说是由18世纪唯物主义理论的影响造成的，这正如同这种理论运动本身是由当时法国生活的实践性质所促成的一样。这种生活趋向于直接的现实，趋向于尘世的享乐和尘世的利益，趋向于尘世的世界。和它那反神学、反形而上学的唯

---

① 《马克思恩格斯选集》第3卷，人民出版社，1995，第364页。
② 〔苏〕B. H. 罗任：《马克思主义社会学导论》，李广泉、王书坤译，华中工学院出版社，1982，第24页。
③ 〔苏〕巴加图利亚：《马克思的第一个伟大发现：唯物史观的形成和发展》，陆忍译，中国人民大学出版社，1981，第2页。
④ 《列宁选集》第2卷，人民出版社，1995，第443页。

物主义实践相适应的。"① 而与这种"唯物主义实践相适应"的"唯物主义理论"最终使"形而上学在实践上已经威信扫地"。但是，形而上学在黑格尔那里又实现了理论上的复辟，因此，"被法国启蒙运动特别是 18 世纪的法国唯物主义所击败的 17 世纪的形而上学，在德国哲学中，特别是在 19 世纪的德国思辨哲学中，曾有过胜利的和富有内容的复辟"②。在思辨哲学看来，"到目前为止，一切谜语的答案都在哲学家们的写字台里，愚昧的凡俗世界只需张开嘴来接受绝对科学的烤松鸡就得了"③。在反抗以黑格尔为代表的思辨哲学或形而上学的过程中，费尔巴哈创立了"真正的唯物主义"，并"以清醒的哲学来对抗醉熏熏的思辨"④，但终因自身的不彻底性而拒历史于唯物主义大门之外。只是随着历史唯物主义的诞生，这种自诩为绝对科学的独立哲学或思辨哲学就从根基处土崩瓦解、一去不复返了。因为"在思辨终止的地方，在现实生活面前，正是描述人们实践活动和实际发展过程的真正的实证科学开始的地方……对现实的描述会使独立的哲学失去生存环境"⑤。

从历史唯物主义本身来看，唯物史观有体系但非体系哲学，是方法却不是现成的方法，这已成为学界的一大共识。哈贝马斯指出："'历史唯物主义'是一个从未被马克思使用过的术语，他对后来的'辩证唯物主义'表述甚至并不感到愉悦。他宁愿说'唯物主义的历史观'或'唯物主义的生产条件'，即它更多是被看作一种方法或研究，而不是一种充分发展的观念体系。"⑥ 胡克也认为，唯物史观之所以在马克思的全部理论中最容易使人误解，"不仅是因为它的某些重要术语的含糊性，而且也是因为下面这样一个事实，即马克

---

① 《马克思恩格斯全集》第 2 卷，人民出版社，1957，第 161 页。
② 《马克思恩格斯全集》第 2 卷，人民出版社，1957，第 159 页。
③ 《马克思恩格斯全集》第 1 卷，人民出版社，1956，第 416 页。
④ 《马克思恩格斯全集》第 2 卷，人民出版社，1957，第 159 页。
⑤ 《马克思恩格斯选集》第 1 卷，人民出版社，1995，第 73 页。
⑥ 转引自〔英〕麦克莱伦《马克思思想导论》，郑一明、陈喜贵译，中国人民大学出版社，2008，第 127 页。

思其实是把这种历史观当作一种理解和创造历史的方法提出来的，而他的信徒却力图把它变成一种社会学的体系"①。实际上，体系与方法须臾不可分割，没有离开体系的独立方法，也没有不蕴含方法的体系，需要说明的是，我们将唯物史观视为一种方法，但并不否认也无法否认唯物史观本身有着自己的内在逻辑和思想体系，关键在于它与那些以建构体系为鹄的体系哲学有着本质区别。毋宁说，"它本质上是一种自成体系的方法，或方法的体系"②。正如巴加图利亚所说，"在《德意志意识形态》中，唯物主义历史观第一次成为社会结构和历史分期的完整的概念。由于使理论变成方法的一般的辩证规律，这个概念在这里已经不仅作为社会及其历史的理论，而且作为认识社会现象和历史现象的方法"③。须知，唯物史观绝不自封为永恒真理，也绝非现成的方法，而仅仅是对人们的实践活动和实际发展过程的经验性描述，是对人类历史发展的一般结果的抽象性概括，因而它不可能脱离特定的时代和个人而被现成地提供出来，而"只能从对每个时代的个人的现实生活过程和活动的研究中产生"④ 出来。正如马克思所强调的那样：我们"不是以空论家的姿态，手中拿了一套现成的新原理向世界喝道：真理在这里，向它跪拜吧！我们是从世界本身的原理中为世界阐发新原理"⑤。就其实质而言，历史唯物主义"决不是以某一个世界改革家所臆想或发现的思想或原则为根据的"⑥。恩格斯在《反杜林论》中再次强调："原则不是研究的出发点，而是它的最终结果；这些原则不是被应用于自然界和人类历史，而是从它们中抽象出来的；不是自然界和人类去适应原则，而是原则只有在符合自然界和历史的情况下才是正

---

① 〔美〕悉尼·胡克：《对卡尔·马克思的理解》，徐崇温译，重庆出版社，1989，第 97 页。
② 马俊峰：《历史唯物主义的三重意蕴》，《哲学研究》2009 年第 3 期。
③ 〔苏〕巴加图利亚：《马克思的第一个伟大发现：唯物史观的形成和发展》，陆忍译，中国人民大学出版社，1981，第 60 页。
④ 《马克思恩格斯选集》第 1 卷，人民出版社，1995，第 74 页。
⑤ 《马克思恩格斯全集》第 1 卷，人民出版社，1956，第 418 页。
⑥ 《马克思恩格斯全集》第 4 卷，人民出版社，1958，第 479 页。

确的。这是对事物的唯一唯物主义的观点。"①

最后，唯物史观的革命也表现为方法论的革命。根据经典作家的表述，历史唯物主义使哲学从天国回到了人间，从天上回到了地上，并转而追求现实的尘世生活。与之相应，历史唯物主义的出发点是从事实际活动的人，历史唯物主义的方法表现为"从人间升到天国"。马克思指出，与德国哲学从天国降到人间即从意识出发的研究截然相反，历史唯物主义要从人间上升到天国，这是一种从现实的人的生活出发、"符合现实生活的考察方法"②。正如马克思所分析的，"所有抽掉这个物质基础的宗教史，都是非批判的。事实上，通过分析来寻找宗教幻象的世俗核心，比反过来从当时的现实生活关系中引出它的天国形式要容易得多。后面这种方法是唯一的唯物主义的方法，因而也是唯一科学的方法。那种排除历史过程的、抽象的自然科学的唯物主义的缺点，每当它的代表越出自己的专业范围时，就在他们的抽象的和唯心主义的观念中立刻显露出来"③。

诚然，历史唯物主义方法是"唯一唯物主义的方法"，也是"唯一科学的方法"，但是，唯物主义方法绝不是现成的公式，而只是行动的指南。1890年，恩格斯在致恩斯特的信中指出："如果不把唯物主义方法当作研究历史的指南，而把它当作现成的公式，按照它来剪裁各种历史事实，那它就会转变为自己的对立物。"④ 换句话说，就会变成一无是处的教条。实际上，早在《德法年鉴》时期的书信中，马克思就坚决反对树立任何教条主义的旗帜。针对将共产主义观念教条化的做法，他指出："这种共产主义只不过是人道主义的特殊表现，它还没有摆脱它的对立面即私有制的存在的影响。所以消灭私有制和这种共产主义绝对不是一回事；……这种共产主义本身只不过是社会主义原则的一种特殊的片面的实现而已""新思

---

① 《马克思恩格斯选集》第3卷，人民出版社，1995，第374页。
② 马克思、恩格斯：《德意志意识形态》（节选本），人民出版社，2003，第17页。
③ 《马克思恩格斯全集》第23卷，人民出版社，1972，第410页。
④ 《马克思恩格斯选集》第4卷，人民出版社，1995，第688页。

潮的优点就恰恰在于我们不想教条式地预料未来，而只是希望在批判旧世界中发现新世界"。① 为了彻底肃清将唯物主义教条化、标签化的错误倾向，恩格斯在致施密特的信中重申了"马克思主义不是教条，而是行动的指南"这一观点。他说："对德国的许多青年著作家来说，'唯物主义'这个词大体上只是一个套语，他们把这个套语当做标签贴到各种事物上去，再不作进一步的研究，就是说，他们一把这个标签贴上去，就以为问题已经解决了。"② 这是一种愚蠢的做法，这种唯物主义只不过是一种"愚蠢的唯物主义"。难怪列宁曾提醒我们注意："聪明的唯心主义比愚蠢的唯物主义更接近于聪明的唯物主义。"③ 相比之下，历史唯物主义属于"聪明的唯物主义"，其聪明或高明之处正如恩格斯所言，"我们的历史观首先是进行研究工作的指南，并不是按照黑格尔学派的方式构造体系的诀窍"④。

因此，绝不能将历史唯物主义混同于"超历史"的一般历史哲学理论。1877年，在给《祖国纪事》杂志编辑部的信中，马克思义正词严地指出，米海洛夫斯基"一定要把我关于西欧资本主义起源的历史概述彻底变成一般发展道路的历史哲学理论"⑤，且妄诞地企求历史唯物主义成为"打开一切历史门户的钥匙"，而且，当他将这种歪曲的结论，即一切民族不管其所处的历史环境如何，都注定要走这条道路并把这顶帽子戴在马克思头上的时候，马克思辛辣地反驳说："我要请他原谅。他这样做，会给我过多的荣誉，同时也会给我过多的侮辱。"⑥ 显然，来自米海洛夫斯基的这份称赞让马克思很不舒服，实际上，马克思本人不仅没有享受荣誉之乐、称赞之趣，反而倍受误解之痛、非难之苦。后来，列宁也批判了米海洛夫斯基的做法，为马克思辩护。他指出："马克思主义者信奉抽象历史公式

---

① 《马克思恩格斯全集》第1卷，人民出版社，1956，第416页。
② 《马克思恩格斯选集》第4卷，人民出版社，1995，第691~692页。
③ 《列宁全集》第38卷，人民出版社，1986，第305页。
④ 《马克思恩格斯选集》第4卷，人民出版社，1995，第692页。
⑤ 《马克思恩格斯选集》第3卷，人民出版社，1995，第341~342页。
⑥ 《马克思恩格斯选集》第3卷，人民出版社，1995，第342页。

的不可变易性","这完全是撒谎和捏造",实际上,"从来没有一个马克思主义者认为马克思的理论是一种必须普遍遵守的历史哲学公式,是一种超出了对某种社会经济形态的说明的东西。只有主观哲学家米海洛夫斯基先生才会这样不了解马克思,竟然认为马克思准有某种一般哲学的理论;因此他从马克思那里得到了一个十分明确的解答:他是找错人了"。①

如上所述,马克思绝不会同意这样一种观点,即认为历史唯物主义是透视人类历史的一套一劳永逸的"哲学公式",也不会同意这种做法,即将历史唯物主义等同于一般历史哲学理论。马克思曾多次声明:关于资本主义起源的"'历史必然性'明确地限于西欧各国"②。如果一定要将马克思对西欧资本主义起源的历史概述彻底变成一般发展道路的历史哲学理论,那只能适得其反。根据马克思的分析,"极为相似的事变发生在不同的历史环境中就引起了完全不同的结果。如果把这些演变中的每一个都分别加以研究,然后再把它们加以比较,我们就会很容易地找到理解这种现象的钥匙;但是,使用一般历史哲学理论这一把万能钥匙,那是永远达不到这种目的的,这种历史哲学理论的最大长处就在于它是超历史的"③。列宁分析指出:"正因为如此,这一切历史哲学理论就像肥皂泡一样,一出现就化为乌有,至多不过是当时社会思想和社会关系的征象,丝毫没有促进人们对社会关系,即使是个别的但是现实的(而不是那些'适合人的本性的')社会关系的理解。"④ 也就是说,使用"超历史"的一般历史哲学理论这把"万能钥匙"不仅永远不会开启历史之门,而且永远不能理解真正的历史。

---

① 《列宁选集》第1卷,人民出版社,1995,第59页。
② 《马克思恩格斯全集》第19卷,人民出版社,1963,第268页。
③ 《马克思恩格斯选集》第3卷,人民出版社,1995,第342页。
④ 《列宁选集》第1卷,人民出版社,1995,第12~13页。

"物质生产"的历史剥离与奠基

在政治经济学研究和批判的基础上,马克思提炼出洞悉历史唯物主义本身的"分工的观点",而正是根据这一重要视角和方法论指示,马克思才真正得以从纷繁复杂、错综交织的社会活动与社会关系中剥离出历史的奠基性和决定性要素——"物质生产",进而从"物质生产"出发,阐明了历史的出发点——现实的人的物质生产;发现了历史的发源地——尘世粗糙的物质生产;揭示了历史的决定性因素——物质生活的生产与再生产,最终创立了唯物史观。

诚然,从表面上看,马克思的政治经济学研究以及唯物史观的创立等重大问题与马克思的"分工"范畴似乎并无直接关联,但事实上,这些问题本身就隐含在分工之中或者说可以从分工中直接引申出来。如果说"分工的发现"标志着马克思从哲学转向了政治经济学研究,那么,"分工的观点"就是马克思从政治经济学的研究中提取出来的重要方法论指示,是洞悉历史唯物主义的重要路径。难怪恩格斯曾说,关于历史唯物主义本身的问题,从分工的观点来看是最容易理解的。

从"分工的观点"来看,我们可以对人类的全部社会活动与社会关系进行适当划分,其中,物质活动以及与之相适应的生产关系或者说物质生产具有前提性、决定性、优先性。卢卡奇曾深刻地体认到,社会存在本体论中的唯物主义转折正是"通过发现经济在社会存在中的优先地位而造成的"①。根据马克思的分析，人的活动的"基本形式当然是物质活动，一切其他的活动，如精神活动、政治活动、宗教活动等取决于它"②。与之相适应而产生的关系"首先是生产关系，然后才有政治关系、伦理关系和文化关系等，这既是历史的客观顺序，也是逻辑的必然，更是实践的要求"③。可以说，正是基于"分工的观点"，马克思才得以从纷繁复杂、错综交织的社会活动与社会关系中剥离出历史的奠基性和决定性要素——"物质生产"，从而阐明了历史的出发点、发现了历史的发源地、揭示了历史的决定性因素，最终创立了唯物史观。

一　历史的出发点：现实的人的物质生产

马克思指出："人和动物一样，他们首先是要吃、喝等等，也就是说，并不'处在'某种关系中，而是积极地活动，通过活动来取得一定的外界物，从而满足自己的需要，因而他们是从生产开始的。"④ 在此，马克思首先指认了这个基本事实并肯定了生产这一历史起点。当然，这里的生产首先是指物质生产，即现实的人的物质生活资料的生产。这既是历史的现实前提，也构成了历史唯物主义的出发点。值得注意的是，"一当人开始生产自己的生活资料，即迈出由他们的肉体组织所决定的这一步的时候，人本身就开始把自己和动物区别开来"⑤。诚然，人与动物一样，有着基于肉体组织所决定的诸如吃、喝、生殖等基本需要，但是，当这些基本需要成为真正的人的机能的时候，它们本身就具有了深层的文化和社会意蕴，正如马克思所说："饥饿总是饥饿，但是用刀叉吃熟肉来解除的饥饿

---

① 〔匈〕卢卡奇：《关于社会存在的本体论》（上），白锡堃等译，重庆出版社，1993，第645页。
② 《马克思恩格斯选集》第1卷，人民出版社，1995，第123页。
③ 孙伯鍨、张一兵：《走进马克思》，江苏人民出版社，2001，第160页。
④ 《马克思恩格斯全集》第19卷，人民出版社，1963，第405页。
⑤ 《马克思恩格斯选集》第1卷，人民出版社，2012，第147页。

不同于用手、指甲和牙齿啃生肉来解除的饥饿。"① 原因就在于，人所从事的物质生产本身是一种社会性生产，而从事物质生产的个人归根结底是社会的个人。马克思曾说："人即使不像亚里士多德所说的那样，天生是政治动物，无论如何也天生是社会动物。"② 既然人天生就是社会动物，那他只有在社会中才能真正独立，才能真正发展自己的天性，因此，"对于他的天性的力量的判断，也不应当以单个个人的力量为准绳，而应当以整个社会的力量为准绳"③。

因此，说"现实的人的物质生产"是历史的出发点，实际上就是说"社会个人的生产"是历史的出发点。需要注意的是，这里所说的"生产实际上有它的条件和前提，这些条件和前提构成生产的要素。这些要素最初可能表现为自然发生的东西。通过生产过程本身，它们就从自然发生的东西变成历史的东西，并且对于这一个时期表现为生产的自然前提，对于前一个时期就是生产的历史结果"④。因此，"说到生产，总是指在一定社会发展阶段上的生产——社会个人的生产"⑤。马克思明确指出，"在社会中进行生产的个人，——因而，这些个人的一定社会性质的生产，当然是出发点"⑥。

在充分肯定作为历史出发点的"社会个人"的同时，马克思也着力批判了"孤立个人"的假想。马克思说："孤立的一个人在社会之外进行生产——这是罕见的事，在已经内在地具有社会力量的文明人偶然落到荒野时，可能会发生这种事情——就像许多个人不在一起生活和彼此交谈而竟有语言发展一样，是不可思议的。"⑦ 就其实质来看，"语言本身是一定共同体的产物，同样从另一方面说，语言本身就是这个共同体的存在，而且是它的不言而喻的存在"⑧。

---

① 《马克思恩格斯全集》第30卷，人民出版社，1995，第33页。
② 《马克思恩格斯全集》第23卷，人民出版社，1972，第363页。
③ 《马克思恩格斯全集》第2卷，人民出版社，1957，第167页。
④ 《马克思恩格斯全集》第30卷，人民出版社，1995，第22页。
⑤ 《马克思恩格斯全集》第30卷，人民出版社，1995，第26页。
⑥ 《马克思恩格斯全集》第30卷，人民出版社，1995，第38页。
⑦ 《马克思恩格斯全集》第30卷，人民出版社，1995，第25页。
⑧ 《马克思恩格斯全集》第30卷，人民出版社，1995，第482页。

实际上，孤立个人的观点仅仅是特定历史阶段的特定产物，正如马克思所说："人只是在历史过程中才孤立化的。人最初表现为类存在物，部落体，群居动物——虽然决不是政治意义上的政治动物。交换本身就是造成这种孤立化的一种主要手段。它使群的存在成为不必要，并使之解体。"① 而"产生这种孤立个人的观点的时代，正是具有迄今为止最发达的社会关系（从这种观点看来是一般关系）的时代"②。因此，马克思认为："孤立个人"只是"对于16世纪以来就作了准备、而在18世纪大踏步走向成熟的'市民社会'的预感"③ 而已。为什么这么说呢？因为"只有到18世纪，在'市民社会'中，社会联系的各种形式，对个人来说，才表现为只是达到他私人目的的手段，才表现为外在的必然性"④。而且，"孤立个人"的观点只是一种虚构和假象而已。马克思批判性地指出："被斯密和李嘉图当作出发点的单个的孤立的猎人和渔夫，属于18世纪的缺乏想象力的虚构。……这是假象，只是大大小小的鲁滨逊一类故事所造成的美学上的假象。"⑤ 因此，"孤立个人"只是一些人头脑中的假象，而不是历史真正的出发点。如果说关于鲁滨逊的虚构是以孤立个人为出发点的，那么，关于大力士的设想同样是从孤立个人这一荒谬设想出发的。马克思说："当然，可以非常简单地设想一下，有个体力超群的大力士，起先捉野兽，后来便捉人，迫使人去捉野兽，总之，像利用自然界中任何其他生物一样，也把人当作自然界中现有的条件之一，用于自己的再生产（这时他自己的劳动就归结为统治等等）。可是，这样的看法是荒谬的——尽管它就某一个部落体或共同体来看是很对的——，因为它是从孤立的人的发展出发的。"⑥

---

① 《马克思恩格斯全集》第30卷，人民出版社，1995，第489页。
② 《马克思恩格斯全集》第30卷，人民出版社，1995，第25页。
③ 《马克思恩格斯全集》第30卷，人民出版社，1995，第22页。
④ 《马克思恩格斯全集》第30卷，人民出版社，1995，第25页。
⑤ 《马克思恩格斯全集》第30卷，人民出版社，1995，第22页。
⑥ 《马克思恩格斯全集》第30卷，人民出版社，1995，第489页。

与此同时，马克思还深刻地揭示了现实的人与物质生产之间的辩证关系。可以说，历史唯物主义的出发点既是从事物质生产的现实的人、社会的人，也是现实的人、社会个人的物质生产，归根结底，是二者的辩证统一。正如马克思和恩格斯所说，历史唯物主义的出发点"是一些现实的个人，是他们的活动和他们的物质生活条件"①。从一定意义上讲，这一出发点避免了在历史的现实前提这一基本问题上任何"见人不见物"或"见物不见人"的片面性，实现了人及其活动与他们已有的和由他们创造出来的物质生活条件的辩证统一。就人本身来说，人既是历史的前提，也是历史的产物。"人，作为人类历史的经常前提，也是人类历史的经常的产物和结果，而人只有作为自己本身的产物和结果才成为前提。"② 从一定意义上讲，人的活动影响并决定着物质生产，因为人是物质生产的主体，人的活动奠定了一切社会生产和社会制度的物质基础。正如马克思所言："人本身是他自己的物质生产的基础，也是他进行的其他各种生产的基础。因此，所有对人这个生产主体发生影响的情况，都会在或大或小的程度上改变人的各种职能和活动，从而也会改变人作为物质财富、商品的创造者所执行的各种职能和活动。在这个意义上，确实可以证明，所有人的关系和职能，不管它们以什么形式和在什么地方表现出来，都会影响物质生产，并对物质生产发生或多或少是决定的作用。"③ 据此，胡克进一步指出："马克思的哲学既不包含有形而上学意义上的宿命论，也不包含有经济学意义上的宿命论。……在一定限度内，人类是能够重新决定它的发展的。"④ 实际上，在现实的生产过程中，生产条件与人自身的改变是同一个过程。"在再生产的行为本身中，不但客观条件改变着，例如乡村变为城市，荒野变为清除了林木的耕地等等，而且生产者也改

---

① 《马克思恩格斯选集》第1卷，人民出版社，1995，第67页。
② 《马克思恩格斯全集》第26卷（Ⅲ），人民出版社，1974，第545页。
③ 《马克思恩格斯全集》第26卷（Ⅰ），人民出版社，1972，第300页。
④ 〔美〕悉尼·胡克：《对卡尔·马克思的理解》，徐崇温译，重庆出版社，1989，第57~58页。

变着，炼出新的品质，通过生产而发展和改造着自身，造成新的力量和新的观念，造成新的交往方式，新的需要和新的语言。"① 因此，如果说现实的人是唯物史观的逻辑起点，那么物质生产就是唯物史观的历史起点。在这里，"现实的人"绝非纯粹生物学意义上自然的人，而是在社会中从事物质生产的人，"物质生产"是现实的人的物质生产，人进行生产，生产也塑造了人。一言以蔽之，作为历史出发点的现实的人的物质生产，也构成了历史唯物主义的出发点。

二 历史的发源地：尘世的粗糙的物质生产

在人类历史上，"物质生产"作为历史的现实前提并不是开天辟地以来就被人们所看到或承认的，而是经历了一个被发现与剥离的历史过程。随着唯物主义历史观的诞生，"物质生产"逐渐获得了应有的重视和地位。因为这种历史观"不是在每个时代中寻找某种范畴，而是始终站在现实历史的基础上，不是从观念出发来解释实践，而是从物质实践出发来解释各种观念形态"②，所以，这种历史观始终"从直接生活的物质生产出发阐述现实的生产过程"③。胡克据此指出，历史唯物主义并"不是去演绎历史，而是去发现历史流动的韵律"④。如此一来，一个具有革命意义的重大发现就问世了，恩格斯认为，历史唯物主义"不仅对于经济学，而且对于一切历史科学（凡不是自然科学的科学都是历史科学）都是一个具有革命意义的发现：'物质生活的生产方式制约着整个社会生活、政治生活和精神生活的过程'，在历史上出现的一切社会关系和国家关系，一切宗教制度和法律制度，一切理论观点，只有理解了每一个与之相应的时代的物质生活条件，并且从这些物质条件中被引申出来的时候，才能

---

① 《马克思恩格斯全集》第 46 卷（上），人民出版社，1979，第 494 页。
② 《马克思恩格斯选集》第 1 卷，人民出版社，2012，第 172 页。
③ 《马克思恩格斯选集》第 1 卷，人民出版社，2012，第 171 页。
④ 〔美〕悉尼·胡克：《对卡尔·马克思的理解》，徐崇温译，重庆出版社，1989，第 267 页。

理解"①。马克思究竟是如何发现这个历史规律并得出这个基本思想的呢？列宁回答道："他做到这一点所用的方法，就是从社会生活的各种领域中划分出经济领域，从一切社会关系中划分出生产关系，即决定其余一切关系的基本的原始的关系。"② 由此可见，无论是"物质生活"及其生产方式的发现，还是"经济领域"的划分、"生产关系"的剥离，都是一个历史过程。问题从分工的观点来看最容易理解。

巴里巴尔鲜明地指出："马克思主义哲学，不论它是否完善，总肩负着一项使命，即思考时代的物质性。"③ 对"物质性"的重视绝不是从马克思或恩格斯的头脑中自发产生的，而是他们批判地继承了法国唯物主义思想的结果。事实上，在马克思之前，18世纪法国唯物主义者爱尔维修早已注意到"物质需要""利益""利益规律"的重要性，普列汉诺夫在评点其观点时这样写道：爱尔维修"做了一个极有兴味的至今尚未得到充分估价的尝试，即以人类的物质需要来解释人类的社会的和智慧的发展。但是这个尝试没有成功，而且由于许多原因亦不能不失败。但是这个尝试宛如一个给那些愿意继续法国唯物主义者事业的下一个世纪的思想家们的遗嘱"④。可以说，正是沿着18世纪法国唯物主义先辈探索的足迹，马克思不仅认真执行了他们的遗嘱，而且真正完成了他们未竟的事业。

历史地看，马克思在《1844年经济学哲学手稿》（简称《手稿》）中"首次形成了关于生产在社会生活中起决定作用的思想"⑤。在随后的《神圣家族》中，在与"批判的批判"的激烈交锋中，马克思进一步发展了《手稿》所取得的积极成果。马克思写道："难

---

① 《马克思恩格斯选集》第2卷，人民出版社，1995，第38页。
② 《列宁选集》第1卷，人民出版社，1995，第6页。
③ 〔法〕埃蒂安·巴里巴尔：《马克思的哲学》，王吉会译，中国人民大学出版社，2007，第117页。
④ 〔苏〕普列汉诺夫：《论一元论历史观之发展》，博古译，生活·读书·新知三联书店，1961，第12页。
⑤ 〔苏〕巴加图利亚：《马克思的第一个伟大发现：唯物史观的形成和发展》，陆忍译，中国人民大学出版社，1981，第30页。

道批判的批判以为，只要它从历史运动中排除掉人对自然界的理论关系和实践关系，排除掉自然科学和工业，它就能达到即使是才开始的对历史现实的认识吗？难道批判的批判以为，它不去认识（比如说）某一历史时期的工业和生活本身的直接的生产方式，它就能真正地认识这个历史时期吗？诚然，唯灵论的、神学的批判的批判仅仅知道（至少它在自己的想象中知道）历史上的政治、文学和神学方面的重大事件。正象批判的批判把思维和感觉、灵魂和肉体、自身和世界分开一样，它也把历史同自然科学和工业分开，认为历史的发源地不在尘世的粗糙的物质生产中，而是在天上的云雾中。"① 在这里，马克思不仅首次使用了"生产方式"这个术语，而且在对"批判的批判"所做的批判中第一次表明："物质生产是历史的发源地"。巴加图利亚指出，这是马克思"关于未来唯物主义历史观的完整观点的关键性的突破"②。

无独有偶，恩格斯也"从另一条道路"得出了与马克思"完全一致"的研究结论："迄今为止在历史著作中根本不起作用或者只起极小作用的经济事实，至少在现代世界中是一个决定性的历史力量；这些经济事实形成了产生现代阶级对立的基础；这些阶级对立，在它们因大工业而得到充分发展的国家里，因而特别是在英国，又是政党形成的基础，党派斗争的基础，因而也是全部政治史的基础。"③ 诚然，恩格斯在这里主要是就英国的现代发展史而言的，但他正是从英国这一"典范"或个案中强烈地意识到并指明了物质生产与社会历史之间的内在联系，这无疑是恩格斯对唯物史观极具突破性的深刻洞见。

在全面阐述唯物史观的过程中，马克思和恩格斯这样写道："由于费尔巴哈揭露了宗教世界是世俗世界的幻想（世俗世界在费尔巴

---

① 《马克思恩格斯全集》第 2 卷，人民出版社，1957，第 191 页。
② 〔苏〕巴加图利亚：《马克思的第一个伟大发现：唯物史观的形成和发展》，陆忍译，中国人民大学出版社，1981，第 38 页。
③ 《马克思恩格斯选集》第 4 卷，人民出版社，1995，第 196 页。

哈那里仍然不过是些词句），在德国理论面前就自然而然产生了一个费尔巴哈所没有回答的问题：人们是怎样把这些幻想'塞进自己头脑'的？这个问题甚至为德国理论家开辟了通向唯物主义世界观的道路，这种世界观没有前提是绝对不行的，它根据经验去研究现实的物质前提，因而最先是真正批判的世界观。"① 事实上，通向唯物主义世界观的这一道路，马克思早已"在'德法年鉴'中，即在'黑格尔法哲学批判导言'和'论犹太人问题'这两篇文章中指出了"②。问题就在于，"当时由于这一切还是用哲学词句来表达的，所以那里所见到的一些习惯用的哲学术语，如'人的本质'、'类'等等，给了德国理论家们以可乘之机去不正确地理解真实的思想过程并以为这里的一切都不过是他们的穿旧了的理论外衣的翻新"③。的确，如果仅仅盯住这层炫人耳目的理论旧外衣，德国理论家们就深深地误解了马克思，他们不求甚解，误以为马克思仍然是在"炒冷饭"，而丝毫没有觉察到马克思所想实现的术语革命背后真实的思想历程与旨归。

三　历史的决定性因素：物质生活的生产与再生产

根据经典作家的论述，在根本意义上，物质生活的生产与再生产是历史的决定性因素。在致康·施米特的信中，恩格斯指出，"凡是存在着社会规模的分工的地方，局部劳动过程也都成为相互独立的。生产归根到底是决定性的东西"④。在致布洛赫的信中，恩格斯针对"经济决定论"这一错误论调再次郑重声明："根据唯物史观，历史过程中的决定性因素归根到底是现实生活的生产和再生产。无

---

① 《马克思恩格斯全集》第3卷，人民出版社，1960，第261页。
② 《马克思恩格斯全集》第3卷，人民出版社，1960，第261页。
③ 《马克思恩格斯全集》第3卷，人民出版社，1960，第261~262页。
④ 《马克思恩格斯选集》第4卷，人民出版社，1995，第699页。

论马克思或我都从来没有肯定过比这更多的东西。如果有人在这里加以歪曲，说经济因素是唯一决定性的因素，那末他就是把这个命题变成毫无内容的、抽象的、荒诞无稽的空话。"①

在人类历史发展过程中，物质活动、物质生活、物质生产无疑都是第一位的、具有决定性的因素。历史地看，一切民族、国家，无论文明或不文明、无论发达或不发达，其赖以发展、进步的现实前提都是物质生活资料的生产与再生产。正如马克思所说："最文明的民族也同最不发达的未开化民族一样，必须先保证自己有食物，然后才能去照顾其他事情，财富的增长和文明的进步，通常都与生产食品所需要的劳动和费用的减少成相等的比例。"② 唯物主义历史观所揭示的基本原理表明："生产以及随生产而来的产品交换是一切社会制度的基础；在每个历史地出现的社会中，产品分配以及和它相伴随的社会之划分为阶级或等级，是由生产什么、怎样生产以及怎样交换产品来决定的。"③

与之形成鲜明对照的是，德意志意识形态学家们从来都"不愿多讲分工，不愿多讲物质生产和物质交往"，他们没有看到"个人对一定关系和一定活动方式的依赖恰恰是由物质生产和物质交往决定的"。④ 事实上，"那些决不依个人'意志'为转移的个人的物质生活，即他们的相互制约的生产方式和交往形式，是国家的现实基础，而且在一切还必需有分工和私有制的阶段上，都是完全不依个人的意志为转移的。这些现实的关系决不是国家政权创造出来的，相反地，它们本身就是创造国家政权的力量"⑤。马克思曾指出："法的关系正像国家的形式一样，既不能从它们本身来理解，也不能从所谓人类精神的一般发展来理解，相反，它们根源于物质的生活关

---

① 《马克思恩格斯选集》第4卷，人民出版社，1995，第696页。
② 《马克思恩格斯全集》第9卷，人民出版社，1961，第347页。
③ 《马克思恩格斯选集》第3卷，人民出版社，1995，第617页。
④ 《马克思恩格斯全集》第3卷，人民出版社，1960，第460页。
⑤ 《马克思恩格斯全集》第3卷，人民出版社，1960，第377~378页。

系。"① 恩格斯认为这一基本观点"像一根红线贯穿着党的一切文献。在所有这些文献中，每个场合都证明，每次行动怎样从直接的物质动因产生，而不是从伴随着物质动因的词句产生，相反地，政治词句和法律词句正像政治行动及其结果一样，倒是从物质动因产生的"②。因此，"在历史上出现的一切社会关系和国家关系，一切宗教制度和法律制度，一切理论观点，只有理解了每一个与之相适应的时代的物质生活条件，并且从这些物质条件中被引申出来的时候，才能理解"③。

从一定意义上讲，生产的决定性是经济必然性的另一种表达形式，前者是就劳动方式而言，后者是就劳动领域而言。1894年，在致瓦·博尔吉乌斯的信中，恩格斯强调指出："我们视为社会历史的决定性基础的经济关系，是指一定社会的人们用以生产生活资料和彼此交换产品（在有分工的条件下）的方式说的。"④ 恩格斯进一步分析指出："经济条件归根到底制约着历史的发展。"⑤ 但与此同时，他特别提醒我们注意以下两点⑥。

第一，政治、法律、哲学、宗教、文学、艺术等的发展是以经济发展为基础的。但是，它们又互相影响并对经济基础产生影响。并不是只有经济状况才是原因，才是积极的，而其余一切都不过是消极的结果，这是在不断为自己开辟道路的经济必然性基础上的互相作用。

第二，人们创造着自己的历史，但是到现在为止，他们并不是按照共同的意志，根据一个共同的计划，甚至不是在某个特定的局限的社会来创造这个历史。他们的意向是相互交错的，因此在所有这样的社会里，都是那种以偶然性为其补充和表现形式的必然性占

---

① 《马克思恩格斯选集》第 2 卷，人民出版社，1995，第 32 页。
② 《马克思恩格斯选集》第 2 卷，人民出版社，1995，第 39 页。
③ 《马克思恩格斯选集》第 2 卷，人民出版社，1995，第 38 页。
④ 《马克思恩格斯全集》第 39 卷，人民出版社，1974，第 198 页。
⑤ 《马克思恩格斯全集》第 39 卷，人民出版社，1974，第 198、199 页。
⑥ 《马克思恩格斯全集》第 39 卷，人民出版社，1974，第 199~200 页。

统治地位。在这里通过各种偶然性来为自己开辟道路的必然性，归根结底仍然是经济的必然性。

正是在强调"经济必然性"是历史最终决定因素的意义上，普列汉诺夫写道："每一个民族的经济制度决定着它的社会制度，而它的社会制度也反过来决定它的政治制度、宗教制度等等。"① 他同时提醒"我们不要忘记，社会里非生产阶级的出现，其本身就是那个社会的经济发展的结果。这说明即使经济因素的活动为别的因素所压制时，经济因素也仍然保持着其优势地位"②。也许有人会问：经济制度莫非也有自己的原因吗？普列汉诺夫回答说："当然，同世界上的一切事物一样，它也有自己的原因，而这个原因——任何社会进化，从而，任何历史运动的根本原因——就是人类为了自己的生存同自然界进行的斗争。"③

综上所述，马克思对于由分工所引申出来的政治经济学的研究与批判使其在制定唯物史观方面迈出了具有决定性的一步。从分工的观点来看，"物质生产"的发现及其历史性剥离，开辟了通向唯物主义世界观的道路，也为唯物史观的创立奠定了坚实的基础。

---

① 《普列汉诺夫哲学著作选集》第 2 卷，汝信等译，生活·读书·新知三联书店，1959，第 745 页。
② 《普列汉诺夫哲学著作选集》第 3 卷，汝信等译，生活·读书·新知三联书店，1959，第 186 页。
③ 《普列汉诺夫哲学著作选集》第 2 卷，汝信等译，生活·读书·新知三联书店，1959，第 745 页。

"生产力和生产关系的辩证法"再思考

根据著名马克思主义哲学文献研究专家巴加图利亚的分析,马克思通过深入研究分工问题发现了"生产力与生产关系的辩证法"。在马克思看来,应该从人的实践活动的观点或人的历史发展的高度来理解生产力和生产关系及其辩证法。从实践的观点或活动的观点来看,生产力不再是外在于人的冷冰冰的"物"的力量,而是人的本质力量的公开展示,生产关系也不过是人的活动借以实现的必然形式。实际上,从《德意志意识形态》开始,马克思就把人的历史理解为生产力和生产关系辩证发展的过程。

众所周知,"生产力决定生产关系,生产关系反作用于生产力"是人们耳熟能详的历史唯物主义的基本原理。问题是,长期以来,人们对于这一蕴藏着历史玄机的矛盾运动本身重视不够,大都停留于抽象认识和表面讨论,很少有人做深入的分析和研究。一般而言,我们对生产力与生产关系的研究往往局限于第一性与第二性、决定作用和反作用这样一些公式化或抽象化的议论,而对二者之间的内在联系及其辩证关系探讨不多。为了避免对生产力决定生产关系这一原理流于形式的简单化、公式化理解,就必须进一步追问生产力决定生产关系的内在逻辑和深层机制:生产力究竟怎样决定生产关系?生产关系又如何反作用于生产力?这一运动过程中是否存在一个中间环节?诚然,我们不能武断地说这些问题在学界无人问津,但的确关注者不多、深究者甚少。

一

20世纪80年代初，随着我国改革开放和国民经济结构调整的实践需要，理论界便开始了对马克思分工理论的探讨，分工曾一度成为当时理论界关注和研究的热点问题之一，从公开发表的文章和出版的著作来看，这项研究取得了一定的成果。十分可喜的是，当时有研究者明确指出，分工是生产力与生产关系、经济基础和上层建筑矛盾运动的"中介"或"中间环节"[①]。也有学者认为，分工理论是"生产力与生产关系的理论在现实社会生活中的运用，因而前者是后者的有机组成部分"[②]。21世纪初，分工问题得到了许多学者特别是经济学界的学者们的继续关注和研究。越来越多的人已经认识到生产力与生产关系的统一是以劳动方式即分工为中介而实现的，更为重要的是，他们已经明确指出，分工是马克思和恩格斯的历史唯物主义和政治经济学理论的一个基本范畴，分工是生产力决定生产关系、经济基础决定上层建筑的一个关键环节。[③] 甚至有人明确提出所谓的"分工范式"，并主张要"以马克思的分工理论作为分析范式来发展马克思主义经济学"[④]。不管这些研究的理论水平如何，重要的是他们发现了问题并提出了问题，这不能不促使我们反思：分工真的仅仅是一个经济学范畴吗？在分工的经济学话语之外，我们能否开显并续写分工的哲学话语？本文正是对哲学界前辈所开拓的分工领域的进一步耕犁，从而将分工被遮蔽或忽视了的另一副面孔敞开、揭示出来。

在谈及分工与唯物史观的关系时，我们可以援引巴加图利亚的

---

① 秦庆武：《略论两对社会基本矛盾的中间环节》，《南京师范大学学报》1982年第1期。
② 熊子云、张向东：《唯物史观形成史》，重庆出版社，1988，第231页。
③ 张宇、孟捷、卢荻：《高级政治经济学》，经济科学出版社，2002，第32页。
④ 乔榛：《马克思分工理论：发展马克思主义经济学的一种范式》，《经济学家》2005年第3期。

话，当马克思注意到并分析分工问题的时候，他在制定唯物主义历史观方面迈出了具有决定性的一步。问题是，这一步究竟是如何实现的呢？巴加图利亚分析指出，马克思正是通过深入研究分工而发现了"生产力与生产关系的辩证法"①。也许，这一重大"发现"正是从分工通向唯物史观的一个重要的中间环节。因为正是随着"生产力和生产关系的辩证法"的发现，马克思才从根本上摆脱了以往的人本史观或异化史观的窠臼，进而真正开启了唯物主义的历史观，即用由生产力与生产关系的矛盾运动及其辩证发展规律而引起的社会形态的变更来解释历史的发展。"生产力和生产关系的辩证法"是对社会形态演进的历史辩证法的深刻洞悉，使我们将社会形态的认识提到了科学的水平和高度。既然马克思是通过研究分工而走到了历史唯物主义的深处，那么若要更准确、更深入地理解"生产力和生产关系的辩证法"，就必须重视对分工这一"中介"的研究，唯有如此，才谈得上对历史唯物主义研究的推进、拓展和深化。

在马克思主义哲学研究中，分工实际上是以"中介性"范畴的身份出现的，这是由分工的"中介"地位所决定的。从宏观层面来看，分工是异化史观与唯物史观的中介；从微观层面来看，分工是生产力与生产关系的中介。如果前者揭示了分工的"大中介"地位，那么后者表明的正是分工的"小中介"地位。根据理论研究的习惯，当我们提及作为"中介"的分工时，一般都是指作为"小中介"的分工，即作为生产力与生产关系的中介的分工。事实上，分工作为"中介"本身并非纯粹中介性、从属性的存在，而是具有独立地位的存在。在马克思看来，"最初在两极间起媒介作用的运动或关系，按照辩证法必然会导致这样的结果，即这种关系表现为它自己的媒介，表现为主体，两极只是这个主体的要素，它扬弃这两极的独立的存在，以便通过这两极的扬弃本身来把自己确立为唯一独立的东西"②。

---

① 〔苏〕巴加图利亚：《马克思的第一个伟大发现：唯物史观的形成和发展》，陆忍译，中国人民大学出版社，1981，第 48 页。
② 《马克思恩格斯全集》第 46 卷（上），人民出版社，1979，第 295 页。

因此，如果缺失了对分工这一"中介"地位的正确认识和应有重视，就很难在生产力与生产关系之间建立起一种有机的联系，更不用说揭示生产力与生产关系的辩证法了。在《德意志意识形态》中，特别是在第一章中，马克思不仅首次阐明了唯物主义历史观这一重要发现，而且第一次揭示了生产力和生产关系发展的辩证的相互作用。巴加图利亚进一步分析指出，在这本著作中，生产力、分工、生产关系之间的决定关系可以表示为："生产力—劳动分工—所有制形式（从进一步分析中可以看出，在生产关系的概念和所有制形式的概念之间在一定意义上是相符合的）。因此，劳动分工在这里起着'结合中的第三者'的作用，它是生产力和生产关系联系的中介，即生产力通过劳动分工决定着生产关系。"① 现在再回过头来重温巴加图利亚一开始就提出的问题，"马克思是通过深入研究劳动分工而发现生产力和生产关系的辩证法吗？这是很可能的。实际上，一方面劳动分工是生产力发展的结果和表现，另一方面又是把生产者划分为一定的集团，把整个社会划分为阶级的基础，也就是生产关系的基础"②。巴加图利亚的回答使我们更加坚信如下结论的正确性：分工是生产力与生产关系的中介，生产力通过分工决定生产关系。

二

根据上述分析，我们不仅揭示出分工是生产力决定生产关系的深层机制和内在逻辑，而且透过分工这一"中介"领悟到"生产力和生产关系的辩证法"。随之产生的问题就是：到底应该如何理解生产力与生产关系？应该如何理解生产力和生产关系的辩证法？它们与人的实践、人的活动、人的历史有着什么样的内在关联？实际上，

---

① 〔苏〕巴加图利亚：《马克思第一个伟大发现：唯物史观的形成和发展》，陆忍译，中国人民大学出版社，1981，第47页。
② 〔苏〕巴加图利亚：《马克思第一个伟大发现：唯物史观的形成和发展》，陆忍译，中国人民大学出版社，1981，第47~48页。

问题本身的提法已经包含了问题的答案。

在马克思看来,应该从实践的观点或活动的观点来把握和理解生产力与生产关系。普列汉诺夫有言:"社会生活中任何事物都不是'自然而然地'完成的,一切都是以社会的人的活动为前提的。"① 实际上,正是通过对社会的人的生产活动的两个方面即人与自然的关系、人和人的关系的分析,马克思科学地抽象出历史唯物主义的两个基本范畴:生产力和生产关系。生产力是在人的生产活动中历史地形成的人与自然的关系;在这一过程中,人们的需要以及满足需要的方式决定了他们之间必然要发生相互关系,这就是人与人之间历史地形成的关系,即生产关系。

从活动的观点或实践的观点来看,生产力并不是外在于人的冷冰冰的"物"的力量,它本身就是一种属人的力量,是人的本质力量的展现。在作为马克思哲学的秘密和诞生地的《1844年经济学哲学手稿》中,"人的本质力量的公开展示""类的力量的统统发挥"等词句,都可以看作青年马克思关于生产力的萌芽思想的最初表达。后来,在《资本论》中,马克思进一步将生产力看作人本身的"自然力"的发挥,他写道:"人自身作为一种自然力与自然物质相对立。为了在对自身生活有用的形式上占有自然物质,人就使他身上的自然力——臂和腿、头和手运动起来。当他通过这种运动作用于他身外的自然并改变自然时,也就同时改变他自身的自然。他使自身的自然中沉睡着的潜力发挥出来,并且使这种力的活动受他自己控制。"② 很显然,人在改变自然界本身的过程中又使人自身得到改变,这是同一过程的两个方面。因此,在马克思看来,对生产力的占有本身意味着个人才能的现实发挥。在这里,个人对现有生产力总和的占有,既是为了实现他们个人的自主活动,也是为了首先保证自己的生存。正因如此,对生产力这些力量的占有本身不外乎是

---

① 《普列汉诺夫哲学著作选集》第 2 卷,汝信等译,生活·读书·新知三联书店,1959,第 308 页。
② 《马克思恩格斯全集》第 23 卷,人民出版社,1972,第 202 页。

个人才能的一定发挥，而且，也仅仅是因为这一点。所以，对生产工具总和的占有，也就意味着个人本身才能的总和在一定程度上的发挥。

当然，如果从活动的观点或实践的观点来看生产关系，我们就会看到，作为形成人的其他一切关系之基础的生产关系"不过是他们的物质的和个体的活动所借以实现的必然形式罢了"①。在马克思看来，这里的个人活动的基本形式首先是物质活动，而其他一切活动形式如精神活动、政治活动、宗教活动等，都取决于物质活动本身。需要强调的是，个人"同他自己的活动的联系、关系，这种关系决不是'自然的'，而是本身已经包含着某种独特的经济规定"②。从这个意义上讲，一定的个人在以一定的方式进行生产活动时，才会而且必然会产生一定的社会关系、政治关系等。总之，生产力与生产关系是人的活动不可分割的两个方面，若一枚硬币之两面，如果说生产力是人的活动的内容，那么生产关系就是人的活动的形式。用马克思本人的话说即是"生产力与交往形式的关系就是交往形式与个人的行动或活动的关系"③。因此，如果从活动的观点或实践的观点来理解生产力与生产关系，生产力与生产关系之间的矛盾就转换为人的活动与活动形式之间的矛盾。正如有学者所言："如果我们循着马克思实践唯物主义的思维理路，将生产力理解成人的生产实践活动的结果与人的本质力量的对象化，将生产关系理解成人的'自主活动形式'，那么生产力与生产关系的关系即是人的物质生产活动与人的'自主活动形式'的关系，生产力与生产关系的矛盾本质上表现为物质生产活动与'自主活动形式'的矛盾。"④

从实践、活动的观点理解生产力与生产关系，揭示的是人的活动与生产力、生产关系及其矛盾的内在相关性。那么，到底应该如

---

① 《马克思恩格斯选集》第4卷，人民出版社，1995，第532页。
② 《马克思恩格斯全集》第46卷（上），人民出版社，1979，第270页。
③ 《马克思恩格斯选集》第1卷，人民出版社，1995，第123页。
④ 林剑：《马克思历史观视野中的生产力、生产关系及其矛盾运动》，《江海学刊》2005年第6期。

何理解生产力与生产关系的辩证法呢？哈贝马斯认为，马克思"常常用技术至上的思想去理解生产力和生产关系之间的辩证法"①。诚然，在"生产力和生产关系的辩证法"中，马克思似乎更看重"生产力"及其"决定性"，认为生产力是社会历史的最终决定力量，但若由此引申出"技术至上"并以此来解析"生产力与生产关系的辩证法"，未免有失公允，因为它过于倚重作为一种物的"力量"存在的生产力，而忘记了马克思从人的生存与发展的高度出发对这种"人为物役"现象的批判。实际上，马克思早就提醒我们要警惕生产力的幽灵化、人格化现象。他指出，为了彻底破除美化"生产力"的神秘灵光，我们翻一下任何一本统计材料足矣。在那里，水力、蒸汽力、人力、马力，都被视为"生产力"，如果把人与马、蒸汽、水都一同视为某种"力量"的话，这难道能看作对人的高度赞扬吗？进一步而言，打个比方，如果说国家为交换价值而牺牲、人为物而牺牲的卑鄙性十分明显，那么与此相反，力量则表现为独立的精神本质——幽灵，表现为纯粹的人格化。这难道不是对人的贬低而是对人的高度赞扬吗？马克思辛辣地反讽道："把人贬低为一种创造财富的'力量'，这就是对人的绝妙的赞扬！资产者把无产者不是看作人，而是看作创造财富的力量。"②因而在资本主义生产过程中，才会出现如此怪异和悖谬的现象：对于大多数工人而言，如果弯腰驼背、四肢畸形、片面发展使他们显得更有生产能力，于是乎，弯腰驼背、四肢畸形、片面发展就成为一种生产力；如果精神空虚比精神充实更富有生产能力，于是乎，精神空虚就成为一种生产力。事实上，这种"生产力怪相"与对生产力本身狭隘、片面的理解不无关系，而这种狭隘、片面的理解正是资本主义社会现实的理论投射和反映。

如果说全部历史是使人成为人的历史，也就是说，全部历史是

---

① 〔德〕哈贝马斯：《重建历史唯物主义》，郭官义译，社会科学文献出版社，2000，第155~156页。
② 《马克思恩格斯全集》第42卷，人民出版社，1979，第262页。

为了使人成为感性意识的对象以及使人的需要成为自然的、感性的需要而做准备的发展史，那么问题就在于，在资本主义生产条件下，个人的感性生成与生产力的发展不仅相互分离，而且相互背离，最终的结果是个人变成了"抽象的个人"，生产力变成了一种外在于人的异己的"物的力量"。一方面，生产力已经不是个人的力量，而似乎成为一种外在于个人的物的力量；另一方面，个人与这些生产力是相互分离甚至相互对立的，这些个人因此丧失了一切现实的生活内容，变成了没有现实性的抽象的个人。正因为这个缘故，这些个人才有可能作为个人相互发生关系。从这个意义上讲，在如何理解"生产力和生产关系的辩证法"的问题上，"技术至上"的路径显然是行不通的，它不仅会导致对"生产力"狭隘、片面的理解，而且容易产生歧义，引发误解，甚至让人联想起"经济决定论"。因而，它不能科学地诠释二者的辩证关系。

三

根据马克思的论述，应该将生产力与人的活动、人的发展、人的历史结合起来考察，从人类历史的高度理解生产力和生产关系的辩证法。科尔纽认为，马克思从《德意志意识形态》开始就把"人的历史理解为生产力和生产关系的辩证发展"[①]。唯物辩证法表明，我们的出发点就是历史的辩证的"劳动"，而不是形而上的"劳动"，换句话说，我们是"从人同自然界的新陈代谢出发，而不是形而上学地（无论神学上，如为了救世的需要，还是人本学上，如为了生存的需要）设想劳动的辩证逻辑"[②]。从人的活动和人的发展来看，生产力是人的本质力量的对象化，"生产力的历史，从而也是个

---

① 〔法〕奥·科尔纽：《马克思的〈关于费尔巴哈的提纲〉》，载中国社会科学院哲学所编译《马克思哲学思想研究译文集》，人民出版社，1983，第147页。
② 中央编译局马恩室编译《〈1844年经济学哲学手稿〉研究（文集）》，湖南人民出版社，1983，第398页。

人本身力量发展的历史"①。反过来，"个人的充分发展又作为最大的生产力反作用于劳动生产力"②。如此看来，个人的发展与生产力的发展是"一而二""二而一"的关系。因此，在马克思看来，随着社会生产力的迅速发展，人们获得的可以自由支配的时间将越来越多，因为人发达的生产力已经成为真正的财富。

需要特别注意的是，在个人的发展过程中，"一个人的发展取决于和他直接或间接进行交往的其他一切人的发展；彼此发生关系的个人的世世代代是相互联系的，后代的肉体的存在是由他们的前代决定的，后代继承着前代积累起来的生产力和交往形式，这就决定了他们这一代的相互关系。总之，我们可以看到，发展不断地进行着，单个人的历史决不能脱离他以前的或同时代的个人的历史，而是由这种历史决定的"③。由此可见，虽然生产力是人的本质量和人的能力的产物，但是人的能力大小取决于他所处的历史条件，取决于既定的生产力水平，取决于先前已经存在、由前一代人而不是由他们创立的一定的社会形式。所以，要辩证地看待人的发展与生产力发展之间的关系。诚如马克思所说，决定着人的发展的"社会形式"本身又"是人们交互作用的产物"，那么，人们能否自由选择某一社会形式呢？答案显然是否定的。就像不能自由地选择生产力一样，人们也无法自由地选择一定的社会形式，这些都是既定的。原因在于，构成人们全部历史的基础的"生产力都是一种既得的力量，以往的活动的产物"④。也就是说，人们每次都是在现有的生产力所决定和容许的范围内取得自由的，而不是也不可能在他们关于人的理想所决定和容许的范围内取得自由。问题是人们以往所取得的一切自由的基础就是有限的生产力，而这种有限的生产力不能或者很难满足整个社会的生产。因此，诚然每一代都利用以前各代遗

---

① 《马克思恩格斯选集》第1卷，人民出版社，1995，第124页。
② 《马克思恩格斯全集》第31卷，人民出版社，1998，第108页。
③ 《马克思恩格斯全集》第3卷，人民出版社，1960，第515页。
④ 《马克思恩格斯选集》第4卷，人民出版社，1995，第532页。

留下来的材料、资金和生产力，但是，由于既得生产力或现有生产力的有限性，每一代都是在完全改变了的环境下继续从事所继承的活动，同时又通过完全改变了的活动来变更旧的环境。正如马克思所说，"人们先是在一定的基础上——起先是自然形成的基础，然后是历史的前提——从事劳动的。可是到后来，这个基础或前提本身就被扬弃，或者说成为对于不断前进的人群的发展来说过于狭隘的、正在消灭的前提"①。

客观地讲，历史正是在新旧生产力和生产关系的不断较量与更替中形成并发展起来的。马克思明确指出："新的生产力和生产关系不是从无中发展起来的，也不是从空中，也不是从自己设定自己的那种观念的母胎中发展起来的，而是在现有的生产发展过程内部和流传下来的、传统的所有制关系内部，并且与它们相对立而发展起来的。"② 由此可见，一方面，人的历史是生产力与生产关系辩证发展的结果。人是一种历史性的存在物，这表明人类的存在方式就是"将过去扬弃在自身内部，同时创造现在并走向未来"③。事实上，人类的历史也就是各个时代前后相继、不断更迭的过程。因为后来的每一代人都是继承前一代人已经创造的生产力并为自己新的生产服务的，而正是因为这一再简单不过的事实，人们在历史中的联系、人类的历史就形成了。需要强调的是，随着生产力水平的提高以及交往的日益普遍化，人类的历史将越来越成为真正的人类的历史。另一方面，生产力与生产关系的辩证发展过程实质上就是"人"的历史。马克思充分肯定了恩格斯关于"历史"的看法，即"历史什么事情也没有做，它'并不拥有任何无穷无尽的丰富性'，它并'并没有在任何战斗中作战'！创造这一切、拥有这一切并为这一切而斗争的，不是'历史'，而正是人，现实的、活生生的人。'历

---

① 《马克思恩格斯全集》第46卷（上），人民出版社，1979，第497页。
② 《马克思恩格斯全集》第30卷，人民出版社，1995，第236页。
③ 张一兵：《回到马克思——经济学语境中的哲学话语》，江苏人民出版社，2003，第466页。

史'并不是把人当作达到自己的目的的工具来利用的某种特殊的人格。历史不过是追求着自己的目的的人的活动而已"①。这无非是说,历史是现实的、活生生的个人活动。在此基础上,马克思进一步引申出这样一个结论,即不管人们是否意识到这一点,他们的社会历史始终只是他们个体发展的历史。

---

① 《马克思恩格斯全集》第2卷,人民出版社,1957,第118~119页。

"社会形态"及其演进的历史辩证法

社会形态及其演进的历史辩证法是社会历史观的一个重大问题。马克思主义经典作家指出，社会形态的演进是一个"自然历史过程"，这是对社会形态演进的历史辩证法的真正自觉。历史唯物主义深刻表明，社会形态的演进是生产力与生产关系矛盾运动和辩证发展的结果。"生产力和生产关系的辩证法"科学地揭示了社会形态演进的内在逻辑。"资产阶级社会"历史发展的个案生动地再现了社会形态演进的历史辩证法。

在马克思看来，社会形态的演进或社会类型的更替实际上是一个"自然历史过程"。在《资本论》第一卷的第一版序言中，马克思明确指出："我的观点是：社会经济形态的发展是一种自然历史过程。"①这一观点不仅是对社会形态演进的客观规律的指认，而且是对社会形态演进的历史辩证法的自觉。

一 社会形态相关概念厘析

值得注意的是，马克思除了使用"社会形态"这一术语之外，也经常使用"社会经济形态"或"经济的社会形态"等术语。这

---

① 《马克思恩格斯全集》第23卷，人民出版社，1972，第12页。

些术语之间是一种什么样的关系？它们的联系和区别在哪里？因此，在进一步展开论述之前，有必要先对基本概念予以澄清和辨析。

实际上，在经典作家的著作中，"社会形态"与"社会经济形态"通常都是在相同的意义上被交替使用的，因为二者并不存在本质性的区别，其内涵与所指基本相同或相近。但是不能否定或忽视二者之间的差异（其实也是联系），从某种意义上说，"社会形态"与"社会经济形态"可以看作"一般"与"特殊"的关系，前者是一个总括性的概念，是对人类有史以来一切社会发展阶段的统称，是"一般"；相比之下，后者就是"特殊"，是对社会形态中的主导性部分或决定性要素的特指，强调的是社会形态的"经济"维度，具体而言，就是对生产关系、生产方式等的推崇。在这个意义上，我们似乎可以说，"社会经济形态"正是从经济的角度或在经济层面对"社会形态"的一种描述，前者是从后者中衍生出来的，是对后者认识深化的产物。根据巴加图利亚的分析，到1859年，马克思"在对社会结构的解释上向前迈出了重要的第一步：完成了把生产关系从所有其他社会关系中区分出来的过程，并且制订了历史上一定生产关系的总和的新概念，即社会经济形态的概念"①。实际上，"社会经济形态"概念的诞生，标志着马克思对"社会形态"认识的深化。正如巴加图利亚分析的那样，"社会经济形态"作为一个"新的范畴"，它的创制从两个方面反映了马克思对历史唯物主义观点的深化，主要表现在两个"过渡"上：一个是从社会关系过渡到生产关系，另一个是从所有制形式过渡到生产方式。② 如此看来，马克思所制定的"社会经济形态"这一范畴凸显的是"生产关系""生产方式"在"社会形态"中的地位，它不仅与马克思所理解的

---

① 〔苏〕巴加图利亚：《马克思的第一个伟大发现：唯物史观的形成和发展》，陆忍译，中国人民大学出版社，1981，第74页。
② 〔苏〕巴加图利亚：《马克思的第一个伟大发现：唯物史观的形成和发展》，陆忍译，中国人民大学出版社，1981，第75页。

"社会形态"的所指是一致的，而且在一定程度上深化了对"社会形态"的认识。

因此，马克思指出："各种经济时代的区别，不在于生产什么，而在于怎样生产，用什么劳动资料生产。劳动资料不仅是人类劳动力发展的测量器，而且是劳动借以进行的社会关系的指示器。"① 实际上，随着"社会经济形态"这一概念的出现，马克思所强调的重点就转移到生产方式、生产手段特别是劳动工具上了。在马克思看来，正如动物遗骸的结构对于认识已经绝迹的动物的机体具有重要意义一样，生产工具、劳动资料的遗骸对于判断已经消亡的社会经济形态也具有同样重要的意义。尽管马克思没有明确提出也没有使用过"技术社会形态"的概念，但是根据马克思的论述，我们可以看到马克思的确这样做了，他根据制造工具和武器的材料，将人类的史前时期依次划分为石器时代、青铜时代和铁器时代。当然，在不同的历史语境下，马克思关于社会形态的评判标准也在变化。例如，在《资本论》中，马克思就曾将榨取剩余劳动的形式看作社会形态划分的依据，正如有学者研究指出的，"使各种经济社会形态，例如使奴隶社会与工资劳动社会互相区别的，只是对直接生产者（劳动者）榨取剩余劳动的形态"②。

此外，马克思还提出并划分了社会形态的两个层次，即原生的社会形态与次生的社会形态。马克思写道："农业公社既然是原生的社会形态的最后阶段，所以它同时也是向次生的形态过渡的阶段，即以公有制为基础的社会向以私有制为基础的社会的过渡。不言而喻，次生的形态包括建立在奴隶制上和农奴制上的一系列社会。"③ 如此看来，只有原始社会属于人类社会的"原生态"，除此之外，奴隶社会、封建社会、资本主义社会都属于社会"次生态"序列中的某个阶段。以资本主义社会为例，马克思指出，资本主义生产的基

---

① 《马克思恩格斯全集》第23卷，人民出版社，1972，第204页。
② 刘佑成：《马克思的社会发展三形态理论》，《哲学研究》1988年第12期。
③ 《马克思恩格斯全集》第19卷，人民出版社，1963，第450页。

本前提是生产资料和生产者的分离，而这种分离"既不是自然史上的关系，也不是一切历史时期所共有的社会关系。它本身显然是已往历史发展的结果，是许多次经济变革的产物，是一系列陈旧的社会生产形态灭亡的产物"①。问题是，未来的共产主义社会究竟处于哪个层次？马克思对此并没有做明确划分，根据马克思的论述，从所有制形式来看，共产主义显然不属于社会的"次生态"，而是向社会"原生态"的某种"回归"；但从其历史发展来看，共产主义社会是资本主义发展的结果，也是对资本主义的历史性扬弃，因而必然具有社会"次生态"的特性。接下来我们再进一步阐述社会形态演进的历史辩证法。

二 生产力和生产关系的辩证法

历史唯物主义表明，社会制度变迁与社会形态更替的根本原因在于生产力与生产关系的基本矛盾。社会形态的演进是生产力与生产关系矛盾运动和辩证发展的结果。从这个意义上讲，"生产力和生产关系的辩证法"所揭示的恰恰是社会形态依次嬗递的历史规律。根据巴加图利亚的分析，马克思正是通过研究分工而发现了"生产力和生产关系的辩证法"，进而通过"辩证法"阐明了整个社会结构的四个因素及其内在关系，即"生产力—生产关系—政治的上层建筑—社会意识形态"②。尽管在《德意志意识形态》中，马克思和恩格斯还没有明确提出"生产力决定生产关系"这一命题，在这里"形式落后于内容"，但是他们已经精辟地揭示出："一切历史冲突都根源于生产力和交往形式之间的矛盾。"③ 根据巴加图利亚的分析，"'生产力决定交往形式'的原理与'生产力决定生产关系'的

---

① 《马克思恩格斯全集》第 23 卷，人民出版社，1972，第 192 页。
② 〔苏〕巴加图利亚：《马克思的第一个伟大发现：唯物史观的形成和发展》，陆忍译，中国人民大学出版社，1981，第 53 页。需要注意的是，马克思和恩格斯在《德意志意识形态》中明确提出的是三个因素，即生产力、社会状况、意识。
③ 《马克思恩格斯选集》第 1 卷，人民出版社，2012，第 196 页。

原理是一致的"①。因此，生产力与交往形式的矛盾实际上就是生产力与生产关系的矛盾的最初表达形式，二者所表达的基本观点是完全一致的。

　　历史地看，在生产力与交往形式即生产关系产生矛盾以前，个人相互交往的条件"是与他们的个性相适合的条件，对于他们来说不是什么外部的东西；它们是这样一些条件，在这些条件下，生存于一定关系中的一定的个人独力生产自己的物质生活以及与这种物质生活有关的东西，因而这些条件是个人的自主活动的条件，并且是由这种自主活动产生出来的"②。也就是说，在二者产生矛盾之前，一切交往形式都直接表现为人们自主活动的条件，也就是说，一开始就存在"与生产力发展的一定水平相适应的交往形式"③。而生产力和生产关系的矛盾仅仅是历史发展的结果，二者一旦发生矛盾，必将影响到社会结构的不同领域和层面。"生产力和交往形式之间的这种矛盾（正如我们所见到的，它在以往的历史中曾多次发生过，然而并没有威胁这种形式的基础）每一次都不免要爆发为革命，同时也采取各种附带形式——表现为冲突的总和，表现为各个阶级之间的冲突，表现为意识的矛盾、思想斗争等等、政治斗争等等。"④ 根据历史发展的辩证法，交往形式或生产关系在这个过程中，必将随着生产力的发展而不断变换自己的存在形式。但是，随着生产力的发展，起初构成人们自主活动的条件若发生变化，旧的交往形式将会成为生产力发展的桎梏。如此一来，"在整个历史发展过程中构成一个有联系的交往形式的序列，交往形式的联系就在于：已成为桎梏的旧的交往形式被适应于比较发达的生产力，因而也适应于更进步的个人自主活动类型的新的交往形式所代替；

---

① 〔苏〕巴加图利亚：《马克思的第一个伟大发现：唯物史观的形成和发展》，陆忍译，中国人民大学出版社，1981，第50页。
② 《马克思恩格斯选集》第1卷，人民出版社，1995，第123页。
③ 《马克思恩格斯全集》第3卷，人民出版社，1960，第80页。
④ 《马克思恩格斯全集》第3卷，人民出版社，1960，第83~84页。

新的交往形式［又］会变成桎梏并为别的交往形式所代替"①。诚然，如马克思所强调的那样，"人们永远不会放弃他们已经获得的东西，然而这并不是说，他们永远不会放弃他们在其中获得一定生产力的那种社会形式。恰恰相反，为了不致丧失已经取得的成果，为了不致失掉文明的果实，人们在他们的交往方式不再适合于既得的生产力时，就不得不改变他们继承下来的一切社会形式"②。实际上，新旧生产关系的更替意味着社会形态的变迁，基于"生产力与生产关系的辩证法"，我们清楚地认识到一切社会形态的暂时性和历史性。马克思指出："人们借以进行生产、消费和交换的经济形式是暂时的和历史性的形式。随着新的生产力的获得，人们便改变自己的生产方式，而随着生产方式的改变，他们便改变所有不过是这一特定生产方式的必然关系的经济关系。"③

事实上，生产力的变革必然相应地引起生产关系的变革。"随着一旦已经发生的、表现为工艺革命的生产力革命，还实现着生产关系的革命。"④ 由此可见，根本就没有一成不变的生产方式，也不存在永恒不灭的所有制形式，"一切所有制关系都遭到了经常发生的历史的更替，都遭到了经常发生的历史的变更"⑤。一切社会形态都是历史性的、暂时性的存在，社会形态演进的历史规律表现为生产力与生产关系的矛盾运动。正如马克思在1859年的《〈政治经济学批判〉序言》中所说："无论哪一个社会形态，在它所能容纳的全部生产力发挥出来以前，是决不会灭亡的；而新的更高的生产关系，在它的物质存在条件在旧社会的胎胞里成熟以前，是决不会出现的。"⑥ 两个"决不会"鲜明地揭示了社会形态的更替是一个"自然历史过程"，一切以生产力与生产关系的矛盾运动为转移。

---

① 《马克思恩格斯全集》第3卷，人民出版社，1960，第81页。
② 《马克思恩格斯选集》第4卷，人民出版社，1995，第532~533页。
③ 《马克思恩格斯选集》第4卷，人民出版社，1995，第533页。
④ 《马克思恩格斯全集》第47卷，人民出版社，1979，第473页。
⑤ 《马克思恩格斯全集》第4卷，人民出版社，1958，第480页。
⑥ 《马克思恩格斯选集》第2卷，人民出版社，1995，第33页。

三 "资产阶级社会"个案分析

马克思以"资产阶级社会"的历史发展为例,生动地再现了社会形态演进的历史辩证法。根据马克思的分析,在资本主义生产出现之前,即在中世纪,普遍地存在以劳动者私人占有生产资料为基础的小生产,如小农、自由农或依附农的农业和城市的手工业,这一时期的劳动资料如土地、农具、作坊、手工业工具都是个人的劳动资料,只供个人使用,因而必然是小的、简陋的、有限的。而真正"把这些分散的小的生产资料加以集中和扩大,把它们变成现代的强有力的生产杠杆,这正是资本主义生产方式及其承担者即资产阶级的历史作用"①。客观地讲,资产阶级在历史上发挥过巨大的革命作用。曾经,"在一定阶段上,资产阶级使用的新的生产力……以及通过生产力发展起来的交换条件和交换需要,同现存的、历史上继承下来的而且被法律神圣化的生产秩序不相容了,就是说,同封建社会制度的行会特权以及许多其他的个人特权和地方特权(这些特权对于非特权等级来说都是桎梏)不相容了"②。结果可想而知,封建桎梏被打破了,资产阶级革命得以完成。但问题是,资本主义生产本身又遭遇了或正处于自我革命的尴尬境地,并开始走上自我变革、"自我否定"之路。在马克思看来,虽然"生产的资本主义形式和与之相适应的工人的经济关系,是同这种变革酵母及其目的——消灭旧分工——直接矛盾的。但是,一种历史生产形式的矛盾的发展,是这种形式瓦解和改造的唯一的历史道路"③。

实际上,资产阶级社会自我否定的历史进程正是生产力和生产关系矛盾运动所推动的。在对德国资产阶级经济学家李斯特的《政治经济学的国民体系》所作的书评中,马克思指出,随着生产力和

---

① 《马克思恩格斯选集》第1卷,人民出版社,1995,第619页。
② 《马克思恩格斯全集》第21卷,人民出版社,1965,第344页。
③ 《马克思恩格斯全集》第23卷,人民出版社,1972,第535页。

生产关系矛盾的运动和发展，资本主义工业生产符咒般地唤起了巨大的生产力，"今天，这些力量仍然是资产者的奴隶，资产者无非把它们看作是实现他的自私的（肮脏的）利润欲的工具（承担者）；明天，它们将砸碎自身的锁链，表明自己是会把资产者连同只有肮脏外壳（资产者把这个外壳看成是工业的本质）的工业一起炸毁的人类发展的承担者，这时人类的核心也就赢得了足够的力量来炸毁这个外壳并以它自己的形式表现出来。明天，这些力量将炸毁资产者用以把它们同人分开并因此把它们从一种真正的社会联系变为（歪曲为）社会桎梏的那种锁链"①。可见，这些力量如同一个被释放的恶魔，曾经被资产阶级当作攫取利润的奴隶，而今却成为一种强大的异己力量把资产者连同资本主义生产一同砸碎。实际上，资本主义的自我否定意味着资本主义生产方式的自我反思和觉醒。马克思指出："认识到产品是劳动能力自己的产品，并断定劳动同自己的实现条件的分离是不公平的、强制的，这是了不起的觉悟，这种觉悟是以资本为基础的生产方式的产物，而且也正是为这种生产方式送葬的丧钟。"② 如此一来，资本主义生产方式进入了一条悖反的发展轨道。"资产阶级的生产关系和交换关系，资产阶级的所有制关系，这个曾经仿佛用法术创造了如此庞大的生产资料和交换手段的现代资产阶级社会，现在像一个魔法师一样不能再支配自己用法术呼唤出来的魔鬼了。"③ 于是，马克思明确指出："资产阶级的生产关系是社会生产过程的最后一个对抗形式，这里所说的对抗，不是指个人的对抗，而是指从个人的社会生活条件中生长出来的对抗；但是，在资产阶级社会的胎胞里发展的生产力，同时又创造着解决这种对抗的物质条件。因此，人类社会的史前时期就以这种社会形态而告终。"④ 作为真正的人类史的共产主义社会开始了。

---

① 《马克思恩格斯全集》第42卷，人民出版社，1979，第258～259页。
② 《马克思恩格斯全集》第30卷，人民出版社，1995，第232页。
③ 《马克思恩格斯选集》第1卷，人民出版社，1995，第277页。
④ 《马克思恩格斯选集》第2卷，人民出版社，1995，第33页。

从资本主义向共产主义的过渡是生产力与生产关系矛盾运动的必然结果。马克思指出:"生产力和社会关系——这二者是社会个人的发展的不同方面——对于资本来说仅仅表现为手段,仅仅是资本用来从它的有限的基础出发进行生产的手段。但是,实际上它们是炸毁这个基础的物质条件。"① 而且,随着资本主义生产内部的矛盾运动,资本主义向世人昭示出其暂时性和历史性。"资本主义生产一方面神奇地发展了社会的生产力,但是另一方面,也表现出它同自己所产生的社会生产力本身是不相容的。它的历史今后只是对抗、危机、冲突和灾难的历史。结果,资本主义生产向一切人(除了因自身利益而瞎了眼的人)表明了它的纯粹的暂时性。"② 资本主义生产的另一个显著特征是"生产方式的不断变革,从而,生产关系、交往关系和生活方式等方面的不断变革,与此同时,在国民的风俗习惯和思想方式等等方面也出现了很大的灵活性"③。基于对资本主义的判断和分析,马克思指出:"如果我们在现在这样的社会中没有发现隐蔽地存在着无阶级社会所必需的物质生产条件和与之相适应的交往关系,那么,一切炸毁的尝试都是唐·吉诃德的荒唐行为。"④ 如此看来,"从资本主义走向共产主义,决不再是通过扬弃劳动异化和人的类本质的复归,而是真实的历史经济发展的结果了"⑤。其中,生产力的发展和生产率的提高将成为首要的推动因素。由于生产力的发展,从一种社会结构中将生长出另一种更高级的社会结构,例如从农奴制中生长出资本主义。⑥ 同样,共产主义也不是无中生有的,"共产主义是从资本主义中产生出来的,它是历史地从资本主义中发展出来的,它是资本主义所产生的那种社会力量

---

① 《马克思恩格斯全集》第31卷,人民出版社,1998,第101页。
② 《马克思恩格斯全集》第19卷,人民出版社,1963,第443页。
③ 《马克思恩格斯全集》第26卷(Ⅲ),人民出版社,1974,第490页。
④ 《马克思恩格斯全集》第46卷(上),人民出版社,1979,第106页。
⑤ 参见张一兵《从分工到现实的世界历史》,《江苏社会科学》1998年第6期。
⑥ 《列宁选集》第2卷,人民出版社,1995,第311页。

发生作用的结果"①。

四 社会形态的演进是一个"自然历史过程"

分工是一个历史地产生、历史地发展,最后又历史地"消灭"的"自然历史过程",社会形态的演进或社会类型的更替同样是一个"自然历史过程"。实际上,在社会形态发展、演进的过程中,"马克思没有丝毫的空想主义,就是说,他没有虚构和幻想'新'社会。相反,他把从旧社会诞生新社会的过程、从前者进到后者的过渡形式,作为一个自然历史过程来研究"②。当然,分工能够创造出更高的劳动生产率,这本身就为一种社会形态战胜、替代另一种社会形态,或者一种社会形态向另一种更高的社会形态的发展奠定了坚实的物质基础。列宁指出:"提高劳动生产率,因此(并且为此)就要有更高形式的劳动组织。"③而且,"劳动生产率,归根到底是使新社会制度取得胜利的最重要最主要的东西。资本主义创造了在农奴制度下所没有过的劳动生产率。资本主义可以被最终战胜,而且一定会被最终战胜,因为社会主义能创造新的高得多的劳动生产率"④。同样,共产主义的高明之处就在于它拥有由"利用先进技术的、自愿自觉的、联合起来的工人所创造的较资本主义更高的劳动生产率"⑤。

我们一再强调,社会形态的演进是生产力和生产关系矛盾运动和辩证发展的结果,正因如此,我们才需要特别指出:社会形态的演进是一个"自然历史过程"。诚然,生产力与生产关系是人类社会历史得以存在、发展而须臾不可分离的两个方面,但正如列宁所指出的,"只有把社会关系归结于生产关系,把生产关系归结于生产力

---

① 《列宁选集》第3卷,人民出版社,1995,第186~187页。
② 《列宁选集》第3卷,人民出版社,1995,第152~153页。
③ 《列宁选集》第3卷,人民出版社,1995,第490页。
④ 《列宁选集》第4卷,人民出版社,1995,第16页。
⑤ 《列宁选集》第4卷,人民出版社,1995,第17页。

的水平，才能有可靠的根据把社会形态的发展看作自然历史过程"①。马克思做到了这一点，揭示了社会形态演进的历史规律，把对社会形态及其规律的认识提高到了科学的水平。正因如此，列宁认为，将马克思与达尔文进行类比是完全恰当的。"达尔文推翻了那种把动植物物种看作彼此毫无联系的、偶然的、'神造的'、不变的东西的观点，探明了物种的变异性和承续性，第一次把生物学放在完全科学的基础之上。同样，马克思也推翻了那种把社会看作可按长官意志（或者说按社会意志和政府意志，反正都一样）随便改变的、偶然产生和变化的、机械的个人结合体的观点，探明了作为一定生产关系总和的社会经济形态这个概念，探明了这种形态的发展是自然历史过程，从而第一次把社会学放在科学的基础之上。"②

社会形态的演进是一个"自然历史过程"，这是马克思和恩格斯对历史辩证法的真正自觉及对历史规律的科学揭示。在《德意志意识形态》中，针对那些在社会领域叫卖"万应灵药"的"庸医"们，马克思和恩格斯批评道："正如医学上的妙手回春的神医和起死回生的仙丹是以对自然界规律的无知作为自己的基础一样，社会领域中的庸医和万应灵药也是以对社会规律的无知作为自己的基础。"③ 这些"庸医"所开的"万应灵药"其实一点也不灵验，这是因为他们压根儿就不知道社会本身的发展还有着自己的规律。当然，正如马克思所说："一个社会即使探索到了本身运动的自然规律……它还是既不能跳过也不能用法令取消自然的发展阶段。"④ 列宁也指出，尽管"剥夺资本家一定会使人类社会的生产力蓬勃发展。但是，生产力将以什么样的速度向前发展，将以什么样的速度发展到打破分工、消灭脑力劳动和体力劳动的对立、把劳动变为'生活的第一

---

① 《列宁选集》第1卷，人民出版社，1995，第8~9页。
② 《列宁选集》第1卷，人民出版社，1995，第10页。
③ 《马克思恩格斯全集》第3卷，人民出版社，1960，第632页。
④ 《马克思恩格斯选集》第2卷，人民出版社，1995，第101页。

需要',这都是我们所不知道而且也不可能知道的"①。

在法文版的《资本论》中,马克思进一步阐明:"我的观点是:社会经济形态的发展同自然的进程和自然的历史是相似的。"② 可见,社会形态的演进具有一种"似自然性",也就是说,人类社会历史同自然一样,也是一个不以人的意志为转移的客观过程,即"自然历史过程"。马克思以宗教世界为例比喻性地指出:"只有当实际日常生活的关系,在人们面前表现为人与人之间和人与自然之间极明白而合理的关系的时候,现实世界的宗教反映才会消失。"③ 那么,同样,"只有当社会生活过程即物质生产过程的形态,作为自由结合的人的产物,处于人的有意识有计划的控制之下的时候,它才会把自己的神秘的纱幕揭掉。但是,这需要有一定的社会物质基础或一系列物质生存条件,而这些条件本身又是长期的、痛苦的历史发展的自然产物"④。换句话说,社会形态的演进并"不取决于主观愿望,而取决于一切历史条件"⑤。而且,个人对这一切历史条件的占有是一种"实际的占有",也就是说,这种"占有""从一开始就不是发生在对这些条件的想象的关系中,而是发生在对这些条件的能动的、现实的关系中,也就是实际上把这些条件变为自己的主体活动的条件"⑥。实际上,这些作为主体活动的条件本身也不是自在存在的,而是在人与自然的活动中被创造出来的,是与生产力的发展紧密联系在一起的。而且,正是"由于这些条件在历史发展的每一阶段上都是与同一时期的生产力的发展相适应的,所以它们的历史同时也是发展着的、为各个新的一代所承受下来的生产力的历史"⑦。因此,说社会形态的演进取决于一切历史条件,也就是说社

---

① 《列宁选集》第3卷,人民出版社,1995,第197~198页。
② 《马克思恩格斯全集》第43卷,人民出版社,2016,第19页。
③ 《马克思恩格斯全集》第42卷,人民出版社,2016,第61页。
④ 《马克思恩格斯全集》第23卷,人民出版社,1972,第96~97页。
⑤ 《列宁全集》第17卷,人民出版社,1959,第59页。
⑥ 《马克思恩格斯全集》第46卷(上),人民出版社,1979,第493页。
⑦ 《马克思恩格斯全集》第3卷,人民出版社,1960,第81页。

会形态的演进取决于生产力的发展水平,这与个人的主观愿望是毫无关系的。正是在这个意义上,当马克思揭示出人类社会的历史规律时,他特别指出:"不管个人在主观上怎样超脱各种关系,他在社会意义上总是这些关系的产物。同其他任何观点比起来,我的观点是更不能要个人对这些关系负责的。"①

---

① 《马克思恩格斯全集》第23卷,人民出版社,1972,第12页。

"自由的精神生产"的现实性与超越性

马克思主义经典作家特别是马克思主义创始人马克思和恩格斯，不仅明确反对把"意识"解释为经济的纯粹附属物，而且区分了"统治阶级的意识形态"和"自由的精神生产"。在分工条件下，"自由的精神生产"充分体现了意识的独立性与精神生产的超越性，作为独立的精神生产部门和人类文明基本样式的艺术、哲学、宗教，都归属于"自由的精神生产"之列，它们看似超越了现实的时空限度，却无不扎根于经济生活和物质生产的深处。

在《德意志意识形态》（以下简称《形态》）中，马克思和恩格斯分析指出，随着"真正的分工"即物质劳动与精神劳动的分离，"享受和劳动、生产和消费"分别"由不同的个人来分担"的现象不仅成为可能，而且成为现实，人类文明的发展因而获得了坚实的基点。与此同时，他们着眼于"真正的分工"，并发现了"意识"。值得注意的是，他们这时虽然没有把"意识"提至构成"原初"历史关系的因素之列，却也未曾将"意识"看作经济的纯粹附属物，而是将"意识的发现"以及随之出现的"自由的精神生产"视为人类进入文明时代的标志。

一

"真正的分工"出现以后，作为历史发展的一个重要因素的

"意识"不仅被发现而且获得了"相对独立性"的发展,这意味着不同于物质生产的精神生产的真正独立,而精神生产的出现标志着人类已迈入文明社会的门槛。

诚然,通过人的"意识"完成的精神生产以及在人的头脑中发生的思想过程,总的来说都是由现有的物质生产条件和进程决定的,因而"意识"受制于生产,且应当随着生产的节奏而律动;然而,在分工的条件下,"意识"不仅从生产中分离出来,而且成为一种"新的独立的力量",因而由于"它本身具有的、即它一经获得便逐渐向前发展的相对独立性,它又对生产的条件和进程发生反作用"①。在论及劳动分工问题时,恩格斯也举例说明了这一点。"凡是存在着社会规模的分工的地方,单独的劳动过程也都成为相互独立的。"②为了进一步阐明劳动过程"独立"的意义所在,恩格斯以产品贸易与生产的关系为例指出:"产品贸易一旦离开本来的生产而独立起来,它就循着本身的运动方向运行,这一运动总的说来是受生产运动支配的,但是在单个的情况下和在这个总的隶属关系以内,它毕竟还是循着这个新因素的本性所固有的规律运行的,这个运动有自己的阶段,并且也对生产运动起反作用。"③

同样,当物质生产与精神生产分离之后,"意识"就作为生产中的"新因素"而开始对生产起"反作用"。可以说,意识的"独立"是一个与生产不断抗争并试图摆脱生产"纠缠"的过程,也是一个"反作用"与"决定作用"不断较量的过程。实际上,意识一旦获得"独立",便不再满足于"相对独立性",而是旨在"追求尽可能大的独立性"④,直至成为"自由的精神生产",这是意识的"本性"使然。意识的这一"本性"决定了它绝不甘心做生产的"奴仆",尾随在生产之后,任由生产"呼来唤去""指手画脚"。事实上,意

---

① 《马克思恩格斯选集》第 4 卷,人民出版社,1995,第 701 页。
② 《马克思恩格斯选集》第 4 卷,人民出版社,1995,第 699 页。
③ 《马克思恩格斯选集》第 4 卷,人民出版社,1995,第 699 页。
④ 《马克思恩格斯选集》第 4 卷,人民出版社,1995,第 701 页。

识并不完全依附于生产，特别是在分工的条件下，意识完全有可能挣脱一切外在的物质束缚，从意识形态的阴影中走出来，进而表现为与意识形态截然有别的一种"自由的精神生产"。认识到意识的自由本性及其相对于生产、生活的前瞻性、超越性，也就为正确理解和定位"自由的精神生产"提供了思想依据。

人生在世，一刻也离不开生产。生产一般包括物质生产和精神生产两个方面，人们不仅从事物质生产进而满足自己的物质需要，而且会在精神生产中生产出自己的精神生活即各种思想观念。在这里，我们所要着重论述的是精神生产。精神生产是"全面生产"（人们所创造的一切）中的一个重要组成部分，在《形态》中，马克思和恩格斯在谈及"整个世界的生产"时特别注明"也包括精神的生产"。而精神生产本身也是有层次之分的，一般表现为两个不同的层次：第一，基于现实生产过程的"对现存实践的意识"；第二，基于分工而出现的"有意识的精神生产"。前者表现为：人们是这样做了，但他们没有意识到这一点，这时候，人的意识尚未摆脱物质的纠缠，精神生产与物质生产还直接交织在一起。而后者表现为：人们不用"想象某种现实的东西"，就能"现实地想象某种东西"，这时候，物质生产与精神生产相分离，因而一种"纯粹的精神生产"、一种"自由的精神生产"才有了物质可能性。如此看来，在《形态》中，尽管马克思和恩格斯已经将意识、精神这些因素从历史中剥离出来，但是总体来说，他们并没有赋予"意识""精神生产"更多的自由意蕴和言说空间，当然，他们也没有将"意识""精神生产"提升为历史的"第五个因素"，而总是将它们还原到"物质""物质生产"的现实地基上去。

马克思和恩格斯为何如此钟情于"物质""物质生产"呢？问题的合理解答必须被放置在问题得以提出的特定历史语境中。众所周知，合作完成《形态》这一历史时期，马克思和恩格斯的主要目的是彻底"清算从前的一切信仰"，进而阐明"新的历史观"。因而，马克思和恩格斯自觉承担的主要理论任务就是对"批判的批判"

进行批判，通过解构"德意志意识形态"的虚假性，来翻转西方历史上长期占据统治地位的"唯心主义观念"或"柏拉图主义"传统。可以说，正是这一任务从根本上决定了他们对"意识""精神"的批判态度和对历史的"唯物主义"倾向。具体而言，在"意识""精神"与"物质""生活"被二分的情势下，马克思和恩格斯旗帜鲜明地站在"物质""生活"一边；在这种历史情境下，他们对于人类"历史"的见解，必定首先突出其与虚假的社会意识完全不同的面相，即人们现实的物质生产和生活；也必定猛烈批判作为唯心史观具体表现的、被高度抽象化同时被极度膨胀了的"意识"和"语言"。由此可见，马克思和恩格斯早期所处的历史语境以及他们的思想着力点，都决定了他们在这一时期还没有认识到"意识""精神"在人类文明发展史上的巨大作用，因而很难给予它们应有的重视和地位。后来，随着研究视野的扩大和政治经济学研究的深化，他们越来越意识到"意识""精神生产"的复杂性及其在人类文明发展中的重要性。可以说，这时他们的认识越来越具有全面性和辩证性：既肯定了从统治阶级中转变过来的思想家的不可替代的历史作用，也高度评价了康德、黑格尔一类构造"纯粹"理论的哲学家的巨大思想成就；更为重要的是，他们不仅明确地反对把意识解释为经济的纯粹附属物，而且注意区分"统治阶级的意识形态"和"自由的精神生产"的关系。[①]

现在，就让我们一起进入马克思的言说语境，阐明这一"理解的基础"。在马克思看来，个人真正的精神财富完全取决于其现实关系的财富，因而只有从"一定的历史的形式"出发来理解物质生产，才可能真正理解与之相应的精神生产。马克思写道："首先必须把这种物质生产本身不是当作一般范畴来考察，而是从一定的历史的形式来考察。例如，与资本主义生产方式相适应的精神生产，就和与中世纪生产方式相适应的精神生产不同。如果物质生产本身不从它

[①] 参见张曙光《"意识"与"语言"：历史构成的第五个因素》，《河北学刊》2008年第2期。

的特殊的历史的形式来看，那就不可能理解与它相适应的精神生产的特征以及这两种生产的相互作用。"① 换句话说，如果只是一般性地或者抽象地谈论物质生产，而不是从一定的、特殊的历史形式出发来考察物质生产，就必然停留在关于文明的庸俗的见解和幻想中，而无法超出泛泛的、毫无内容的空话和空谈。为了进一步阐明这一"理解的基础"的重要性，马克思以施托尔希为个案批判性地指出："因为施托尔希不是历史地考察物质生产本身，他把物质生产当作一般的物质财富的生产来考察，而不是当作这种生产的一定的、历史地发展的和特殊的形式来考察，所以他就失去了理解的基础，而只有在这种基础上，才能够既理解统治阶级的意识形态组成部分，也理解一定社会形态下自由的精神生产。"② 显然，只有在这种基础上，马克思才能在"统治阶级的意识形态"与"自由的精神生产"之间做出区分，而这一适当、合理的区分无疑成为马克思思想理论越来越全面、深入的显著标志。在马克思论述的基础上，胡克进一步区分了"信仰的真理"与"政治目的"。诚然，统治阶级的思想在任何时代都是占统治地位的思想，但正如胡克所言："信奉一种学说的那些人，他们自己就能把他们信仰中的真理，同仅仅有助于实现他们的政治目的的东西区别开来。"而且，胡克认为："在每一种制度中，最深刻的和最普及的文化状况，从来也不是机械的灌输的产物。在个人毕生经历的过程中，他吸收那些为环绕他的人所自然地接受的价值观和态度。"③ 在这里，如果说统治阶级意识形态的灌输是蓄意的、有政治目的的，那么，对真理的信仰又何尝不是在接受或追求一种"自由的精神生产"呢！

无疑，"自由的精神生产"在人类文明的传承中发挥着巨大作用。实际上，从物质生产与精神生产分离之日起，随着一定历史形

---

① 《马克思恩格斯全集》第 26 卷（I），人民出版社，1972，第 296 页。
② 《马克思恩格斯全集》第 26 卷（I），人民出版社，1972，第 296 页。
③ 〔美〕悉尼·胡克：《对卡尔·马克思的理解》，徐崇温译，重庆出版社，1989，第 113 页。

式下的物质生产的发展和物质财富的增加，精神生产的发展和精神财富的积累也进入了发展的快车道，越来越成为一个日趋庞大而独立的社会分工部门。与此同时，人类文明的诸多样式，如科学、文化、艺术、哲学、道德、宗教等也随之发展、繁荣起来，并日益分化为各个独立的精神生产部门。犹如哲学家生产观念，诗人生产诗，牧师生产说教，教授生产讲课提纲，"犯罪生产罪行"，因此，如果我们把罪犯作为一个生产部门同整个社会联系起来加以观察，就可以摆脱许多偏见。事实上，从分工的观点来看，每一个独立的精神生产部门都具有"生产性"，尽管它们有着不一样的方式，却都是在进行一种"自由的精神生产"。

二

从马克思关于艺术、哲学、宗教等人类文明样式发展的论述中，我们可以清楚地看到并深刻地理解这一点。

艺术，是一个独立的精神生产部门，它的出现是分工的结果。在《反杜林论》中，恩格斯指出："当人的劳动的生产率还非常低，除了必要生活资料只能提供很少的剩余的时候，生产力的提高、交往的扩大、国家和法的发展、艺术和科学的创立，都只有通过更大的分工才有可能，这种分工的基础是从事单纯体力劳动的群众同管理劳动、经营商业和掌管国事以及后来从事艺术和科学的少数特权分子之间的大分工。"① 在谈到艺术的相对独立性时，马克思首先指出这样一种现象，即与现代人相比，古代人"把很大一部分剩余产品用于非生产性支出——用于艺术品，用于宗教的和公共的建筑"②。诚然，古代的经济远不及现代的经济发达，但是古代的艺术，特别是某些具有重大意义的艺术形式却并不逊色于现代的艺术，甚至是不可超越的。马克思这样写道："关于艺术，大家知道，它的

---

① 《马克思恩格斯选集》第3卷，人民出版社，1995，第525页。
② 《马克思恩格斯全集》第26卷第2册，人民出版社，1973，第603页。

一定的繁盛时期决不是同社会的一般发展成比例的，因而也决不是同仿佛是社会组织的骨骼的物质基础的一般发展成比例的。例如，拿希腊人或莎士比亚同现代人相比。就某些艺术形式，例如史诗来说，甚至谁都承认：当艺术生产一旦作为艺术生产出现，它们就再不能以那种在世界史上划时代的、古典的形式创造出来；因此，在艺术本身的领域内，某些有重大意义的艺术形式只有在艺术发展的不发达阶段上才是可能的。如果说在艺术本身的领域内部的不同艺术种类的关系中有这种情形，那么，在整个艺术领域同社会一般发展的关系上有这种情形，就不足为奇了。"① 这段话清楚地表明：艺术作为一种"自由的精神生产"具有高度的独立性和自主性，艺术水准的高低也并不一定是与经济发展水平完全成比例的。例如，经济发达的"资本主义生产就同某些精神生产部门如艺术和诗歌相敌对。不考虑这些，就会坠入莱辛巧妙地嘲笑过的十八世纪法国人的幻想。既然我们在力学等等方面已经远远超过了古代人，为什么我们不能也创作出自己的史诗来呢？于是出现了《亨利亚特》来代替《伊利亚特》"②。

　　在这里，为了更好地阐明和理解艺术作为"自由的精神生产"的"独立性"及其超越性，马克思所赞叹的希腊艺术和史诗无疑是最好的例子。在谈到希腊艺术和现代社会的关系时，马克思写道："希腊神话不只是希腊艺术的武库，而且是它的土壤。成为希腊人的幻想的基础、从而成为希腊［艺术］的基础的那种对自然的观点和对社会关系的观点，能够同走锭精纺机、铁道、机车和电报并存吗？在罗伯茨公司面前，武尔坎又在哪里？在避雷针面前，丘必特又在哪里？在动产信用公司面前，海尔梅斯又在哪里？任何神话都是用想象和借助想象以征服自然力，支配自然力，把自然力加以形象化；因而，随着这些自然力实际上被支配，神话也就消失了。"③ 诚然，希腊艺术得以产生的"不发达"的社会发展阶段与"发达"的现代社会形成

---

① 《马克思恩格斯选集》第 2 卷，人民出版社，1995，第 28 页。
② 《马克思恩格斯全集》第 26 卷（Ⅰ），人民出版社，1972，第 296 页。
③ 《马克思恩格斯选集》第 2 卷，人民出版社，1995，第 28～29 页。

了鲜明的对照，二者是不可同日而语、无法相提并论的，但是不难理解，希腊艺术与其得以产生的这一特定的社会发展形式不可分割。马克思基于文化、艺术与社会经济的既有联系以及不完全为其所规制、拘束的矛盾关系，发出了希腊艺术和史诗直到现在"仍然能够给我们以艺术享受，而且就某方面说还是一种规范和高不可及的范本"①的感慨。困难的是，希腊艺术和史诗何以在现代社会仍然具有不可超越的永恒魅力和"范本"意义呢？事实上，马克思所提出的这一"难题"引起了诸多思想家的兴趣和关注。为了解答这一"难题"，我们先来听听胡克与科西克是怎么说的。胡克接着马克思的话分析称："一个历史时期内的艺术或文化，虽然反应一定的社会发展形式，但却能远远地超越它所借以产生的直接的历史环境，在美感上吸引人。……人类的经验却是具有足够的连续性的，这就使我们能够把过去的艺术成就的意义，翻译成某种现在的心情、情绪和信仰。……批判性的识别力，都能使过去的文化活动产生现实的意义。"②可见，尽管某种艺术形式所赖以产生的历史条件无可挽回地消逝了，但是人类经验的连续性、人类天性的相通性却使艺术具有了超越时空的永恒魅力，而且消逝的历史条件赋予并强化了这种艺术的永恒魅力，成就了这种艺术的典范意义。科西克却认为，在这里，马克思关于希腊艺术和史诗的著名论述的"真正意义"并不在于提出艺术的"典范性"这一特殊问题。在科西克看来，"一件艺术作品为什么能和怎样能比产生它的那个环境有更持久的生命？为什么赫拉克利特的思想没有与他在其中发展的那个社会一起死亡，它在什么中间存活至今？黑格尔哲学为什么能比它曾为之构造意识形态的那个阶级长寿得多，它在哪里保持它的生命？这里的问题实际上是一个一般问题"③。换言之，马克思并不是专门研究古希腊艺

---

① 《马克思恩格斯选集》第 2 卷，人民出版社，1995，第 29 页。
② 〔美〕悉尼·胡克：《对卡尔·马克思的理解》，徐崇温译，重庆出版社，1989，第 73 页。
③ 参见〔捷克〕科西克《具体的辩证法——关于人与世界问题的研究》，傅小平译，社会科学文献出版社，1989，第 96~97 页。

术和史诗，而是以此为例向我们阐发唯物辩证法的一个根本问题，即将我们引向一个更一般的问题——"永久性和暂时性、绝对性和相对性、历史与现实的问题"①。

现在再让我们仔细品读一下马克思这段充满诗意且耐人寻味的回答："一个成人不能再变成儿童，否则就变得稚气了。但是，儿童的天真不使成人感到愉快吗？他自己不该努力在一个更高的阶梯上把儿童的真实再现出来吗？在每一个时代，它固有的性格不是以其纯真性又活跃在儿童的天性中吗？为什么历史上的人类童年时代，在它发展得最完美的地方，不该作为永不复返的阶段而显示出永久的魅力呢？有粗野的儿童和早熟的儿童。古代民族中有许多是属于这一类的。希腊人是正常的儿童。他们的艺术对我们所产生的魅力，同这种艺术在其中生长的那个不发达的社会阶段并不矛盾。这种艺术倒是这个社会阶段的结果，并且是同这种艺术在其中产生而且只能在其中产生的那些未成熟的社会条件永远不能复返这一点分不开的。"② 从这段话中，尽管人们仿佛还能听到19世纪德国美学理论，特别是黑格尔艺术哲学的强烈陪音，尽管其对希腊艺术的描述可能会在现代读者中营造一种喜剧效果，但是这段话十分清楚地阐释了"美感经验的相对自主性"③。同样，这段话也阐明了作为人类文明样式的艺术的自主性与超越性。

哲学，作为分工的一个特定的精神生产部门，也具有相对于经济的独立性、自主性和超越性。恩格斯指出："每一个时代的哲学作为分工的一个特定的领域，都具有由它的先驱传给它而它便由此出发的特定的思想材料作为前提。因此，经济上落后的国家在哲学上仍然能够演奏第一小提琴：18世纪的法国对英国来说是如此（法国人是以英国哲学为依据的），后来的德国对英法两国来说也是

---

① 参见〔捷克〕科西克《具体的辩证法——关于人与世界问题的研究》，傅小平译，社会科学文献出版社，1989，第97页。
② 《马克思恩格斯选集》第2卷，人民出版社，1995，第29~30页。
③ 〔美〕悉尼·胡克：《对卡尔·马克思的理解》，徐崇温译，重庆出版社，1989，第74页。

如此。"① 可以说，恩格斯关于"第一小提琴"的比附十分生动地阐明了哲学具有相对于经济的独立性和超越性。在分工的条件下，哲学的发展完全有可能沿着自身的轨迹、循着自身的规律而运动，从而跻身于"自由的精神生产"之列。诚然，在特定的历史时期，哲学发展与经济发展的步调可能并不一致，二者并不成正比关系，经济上落后的国家完全有可能在哲学领域成为时代先锋、引领思想潮流，但这并不意味着哲学与经济的发展成反比关系，或者说没有丝毫关系。总体来看，正如马克思所言："不论在法国或是在德国，哲学和那个时代的普遍的学术繁荣一样，也是经济高涨的结果。经济发展对这些领域也具有最终的至上权力，这在我看来是确定无疑的。"② 可见，在归根结底的意义上，作为"纯粹抽象的思想领域"的哲学，也无法逃脱经济的"魔咒"。巴里巴尔也认为："尽管思想分化一直受'思想家'们的精心栽培，但它更是思想家们存在的历史条件，而非他们的个人著作。"③

宗教，仿佛离物质生活最远，而且是同物质生活最不相干的"自由的精神生产"领域。宗教的出现是分工发展到一定阶段的结果。胡克分析指出：在《提纲》的第四条中，通过对费尔巴哈的宗教批判进行批判，"马克思认为，每当社会达到劳动分工的某个阶段时，宗教就作为一套学说和实践产生出来，他力图把宗教的特征放到它所履行的社会功能之中"④。诚然，宗教一经产生就成为分工的一个独立的精神生产部门，而且，历史地看，宗教领域的每一次变革看似都是纯粹思想领域的斗争，但实际上却都履行着自己的"社会功能"，且都不可避免地带有经济的"烙印"。马克思这样写道："当古代世界走向灭亡的时候，古代的各种宗教就被基督教战胜了。

---

① 《马克思恩格斯选集》第4卷，人民出版社，1995，第703~704页。
② 《马克思恩格斯选集》第4卷，人民出版社，1995，第704页。
③ 〔法〕埃蒂安·巴里巴尔：《马克思的哲学》，王吉会译，中国人民大学出版社，2007，第76页。
④ 〔美〕悉尼·胡克：《对卡尔·马克思的理解》，徐崇温译，重庆出版社，1989，第295页。

当基督教思想在18世纪被启蒙思想击败的时候,封建社会正在同当时革命的资产阶级进行殊死的斗争。信仰自由和宗教自由的思想,不过表明自由竞争在信仰领域里占统治地位罢了。"①

三

诚然,艺术、哲学、宗教等作为人类创造的文明样式,理应归属于"自由的精神生产",但须知,这里的"自由"并非"绝对自由""无限自由",而是一种"相对自由""有限自由",也就是说,"自由的精神生产"实质上是一种有限度的精神生产。我们已经看到,"自由的精神生产"的独立性、自主性和超越性的一面,同时也应看到其现实的物质依赖性的一面,当然,这只是从最根本的意义上来说的。归根结底,精神生产是以物质生产为界限的,思想的"中轴线"是以经济的"中轴线"为基础的,但是,在现实生活中它们之间的关系远比想象的要错综复杂。恩格斯这样写道:"我们所研究的领域愈是远离经济领域,愈是接近于纯粹抽象的思想领域,我们在它的发展中看到的偶然性就愈多,它的曲线就愈是曲折。如果您划出曲线的中轴线,您就会发觉,研究的时期愈长,研究的范围愈广,这个轴线就愈接近经济发展的轴线,就愈是跟后者平行而进。"② 在这里,两条"轴线"呈现出这样一种矛盾关系:既"接近"又"平行","接近"可能合一,"平行"就不可能合一,而是永远为二。这一矛盾关系表明:经济领域与思想领域之间永远保持着一种"决定"与"反作用"的紧张关系以及一种"接近"又"平行"的内在张力。

思想领域表现得越是"独立",就越是"受制于"经济领域。实际上,对于像艺术、哲学、宗教这些更高地悬浮于空中的意识形态领域,即更加远离经济领域、远离经济"中轴线"的思想领域而

---

① 《马克思恩格斯选集》第1卷,人民出版社,1995,第292页。
② 《马克思恩格斯全集》第39卷(上),人民出版社,1974,第200页。

言,"从事这些事情的人们又属于分工的特殊部门,并且认为自己是致力于一个独立的领域。只要他们形成社会分工之内的独立集团,他们的产物,包括他们的错误在内,就要反过来影响全部社会发展,甚至影响经济发展。但是,尽管如此,他们本身又处于经济发展的起支配作用的影响之下"①。可见,经济领域与思想或意识领域之间的关系并非直接的原因与结果,也不是简单的决定与被决定,而是盘根错节、错综复杂的。正如恩格斯所说:"更高的即更远离物质经济基础的意识形态,采取了哲学和宗教的形式。在这里,观念同自己的物质存在条件的联系,越来越错综复杂,越来越被一些中间环节弄模糊了。"② 之后,恩格斯通过举例进一步说明了经济领域与思想领域之间复杂而微妙的关系。"例如在哲学上,拿资产阶级时期来说这种情形是最容易证明的。霍布斯是第一个现代唯物主义者(18世纪意义上的),但是当君主制在整个欧洲处于全盛时期,并在英国开始和人民进行斗争的时候,他是专制制度的拥护者。洛克在宗教上和政治上都是1688年的阶级妥协的产儿。英国自然神论者和他们的更彻底的继承者法国唯物主义者都是真正的资产阶级哲学家,法国人甚至是资产阶级革命的哲学家。在从康德到黑格尔的德国哲学中始终显现着德国庸人的面孔——有时积极地,有时消极地。"③

犹如高飞的风筝,线永远被人攥在手中一样,人类文明的一切样式包括艺术、哲学、宗教等作为独立的精神生产部门,虽然都是"自由的精神生产"的不同表现形式,却都有着同样的时代根源;它们虽然看似超越了时空,却无不扎根于生活和时代的深处。正如黑格尔所言:政治历史、国家的法制、艺术、宗教和哲学,全都具有"一个共同的根源——时代精神"④。这些看似远离经济领域、自由遨游于想象力之上的精神领域,却无不处在一定的时空之内,随着

---

① 《马克思恩格斯选集》第4卷,人民出版社,1995,第703页。
② 《马克思恩格斯选集》第4卷,人民出版社,1995,第253页。
③ 《马克思恩格斯选集》第4卷,人民出版社,1995,第703页。
④ 〔德〕黑格尔:《哲学史讲演录》第1卷,贺麟、王太庆译,商务印书馆,1959,第53页。

物质生产的秩序而律动。正如胡克所指出的,"精神的独立自主的创造,人们往往认为业已超越了空间和时间限制的想象力的飞翔——艺术、宗教和哲学,除了有它们自己的体系之外,也都是服从于由外面加诸于它们的秩序的。一旦它们诞生以后,它们往往表现出相对独立的发展,但是,它们却并不能诞生于任何时候,也不能诞生在任何地方"①。当然,其他各自独立的精神生产部门,像政治、法律等一旦诞生,也都会获得"相对独立性",进而"又对生产的条件和进程发生反作用",但是,正如恩格斯所强调的那样,"这是两种不相等的力量的相互作用:一方面是经济运动,另一方面是追求尽可能大的独立性并且一经确立也就有了自己的运动的新的政治权力。总的说来,经济运动会为自己开辟道路,但是它也必定要经受它自己所确立的并且具有相对独立性的政治运动的反作用"②。

需要注意的是,"经济关系不管受到其他关系——政治的和意识形态的——多大影响,归根到底还是具有决定意义的,它构成一条贯穿始终的、唯一有助于理解的红线"③。在这里,必须明确这样一个道理:说经济或经济关系在全部社会历史发展中具有决定意义,绝不意味着要否定精神生产领域的反作用,也绝不是要主张"经济决定论"。众所周知,恩格斯在逝世之前,也不得不明确反对"经济决定论",并积极指认各个独立的精神生产部门之间的相互作用以及它们与经济之间的"相互作用"。恩格斯说:"政治、法、哲学、宗教、文学、艺术等等的发展是以经济发展为基础的。但是,它们又都互相作用并对经济基础发生作用。并非只有经济状况才是原因,才是积极的,其余一切都不过是消极的结果。这是在归根到底总是得到实现的经济必然性的基础上的互相作用。"④

---

① 〔美〕悉尼·胡克:《对卡尔·马克思的理解》,徐崇温译,重庆出版社,1989,第102页。
② 《马克思恩格斯选集》第4卷,人民出版社,1995,第701页。
③ 《马克思恩格斯选集》第4卷,人民出版社,1995,第732页。
④ 《马克思恩格斯选集》第4卷,人民出版社,1995,第732页。

"共产主义"的现实性与超越性

众所周知，在马克思主义的理论语境中，共产主义是超越资本主义社会的一种新的更高级的未来社会形态，但是，马克思的"共产主义"到底所言何物，很多人是不清楚也没有深究的。于是，"共产主义"一直备受误解、偏解和肢解，正如涂尔干所深刻指出的，共产主义实际上"在我们心中唤起的只是含混不清的概念，模糊的印象、偏见和情绪交织在一起"①。共产主义曾一度处于当代中国舆论场的风口浪尖，各种"傲慢与偏见"摩肩接踵、纷至沓来。客观地讲，我们对此不能充耳不闻、坐视不理，不能纵容一些无根据无研究的冷嘲热讽肆意蔓延，也不能容忍坊间种种流言蜚语的任意传播，更不能被形形色色看似有理实则荒谬的错误认识蒙蔽双眼，而必须直面问题，重读经典，以正视听。在这里，我们尝试从马克思的思想源头出发，正本清源，返本开新，以彰显"共产主义"的现实性与超越性。

一

在《1844年经济学哲学手稿》中，马克思指出，"社会"是

---

① 〔法〕涂尔干：《社会学方法的准则》，第22页，转引自吉登斯《资本主义与现代社会理论——对马克思、涂尔干和韦伯著作的分析》，郭忠华、潘华凌译，上海译文出版社，2007，第104页。

"人与自然的完成了的本质的统一"。在这里,"社会"应该是蕴含并实现了人、自然和社会三者内在贯通与统一的"大社会"范畴和广义的规范性概念,也是马克思考察共产主义所开启的一个崭新视域。从一定意义上讲,"社会"的规范性和应然性规定已经将马克思对共产主义的本质理解涵盖并熔铸其中。换言之,"社会"内在地包含共产主义的维度并明确指向了未来的共产主义社会。在马克思看来,共产主义是对人类历史之谜的觉解,是对深处异化境遇的人的前途和命运的历史自觉,是扬弃人的异化、回归人的"社会"的现实出路。质言之,在马克思那里,"社会"与共产主义的内在价值指向是高度一致的,"社会"和"共产主义"的规范性诉求,正是基于现实性的异化状态而对未来理想社会的超越性期盼。更确切地讲,共产主义是马克思"社会"这一广义概念的应有维度的现实展开。

那么,"共产主义"又如何在马克思的思想视域中展开呢?在《1844年经济学哲学手稿》中,马克思把共产主义的发展概括为三种不同形态。第一种形态的共产主义视野是狭隘的、有限的,它"否定人的个性",认为"物质的直接的占有是生活和存在的惟一目的"。在马克思看来,这种共产主义"不仅没有超越私有财产的水平,甚至从来没有达到私有财产的水平"①,最多只能被称为粗陋的或者无思想的共产主义。第二种形态是具有政治性质的共产主义,尽管它是要求"废除国家的,但同时是还未完成的,总还是处于私有财产即人的异化的影响下的"②,"它虽然已经理解私有财产这一概念,但是还不理解它的本质"③ 即私有财产的积极的本质。

在对共产主义的前两种形态进行批判的基础上,马克思正面立论,阐述了他的共产主义观,即第三种形态的共产主义。在马克思看来,这种共产主义是"私有财产即人的自我异化的积极的扬弃,因而是通过人并且为了人而对人的本质的真正占有;因此,它是人

---

① 《1844年经济学哲学手稿》,人民出版社,2000,第79页。
② 《马克思恩格斯全集》第3卷,人民出版社,2002,第297页。
③ 《马克思恩格斯文集》第1卷,人民出版社,2009,第185页。

向自身、向社会的即合乎人性的人的复归,这种复归是完全的、自觉的和在以往发展的全部财富的范围内生成的"①。这种共产主义揭示了私有财产的本质,也表达了"建立共产主义实质上具有经济的性质"的观点。正如马克思所说:"整个革命运动必然在私有财产的运动中,即在经济的运动中,为自己既找到经验的基础,也找到理论的基础。"② 而在共产主义到来之前,"迄今还不存在人的生活,而只是存在着驱使人们沦为奴隶或剥削者的经济生活"③。因此,共产主义的伟大意义在于"这种共产主义,作为完成了的自然主义=人道主义,而作为完成了的人道主义=自然主义,它是人和自然界之间、人和人之间的矛盾的真正解决,是存在和本质、对象化和自我确证、自由和必然、个体和类之间的斗争的真正解决。它是历史之谜的解答,而且知道自己就是这种解答"④。一言以蔽之,共产主义就是历史之谜的真正自觉,它"既不同于唯心主义,也不同于唯物主义,同时又是把这二者结合起来的真理"⑤。而且,在这里,共产主义被提至对"六对"矛盾和历史之谜进行解答的原则的高度,这正是社会本真意义的具体展开,也是对未来理想社会蓝图的大致勾勒与描绘。乍一看,一切矛盾似乎都将在共产主义社会中被彻底消解,但问题是,难道人类历史将终结于共产主义吗?回答是否定的。事实上,共产主义并不是化解一切矛盾的"灵丹妙药",共产主义不会也不可能没有"矛盾",矛盾具有永恒性。

二

也许,马克思主义经典作家早就预料到他们的共产主义观可能

---

① 《马克思恩格斯全集》第3卷,人民出版社,2002,第297页。
② 《马克思恩格斯全集》第3卷,人民出版社,2002,第298页。
③ 〔德〕施米特:《马克思的自然概念》,欧力同、吴仲昉译,商务印书馆,1988,第32~33页。
④ 《马克思恩格斯全集》第3卷,人民出版社,2002,第297页。
⑤ 《马克思恩格斯全集》第3卷,人民出版社,2002,第324页。

遭遇误解、偏解、肢解，因此，为了防止把"共产主义"神话化、妖魔化，在《德意志意识形态》中，马克思与恩格斯话锋一转："共产主义对我们来说不是应当确立的状况，不是现实应当与之相适应的理想。我们所称为共产主义的是那种消灭现存状况的现实的运动。"① 并且强调，这种现实的运动"推翻一切旧的生产关系和交往关系的基础，并且第一次自觉地把一切自发形成的前提看作是前人的创造，消除这些前提的自发性，使它们受联合起来的个人的支配。正是这样一种现实基础，它使一切不依赖于个人而存在的状况不可能发生，因为这种存在状况只不过是各个人之间迄今为止的交往的产物"②。也就是说，作为"每个人的自由发展是一切人的自由发展的条件"的共产主义社会，首先是建立在高度发达的生产力以及与此相关的普遍发展的世界交往的现实性基础上的。

正是基于这样一种思考，马克思意味深长地指出，共产主义"是人的解放和复原的一个现实的、对下一段历史发展来说是必然的环节。共产主义是最近将来的必然的形式和有效的原则。但是，共产主义本身并不是人的发展的目标，并不是人的社会的形式"③。在这里，如果说"社会"指向的是人的发展的终极目标和理想状态的话，那么，"共产主义"显然已经包含在"社会"这一更宽广的理论视域中了，从"社会"视域反观共产主义，这样的共产主义正是一种客观的不以人的意志为转移的现实的运动和历史过程。因此，历史地看，粗陋的、政治性的共产主义形态的出现具有必然性，而作为"否定的否定的肯定"的共产主义形态同样具有历史必然性，但它绝对不是人类的"千年王国"，毋宁说，这样的共产主义不可逆转地结束了人类的"史前史"，又不可逆转地开启了真正的"人类史"。

所以，马克思对"社会"的本质性规定中已经包含了共产主义

---

① 《马克思恩格斯选集》第1卷，人民出版社，1995，第87页。
② 《马克思恩格斯选集》第1卷，人民出版社，1995，第122页。
③ 《马克思恩格斯全集》第3卷，人民出版社，2002，第311页。

的发展向度。未来的共产主义奠基于当下的现实的共产主义运动，它立足当下，又指向未来，既有现实关切，又不乏终极关怀。在未来的"自由人联合体"中，人与人之间的交往、联合，甚至叙谈都是充分的，"人与人之间的兄弟情谊在他们那里不是空话，而是真情，并且他们那由于劳动而变得坚实的形象向我们放射出人类崇高精神之光"①。很显然，现实的、形下的生活和共产主义运动中必将生发出超越的、形上的共产主义意蕴和力量。

三

事实上，马克思视域中的"共产主义"具有现实性和超越性的双重维度，偏执任何一方，都会误解、偏解、肢解共产主义，而囿于纯粹的现实性的共产主义只能是粗陋的共产主义的代名词，反之，一味追求超越性的共产主义则必然导致"乌托邦主义"。正如有学者所深刻指出的：作为理想和信仰而存在的"共产主义"——共产主义"理念"，体现的是人类社会历史的本质，所以能够成为人的道义的源泉，并对现实有巨大而持久的批判力量；作为历史和现实存在的"共产主义"——共产主义"运动"及"形态"，则体现了人类具体的社会历史演进，不可能成为人类社会发展的终极形态，相反，它还要被置于审视和批判的位置。②

那么，如何评判马克思对共产主义的"价值悬设"或"价值承诺"呢？其实，人类社会发展的一切阶段都有对更加美好、更加理想的生活的期盼，进而构筑了形形色色的乌托邦或社会理想。问题是，为什么乌托邦的传统源远流长？为什么在不同时代、不同社会里的人们会营造各种各样的社会理想？而它又如何对人类产生如此强烈的吸引力和无穷魅力？从根本上来说，人是社会的人，社会是

---

① 《马克思恩格斯文集》第 1 卷，人民出版社，2009，第 232 页。
② 张曙光：《思人现代社会的本质——马克思哲学思想的当代意义刍议》，《学术研究》2002 年第 5 期。

人的社会，社会理想归根结底都是人的理想，是人对社会未来图景的美好展望和构想，也就是说，"应当"的社会价值预设源于人对意义的追寻和对现实的观照、规约。社会学家贝格尔就曾强调，人类不能离开"秩序"和"意义"，因为"一切在社会中建造起来的世界天生都是不稳定的。它们靠人类活动支持，因而不断地受到人类的自私自利和愚蠢行为的威胁"①。

应该说，马克思本人并不承认自己是乌托邦主义者。从某种意义上讲，"他的一生正是批判乌托邦主义者的一生……在这种批判中，马克思表明自己是黑格尔的学生，特别是这样的黑格尔的学生：这位黑格尔在《法哲学原理》序言中反对一切描绘社会未来状态、反对一切无中介地同现实存在相对立的空洞的应该（Sollen）"②。按照施米特的理解，马克思"确实超出了黑格尔所设定的界限，即超出那对一切历史的未来说来是超然的思辨界限。马克思追随黑格尔，虽然反对空洞的理想，却没有停止对现实存在着的东西进行理解和分析"③。也就是说，"在马克思那里，乌托邦意识以潜藏在目前存在着的东西中的可能性为基准，去预想未来的人类现实。在马克思那里，对状况的严密分析和预见未来的意识，一起组成历史过程的要素"④。因此，从现实基地上生发出来的"共产主义"截然不同于空洞的"乌托邦主义"。

所以，马克思指出，共产主义是私有财产即人的异化的积极扬弃，但"共产主义决不是人所创造的对象世界的消逝、舍弃和丧失，即决不是人的采取对象形式的本质力量的消逝、舍弃和丧失，决不是返回到非自然的、不发达的简单状态去的贫困。恰恰相反，它们

---

① 〔美〕贝格尔：《神圣的帷幕》，高师宁译，上海人民出版社，1991，第37页。
② 〔德〕施米特：《马克思的自然概念》，欧力同、吴仲昉译，商务印书馆，1988，第135页。
③ 〔德〕施米特：《马克思的自然概念》，欧力同、吴仲昉译，商务印书馆，1988，第135页。
④ 〔德〕施米特：《马克思的自然概念》，欧力同、吴仲昉译，商务印书馆，1988，第136页。

倒是人的本质的或作为某种现实东西的人的本质的现实的生成，对人来说的真正的实现"①。因此，私有财产的积极扬弃就不应当仅仅理解为直接的、片面的享受，不应当仅仅理解为占有、拥有，而应该理解为"对一切异化的积极的扬弃，从而是人从宗教、家庭、国家等等向自己的人的存在即社会的存在的复归"②。这种"复归"社会的"人以一种全面的方式，就是说，作为一个总体的人，占有自己的全面的本质"③。因此，"一切肉体的和精神的感觉都被这一切感觉的单纯异化即拥有的感觉所代替"的现象将不复存在，而代之以"人的一切感觉和特性的彻底解放"。④ 这时候，人以一种全面的方式占有自己的社会本质。正如马克思所说："眼睛成为人的眼睛，正像眼睛的对象成为社会的、人的、由人并为了人创造出来的对象一样。"⑤ 而且，感觉也不再是纯粹的感官感觉，"感觉在自己的实践中直接成为理论家"⑥，成为确证人的本质存在的力量。

当然，完整准确地认识和理解马克思的共产主义观，辩证地把握共产主义的现实性与超越性，还必须要有这样一种理论自觉和方法论自觉：共产主义必胜，但绝不会速胜；共产主义是长期的，但绝不是遥遥无期的。

---

① 《马克思恩格斯全集》第3卷，人民出版社，2002，第331页。
② 《1844年经济学哲学手稿》，人民出版社，2000，第82页。
③ 《马克思恩格斯全集》第3卷，人民出版社，2002，第303页。
④ 《1844年经济学哲学手稿》，人民出版社，2000，第85~86页。
⑤ 《马克思恩格斯全集》第3卷，人民出版社，2002，第303~304页。
⑥ 《马克思恩格斯文集》第1卷，人民出版社，2009，第190页。

马克思学说的"秘密和诞生地"

——重读《1844年经济学哲学手稿》

毋庸置疑,《1844年经济学哲学手稿》是马克思主义理论形成起点上极具代表性的一部经典著作。这部著作作为马克思主义哲学、政治经济学和科学社会主义的"胚胎"和"萌芽",堪称马克思学说的"秘密和诞生地"。在这部著作中,马克思实现了哲学与政治经济学的最初"联姻",提出了分析资本主义的异化劳动理论并阐发了异化劳动的四重规定性,初步提出并完整地展现了他对共产主义的认识和理解。重读这部著作,还应该从国内外围绕这部著作而展开的旷日持久的争论,特别是关于"顶点论"与"不成熟论"的交锋中,进一步引申并思考如何客观评价进而科学对待马克思主义经典著作这一重大问题。

众所周知,马克思的《1844年经济学哲学手稿》(以下简称《手稿》)是马克思主义理论形成起点上极具代表性的一部经典著作。为什么这么讲呢?因为在《手稿》这部"种子式"的文本中,蕴含着我们所熟知的马克思主义三个组成部分的"胚胎"和"萌芽",马克思在这里第一次把哲学、政治经济学和共产主义学说作为一个有机统一的整体进行综合论证和阐述。从这个意义上讲,《手稿》堪称马克思主义学说的"秘密和诞生地",是首次全景式地展现"马克思主义整体性"理论形象的蓝图和典范文本。今天,我们重读《手稿》，回到马克思思想形成的真正策源地和最为原初的语境中，从理论源头和思想根基出发揭示经典的精神实质，感受经典的永恒魅力。

一 哲学与政治经济学的最初"联姻"

在《德法年鉴》时期，马克思已经完成了"两个思想转变"，在《手稿》中，马克思正是从他刚刚获得的新的立场即唯物主义和共产主义的立场出发，批判性地考察了资产阶级经济学和资本主义经济制度。问题是，哲学专业出身的马克思为什么要去研究政治经济学？促使马克思写作《手稿》进而实现哲学与政治经济学"联姻"的背景和动因到底是什么？

一方面，从大的社会历史背景来看，马克思写作《手稿》是基于理论和实践的双重需要。首先，出于理论发展的需要，马克思要突破以黑格尔为代表的思辨哲学的传统，创立新的哲学特别是唯物史观，必须开展对政治经济学的研究，只有这样才可能完成哲学史上"壮丽日出"般的变革。其次，出于工人阶级运动的实践需要，当时，随着工人运动的日益高涨，工人阶级的斗争迫切地需要新的哲学理论作为指导，而要完成这个任务，离开对政治经济学的研究也是不可能的。

另一方面，从马克思本人思想形成发展的轨迹来看，"《莱茵报》时期"是青年马克思思想转变的一个重要阶段，其间马克思所遭遇的"难事"深深地触动了他的思想神经。众所周知，大学毕业后，马克思从书房走向了社会。1842～1843年在《莱茵报》工作时，马克思有了更多的时间和机会去接触并了解当时欧洲工人的真实处境和现实生活状况。特别值得一提的是，马克思在关于林木盗窃法案的辩论中以及在对摩塞尔河地区农民状况的调查研究中，第一次遇到了要对物质利益发表意见的"难事"。为什么是难事呢？原因在于，当时马克思所信奉的黑格尔哲学认为人的思想观念以及国家和法的原则决定社会生活；但是，在现实社会生活中，马克思很快发现了与他所信奉的理论不同甚至截然相反的一种现象和事实：一旦物质利益与思想观念以及法的原则等发生冲突，物质利益较之思想观念与法的原则往往更有力量，而且，物质利益总是占上风。这样的现实和事实促使马克思开始反思进而批判他所信奉的黑格尔哲学，在《黑格尔法哲学批判》导言中，马克思明确指出，对于国家和法的性质及其变化原因，必须要到市民社会中寻找，不是反其道而行之；而政治经济学是研究和探索"市民社会的解剖学"。应该说，这是促使马克思的哲学转向，进而走上政治经济学研究的最初动因。

除此之外，青年马克思与恩格斯的交往也促使他转向了政治经济学研究。1844年恩格斯发表在《德法年鉴》创刊号也是唯一一期上的文章《政治经济学批判大纲》，对马克思转向政治经济学研究产生了重要影响，他称赞这是一部"批判经济学范畴的天才大纲"①。

综上，在《手稿》中，马克思实现了哲学与政治经济学的最初"联姻"，当然，从根本上来看，马克思的政治经济学研究并没有偏离马克思终其一生的理论主题，是对人的解放这一问题的继续探索和研究，而政治经济学的研究为后来整个马克思主义的产生打下了坚实的基础。从时间线索来看，大约从1843年底到1844年初，到达巴黎之后，马克思的政治经济学研究正是从阅读英国人和法国人的经济学著作开始的。在这个过程中，马克思写下了大量的读书笔记，现在保存下来的已经为数不多。而《手稿》正是马克思对自己在这一时期所进行的政治经济学研究的初步概括和总结。对此，吉登斯曾客观地评价，《手稿》是"马克思在政治经济学领域进行批判的最早尝试"②。

---

① 《马克思恩格斯选集》第2卷，人民出版社，1995，第33页。
② 〔英〕吉登斯：《资本主义与现代社会理论——对马克思、涂尔干和韦伯著作的分析》，郭忠华、潘华凌译，上海译文出版社，2007，第12页。

二　异化劳动与共产主义的理论"雏形"

根据最新的中文译本，《手稿》由一篇"序言"和三个未完成的"笔记本"组成。从形式上看，整部《手稿》带有明显的个人研究笔记的性质，就此而论，《手稿》还远不是一部已经完成了的"成熟"的著作，但是瑕不掩瑜，《手稿》可以被视为马克思主义学说的一部"百科全书"，尽管有些还是以萌芽或胚胎的形式出现的。总体上看，《手稿》的思想内容主要是马克思在阅读前人著述的过程中对原文的摘录、转述、注释，以及马克思在研究中产生的一些新的思想和观点。而关于《手稿》的核心理论，有人认为是异化劳动；有人认为是共产主义。实际上，如果从"人的解放"的高度来看，异化劳动和共产主义都属于《手稿》的核心理论，是一个问题的两个方面。从根本上来说，异化劳动理论就是探索人的本质和人的解放的学说，而共产主义理论旨在阐明人如何扬弃人的自我异化、重新占有自己的本质，最终实现人的解放。因此，如果从人的解放这个主题出发重读《手稿》，其主要内容就体现为两大理论成果：异化劳动理论和共产主义理论。

（一）异化劳动理论

毋庸置疑，异化劳动是《手稿》的核心概念和重要思想。在《手稿》中，马克思在研究了工资、资本的利润和地租问题以后，写下了"异化劳动和私有财产"这一片段。在这一部分中，马克思第一次提出了"异化劳动"这一概念并全面、系统地阐述了他的异化劳动理论。让我们先从异化这个概念说起。

1．"异化"概念

"异化"概念最早出现于17～18世纪，是指权利的转让、关系的疏远、财产的让渡等。后来，"异化"概念在德国古典哲学著作中被广泛使用。而黑格尔是第一个真正把异化作为一个哲学范畴来探讨的哲学家，他主要是在对象化、外化的意义上使用异化。黑格尔认为绝对精神或绝对观念是主体，发展到一定阶段便异化为自然界，然后又在发展中扬弃这种异化，回到绝对精神或绝对观念自身，因此，异化是黑格尔构造思辨哲学体系的工具和杠杆。费尔巴哈通过批判黑格尔的唯心主义异化观，建立了人本主义的异化观。费尔巴哈从感性的人出发，认为人按照自己的形象创造了上帝，然后又把上帝当作独立的主体，顶礼膜拜，因而上帝是人本质的异化。

客观地讲，在《手稿》乃至整个马克思主义哲学中，"异化"概念都是最为人所熟知的术语之一。吉登斯曾鲜明地指出："《手稿》的基调是：把黑格尔和费尔巴哈普遍本体论意义上的'异化'范畴移植到特定的社会历史语境中去。"[①] 也就是说，"异化必须被当做一种历史的现象来加以研究，只有从特定社会形态的发展的角度才能得到理解"[②]。吉登斯进一步分析指出："异化劳动这一概念表明的并不是'自然人'（没有被异化）与'社会人'（异化了的）之间的张力，而是表明一种'特定的社会形式'——资本主义——所蕴含的潜力与这种潜力实现之不可能性之间的张力。"[③]也就是说，资本主义既蕴含着人类未来发展的可能性，又蕴含着工人当下实现的不可能性。由此可见，马克思的异化概念来自德国古典哲学，但在根本上又不同于后者。正如吴江在《异化思想述评》一文中所指出的，"从马克思《手稿》以后的早期著作看，马克思是用异化概念，在内容上和实质上，不仅和黑格尔的根本不同，而且和费尔巴哈的也大不相同"[④]。总之，在批判地改造了德国古典哲学异化概念

---

① 〔英〕吉登斯：《资本主义与现代社会理论——对马克思、涂尔干和韦伯著作的分析》，郭忠华、潘华凌译，上海译文出版社，2007，第18页。
② 〔英〕吉登斯：《资本主义与现代社会理论——对马克思、涂尔干和韦伯著作的分析》，郭忠华、潘华凌译，上海译文出版社，2007，第24页。
③ 〔英〕吉登斯：《资本主义与现代社会理论——对马克思、涂尔干和韦伯著作的分析》，郭忠华、潘华凌译，上海译文出版社，2007，第19页。
④ 《吴江文稿》上卷，中央编译出版社，2009，第184页。

的基础上，马克思提出了他的异化劳动理论，并在明确区分对象化劳动与异化劳动的基础上，系统地阐述了异化劳动的四重规定性。

2. 异化劳动的四重规定性

在《手稿》中，异化劳动最初是以胚胎的形式建立起来的马克思主义三个组成部分的理论基础，也是把这三个部分联系起来的重要理论纽带。因此，在《手稿》中，马克思系统阐发了异化劳动的四个表现或四重规定性。

其一，工人与自己的劳动产品相异化。在马克思看来，劳动产品即劳动所生产的对象，已经作为不依赖于生产者的力量，作为一种异己的存在物，同劳动者相对立。换言之，劳动产品成为不依赖于劳动者的独立力量，他们生产得越多，占有的产品反而越少，从而反对他们自己的异己力量就越大。根据马克思的论述，具体表现为："工人生产的财富越多，他的产品的力量和数量越大，他就越贫穷。工人创造的商品越多，他就越变成廉价的商品。物的世界的增值同人的世界的贬值成正比。"① "工人生产得越多，他能够消费的越少；他创造价值越多，他自己越没有价值、越低贱；工人的产品越完美，工人自己越畸形；工人创造的对象越文明，工人自己越野蛮；劳动越有力量，工人越无力；劳动越机巧，工人越愚笨，越成为自然界的奴隶。"② "劳动为富人生产了奇迹般的东西，但是为工人生产了赤贫。劳动生产了宫殿，但是给工人生产了棚舍。劳动生产了美，但是使工人变成畸形。劳动用机器代替了手工劳动，但是使一部分工人回到野蛮的劳动，并使另一部分工人变成机器。劳动生产了智慧，但是给工人生产了愚钝和痴呆。"③

其二，工人与自己的劳动活动相异化。在马克思看来，资本主义的异化不仅表现在劳动产品也即劳动结果上，而且表现在劳动活动也即生产活动本身之中。相比之下，劳动活动的异化更具有根本

---

① 《马克思恩格斯全集》第3卷，人民出版社，2002，第267页。
② 《马克思恩格斯全集》第3卷，人民出版社，2002，第269页。
③ 《马克思恩格斯选集》第1卷，人民出版社，2012，第53页。

性和前提性,假如工人没有在劳动活动中使自身异化的话,那么,工人所生产的劳动产品又怎么会和工人成为对立双方呢!在马克思看来,资本主义条件下劳动活动的异化主要表现在三个方面。首先,在自己的劳动活动中,工人"不是肯定自己,而是否定自己,不是感到幸福,而是感到不幸,不是自由地发挥自己的体力和智力,而是使自己的肉体受折磨、精神遭摧残。因此,工人只有在劳动之外才感到自在,而在劳动中则感到不自在,他在不劳动时觉得舒畅,而在劳动时就觉得不舒畅。因此,他的劳动不是自愿的劳动,而是被迫的强制劳动。因此,这种劳动不是满足一种需要,而只是满足劳动以外的那些需要的一种手段"①。可见,对工人而言,劳动活动不是他的本质规定,而只是一种外在的东西。其次,根据马克思的分析,对正常人而言,"只要肉体的强制或其他强制一停止,人们就会像逃避瘟疫那样逃避劳动"②。因为,这种劳动活动只是一种人在其中使身体和精神均受折磨的外在劳动,这是一种人的自我牺牲、自我折磨的活动。最后的结果是,"人(工人)只有在运用自己的动物机能——吃、喝、生殖,至多还有居住、修饰等等——的时候,才觉得自己在自由活动,而在运用人的机能时,觉得自己只不过是动物。动物的东西成为人的东西,而人的东西成为动物的东西"③。在马克思看来,劳动活动的异化最终导致了人性的完全丧失。

其三,工人与人的类本质相异化。在这里,我们首先得弄清楚马克思所说的"类本质"是什么?客观地讲,在《手稿》中,马克思多次使用的"类""类生活""类存在物""类本质"等,都是从费尔巴哈那里借用的术语。需要特别指出的是,马克思固然是在用费尔巴哈的概念,但其结合自己的研究成果,已经赋予这些概念以新的含义。实际上,马克思在这里使用的"类"已不再是费尔巴哈意义上的"内

---

① 《马克思恩格斯选集》第1卷,人民出版社,2012,第53~54页。
② 《马克思恩格斯选集》第1卷,人民出版社,2012,第54页。
③ 《马克思恩格斯选集》第1卷,人民出版社,2012,第54页。

在的、无声的、把许多个人自然地联系起来的普遍性",已不再是"单个人所固有的抽象物",而是指人的"自由自觉的活动",即劳动。在资本主义条件下,人的劳动变成了维持个人生存的手段,只是人的谋生工具而已,所以说,人与人的类本质完全异化了。

其四,人与人相异化。根据马克思的分析,从异化劳动的第一个表现即人与自己劳动产品的异化,到人与自己的劳动活动、自己的类本质相异化,必然导致人与人相异化,而这一切在马克思看来是一个十分自然的推论。试想,在资本主义的异化条件下,如果劳动产品、劳动活动都不属于劳动者本身,那么,它们到底跑到哪里去了呢?在马克思看来,劳动产品、劳动活动不属于劳动者所有,它们都已经属于另一个有别于劳动者的异己的存在物了。问题是,这个有别于劳动者的异己的存在物是什么?根据马克思的分析,这个异己的存在物既不是神,也不是自然界,而只能是另一个人。根本原因就在于,"人的异化,一般地说,人对自身的任何关系,只有通过人对他人的关系才得到实现和表现"①。的确,在资本主义条件下,通过异化劳动,工人生产了一个站在劳动之外、对劳动非常生疏的人,这个人被马克思取名为"资本家"。因此,当工人同自身相对立时,他必然与资本家是相对立的。

3. 异化劳动与私有财产的关系

马克思在《手稿》中阐述异化劳动的四重规定性的同时,明确指出了异化劳动与私有财产及其关系问题。在马克思看来,异化劳动与私有财产在最开始仅是一种因果关系,异化劳动是"因",私有财产是"果",但是发展到一定阶段的时候,异化劳动与私有财产之间就变成一种互为因果的相互作用的关系。关于这一点,马克思明确指出:"私有财产只有发展到最后的、最高的阶段,它的这个秘密才重新暴露出来,就是说,私有财产一方面是外化劳动的产物,另一方面又是劳动借以外化的手段,是这一外化的实现。"②如果说马

---

① 《马克思恩格斯选集》第1卷,人民出版社,2012,第58页。
② 《马克思恩格斯选集》第1卷,人民出版社,2012,第60页。

克思从异化劳动引申出私有财产概念多少还带有一些思辨色彩的话，那么，他强调两者后来的相互作用并借此探索资本主义的矛盾已经触及了现实的资本主义关系。

当然，实事求是地讲，在《手稿》中，马克思没有从根本上解答异化劳动与私有财产之间的关系问题。这一时期马克思对于异化劳动和私有财产关系的认识还不十分明确，带有一种循环论证的痕迹。譬如说，当马克思从异化劳动这一概念得出私有财产概念的同时，又紧接着指出私有财产在一定意义上表现为异化劳动的根据和原因。所以说，在《手稿》中，马克思对异化劳动本身是如何产生以及异化劳动到底如何导致私有财产等问题，没有给予最终解答。当然，这一谜团在紧随其后的《德意志意识形态》中得到了更为清楚的规定和解答，即造成异化劳动的原因是"分工"，更准确地说是"自发分工"。总之，通过对异化劳动的深入剖析，马克思深刻揭露了资本主义社会中资产阶级与工人阶级、资本与劳动、资本家与工人之间不可调和的矛盾和对立，彻底批判了资本主义反科学、非人道的真实面相，从根本上阐明了这样一个道理，即私有财产的存在必然会形成并固化异化劳动，进而给整个工人阶级乃至全人类带来灭顶之灾。基于此，马克思明确指出，只有消灭异化劳动、扬弃私有财产，才能从根本上使整个社会获得解放。当然，在马克思看来，"要扬弃私有财产的思想，有思想上的共产主义就完全够了。而要扬弃现实的私有财产，则必须有现实的共产主义行动"①。很显然，在这里的论述中，马克思已经初步提出了他的共产主义理论。

（二）共产主义理论

在《手稿》中，马克思借助异化劳动理论，首次从哲学角度证明了消灭异化劳动、扬弃私有财产从而实现人的解放即共产主义的历史必然性。涂尔干深刻指出，"共产主义"概念似乎已为我们所熟

---

① 《马克思恩格斯文集》第1卷，人民出版社，2009，第231~232页。

知,但是由于这个概念被任意使用,因此,共产主义"在我们心中唤起的只是含混不清的概念,模糊的印象、偏见和情绪交织在一起"①。因此,考察马克思的共产主义理论,需要先从"共产主义"这个基本概念说起。

1. "共产主义"概念

19世纪三四十年代,共产主义概念开始出现在西欧的一些报刊上,并且很快成为一种社会思潮。据考证,"共产主义"一词最早产生于1834～1839年巴黎的秘密革命团体中。在《莱茵报》工作期间,马克思最早接触到共产主义。他指出,重要的并不是像某些空想社会主义者那样去搞"共产主义思想的实际试验,而是对它的理论论证"②。客观地讲,这是青年马克思对共产主义的基本态度。马克思在随后的《手稿》中,对共产主义的阐发和论证显然已经进一步深化了。值得一提的是,马克思这时所提到的"共产主义",有些是指非科学的共产主义或作为批判对象的共产主义,但更多的是从正面意义上使用的,其中不少还是马克思关于共产主义基本原理的创造性阐释和规定。

2. 对"粗陋的共产主义"的批判

这里所说的粗陋的共产主义,是当时颇为流行的一种空想社会主义派别。从其表现形态来看,一是以占有物质财富为唯一目的,二是绝对平均化欲望,因而也被称为露骨的、粗俗的、忌妒的、绝对平均的共产主义。在《手稿》中,马克思对这种粗陋的共产主义进行了最为集中、最为严厉的批判。粗陋的共产主义主张重新分配和绝对平均地占有全部社会财富,并认为这就是"共产"。在马克思看来,粗陋的共产主义所提出的否定私有财产实际上是对私有财产关系的一种普遍化而言的。而且,粗陋的共产主义公然主张"公妻制"。马克思对

---

① 〔法〕涂尔干:《社会学方法的准则》,第22页,转引自吉登斯《资本主义与现代社会理论——对马克思、涂尔干和韦伯著作的分析》,郭忠华、潘华凌译,上海译文出版社,2007,第104页。

② 《马克思恩格斯全集》第1卷,人民出版社,1956,第134页。

此进行了集中而严厉的批判,他指出:"把妇女当做共同淫欲的虏获物和婢女来对待,这表现了人在对待自身方面的无限的退化。"①

3. 马克思的共产主义理论

在《手稿》的"私有财产和共产主义"这一部分中,马克思不仅批判地考察了粗陋的共产主义等错误思潮,还全面阐述了他自己的共产主义观,集中表述为:"共产主义是私有财产即人的自我异化的积极的扬弃,因而是通过人并且为了人而对人的本质的真正占有;因此,它是人向自身、向社会的(即人的)人的复归,这种复归是完全的、自觉的而且保存了以往发展的全部财富的。这种共产主义,作为完成了的自然主义,等于人道主义,而作为完成了的人道主义,等于自然主义,它是人和自然界之间、人和人之间的矛盾的真正解决,是存在和本质、对象化和自我确证、自由和必然、个体和类之间的斗争的真正解决。它是历史之谜的解答,而且知道自己就是这种解答。"② 为了更完整准确地认识和理解马克思在《手稿》中的共产主义理论,我们可以对上述引文做进一步的分析和阐发。

在马克思看来,共产主义首先意味着人本身的解放,对人的本质的真正占有。如前所述,共产主义是私有财产的积极扬弃,而私有财产只不过是人自我异化的一种物质的、感性的表现而已。因此,扬弃私有财产本身就是对人的一切感觉与人的一切特性的彻底解放。而且,共产主义理论可以看作马克思提出的异化劳动理论的合乎逻辑的展开。所谓对人的本质的真正占有,就意味着共产主义绝不是仅仅通过对物的扬弃就可以获得的,更为根本的一点在于共产主义要通过对人本身的异化性质的彻底扬弃才能获得。诚然,共产主义意味着对人类所创造的全部财富的保存,也就是说,共产主义不是完全取消而是积极保存以往人类发展所取得的所有文明成果,甚至包括在资本主义条件下创造的一切文明成果。但是,在马克思看来,这里的共产主义绝不是以对财富、对物的片面占有为目标,而是要

---

① 《马克思恩格斯文集》第1卷,人民出版社,2009,第184页。
② 《马克思恩格斯全集》第42卷,人民出版社,1979,第120页。

实现人本身的解放。所以，马克思指出，共产主义对人的本质的真正占有"不应当仅仅被理解为直接的、片面的享受，不应当仅仅被理解为占有、拥有"，相反，"人以一种全面的方式，就是说，作为一个总体的人，占有自己的全面的本质"。①

在马克思看来，共产主义的哲学基础正是自然主义和人道主义的和谐统一。在《手稿》中，马克思强调，共产主义既承认自然界先于人的存在这一基础地位，同时又特别强调人是历史的主体，人本身具有最高的价值。因此，在马克思看来，共产主义是"自然主义"和"人道主义"的统一，是二者的合题。而且，马克思明确指出，在资本主义私有制的条件下，共产主义意味着人与自然、人与人之间存在的矛盾的解决，而且，一旦私有财产被共产主义彻底扬弃，人的存在与本质、人的对象化与自我确证、自由和必然、个体和类之间的矛盾与斗争也将被真正解决。从这个意义上讲，由于共产主义揭示了历史发展的规律而解答了历史之谜，并知道自己就是这种解答，体现了对历史之谜的真正自觉。

最后，关于马克思的共产主义理论，还要特别强调一点，即共产主义是一种客观的历史运动。在马克思看来，历史的全部运动，既是现实中共产主义的诞生活动，又是思维中被理解和被认识到的共产主义的生成运动。他特别强调："我们在思想中已经认识到的那正在进行自我扬弃的运动，在现实中将经历一个极其艰难而漫长的过程。"② 由此可见，理论上的共产主义与现实中的共产主义不是一回事，二者不是立竿见影的关系，不能简单地在二者之间画等号，而要实事求是地分析和研究。

三 "顶点论"与"不成熟论"的对峙交锋

1932年，当沉寂了88年之久的《手稿》公开问世之后，随即引

---

① 《马克思恩格斯全集》第3卷，人民出版社，2002，第303页。
② 《马克思恩格斯文集》第1卷，人民出版社，2009，第232页。

发了世界范围内广泛、持续、激烈的争论，在这种情况下，各种争论纷至沓来，时至今日依然有增无减。正如法国结构主义马克思主义者阿尔都塞所言，长期以来，《手稿》一直都是"斗争的论据，诉讼的藉口，防御的堡垒"①，在这个过程中，人们对于《手稿》的态度都很鲜明：有追随赞成者，亦有批判反对者；有全盘否定者，亦有无限拔高者。在这个过程中还有一个很有意思的现象，那就是研究《手稿》的人不仅有政治家、革命家，还有许多来自哲学界、经济学界、美学界、文艺学界等不同研究领域的学者，他们甚至还在《手稿》的研究中形成了不同学派。这也许就是作为经典的《手稿》的魅力所在吧！

问题是，《手稿》在整个马克思主义发展史上到底处于一个什么样的地位？总体而言，理论界围绕《手稿》的思想内容和历史地位所引发的争论，大致可以归结为两种观点，即"顶点论"和"不成熟论"，这是两种截然相反的代表性观点，双方热议的问题集中表现为马克思主义与人道主义的关系问题。

"顶点论"认为，人道主义是马克思主义的实质和精髓，据此，他们认为《手稿》明确主张人道主义，因而应该被看作真正的马克思主义。持有这种观点的德国社会民主党人朗兹胡特和迈耶尔曾强调，《手稿》是"真正的马克思主义的启示录"，是"马克思的中心著作"，是"包括了马克思的全部精神视野的唯一文献"。② 此外，比利时人亨·德曼强调在《手稿》中发现了一个全新的马克思，同时盛赞《手稿》"对于重新理解马克思学说的发展进程和全部含义具有决定的意义"，在他看来，《手稿》明确显示出"马克思的成就的顶点是在 1843 年和 1848 年之间"，因此，我们"切不可高估马克思的晚期著作，相反地，这些著作暴露出他的创作能力的某种衰退和削弱"。③

---

① 复旦大学哲学系现代西方哲学研究室编译《西方学者论〈一八四四年经济学—哲学手稿〉》，复旦大学出版社，1983，第 248 页。
② 转引自《马克思早期思想研究》，秦水等译，生活·读书·新知三联书店，1963，第 78~79 页。
③ 转引自《马克思早期思想研究》，秦水等译，生活·读书·新知三联书店，1963，第 79、80 页。

关于《手稿》的"顶点论"由此而来。

相反,"不成熟论"认为,唯物史观、科学社会主义才是马克思主义的实质和精髓所在。据此,他们认为《手稿》中蕴含着鲜明的人道主义色彩且具有明显的费尔巴哈印迹,因此,《手稿》被人为判定为一本不成熟的马克思主义的著作。持有这种观点的德国人布尔曾在一篇关于《手稿》的专论中尖锐地指出,《手稿》只是"不成系统的残篇断简",而"绝不是一部完整的东西",《手稿》是一种非科学意义的道德意义的作品,是从五花八门的思想理论中拼凑而成的、没有内在联系和统一性的、没有马克思本人的明确观点的一盘大杂烩。诚然,像布尔之流如此苛刻露骨甚至恶意攻击马克思《手稿》的人事实上并不多见,但是,布尔的评论却在一定程度上比较真实地再现了一些所谓的马克思主义者如何对待马克思主义的真实态度。苏联学者巴日特诺夫尽管也给予了《手稿》以重要肯定,但最终却将《手稿》定性为一部"不成熟的马克思主义著作"①。关于手稿的"不成熟论"便由此而来。

站在今天的历史起点上,我们回归经典,重读《手稿》,就一定要善于从这些历史争论中发现问题,进而获得启示。我们认为,无论是"顶点论",还是"不成熟论",双方各执一词,看似势不两立、水火不容,实则内在相通,因为二者无一不是在"成熟"和"不成熟"这种两极对立中思考问题的。客观地讲,这种非此即彼的形而上学思维方式本身是"不成熟"的,甚至是非常有害的。实际上,"顶点论"和"不成熟论"这种固执一端的倾向和做法都是极其片面和错误的。而且,我们认为,判断《手稿》成熟与否也不能拿年龄说事,不能武断地认为青年时期的马克思写的就是不成熟的,那么,谁又能保证老年马克思写的就一定是成熟的?这种拿年龄说事的简单做法是要不得的、有害的。

事实上,从上述争论中会自然引申出一个重要问题:如何客观

---

① 〔苏〕巴日特诺夫:《哲学中革命变革的起源——马克思的〈1844年经济学—哲学手稿〉》,刘丕坤译,中国社会科学出版社,1981,第162页。

评价进而科学对待马克思的《手稿》？我们认为，科学地对待《手稿》，就既不能有意美化《手稿》，也不能人为地拔高《手稿》，更不能故意贬低甚至人为抹杀《手稿》，进而置《手稿》应有的价值、意义于不顾。实际上，认真研读《手稿》就会发现，在如何定位《手稿》的问题上，马克思为我们留下了一个著名论断：在《手稿》中，马克思曾指认《精神现象学》是"黑格尔哲学的真正诞生地和秘密"，在类比的意义上，毋宁说《手稿》也是马克思主义学说的"秘密和诞生地"。实际上，这一认识已为国内外诸多马克思哲学的研究者特别是《手稿》的研究者所公认。

毋庸置疑，《手稿》的出版堪称马克思主义发展史上的"大事件"。《手稿》在西方现代哲学、西方马克思主义、东欧思想界、中国思想理论界，都引起了巨大的轰动，引发了人们对《手稿》的一次次解读与诠释，这已充分显示出《手稿》的重要理论意义和现实启示。第一，研读《手稿》有助于正确理解马克思思想发展的真实历程，使人们更加深刻地认识到马克思主义学说从创立之始就是一个有机整体，这对加强"马克思主义的整体性"研究意义重大。第二，在《手稿》中，马克思对资本主义条件下工人的生存状态和命运的深刻洞见，对人的解放的不懈探索等，是"以人为本""以人民为中心"等理念的重要思想资源和立论基础。第三，研读《手稿》有助于从源头和根基处把握马克思主义的精神实质，正本清源，返本开新，进一步坚定共产主义理想信念。而且，《手稿》中所蕴含的"历史尺度与价值尺度相统一"的方法、"经济问题哲学分析、经济问题政治解决"的方法，对我们今天思考和分析"中国问题"仍具有重要的方法论意义。事实上，在当代中国，在实现中华民族伟大复兴的"中国梦"的历史进程中，《手稿》越来越焕发出迷人的魅力和蓬勃的生命力。

马克思主义发展史上的四对重大关系

在马克思主义发展史上诸多重大关系问题中，青年马克思与晚年马克思、马克思与恩格斯、马克思主义与西方马克思主义、毛泽东思想与中国特色社会主义理论体系的关系问题引发了学界的关注和讨论，为了使马克思主义发展史研究进一步深化，必须认真梳理并总结这些基本而重大的关系问题的研究进展，厘清其学术发展脉络。

随着马克思主义的产生和发展，一些重大关系成为马克思主义发展史研究的重大课题，实际上，学界对于这些重大关系问题关注已久，研究颇多，但始终存在观点的交锋和意见的分歧。在诸多重大关系问题中，青年马克思与晚年马克思的关系问题、马克思与恩格斯学术思想的关系问题、马克思主义与西方马克思主义的关系问题、毛泽东思想与中国特色社会主义理论体系的关系问题尤为学界所关注。时至今日，这些问题依然是理论界探讨和争论的热点话题。实际上，深入研究马克思主义发展史上的重大关系问题，必将有助于推进整个马克思主义研究的深化与发展。

一 青年马克思与老年马克思的关系

在马克思主义发展史上，"两个马克思"的神话首先源于西方，主要由一部分西方马克思主义者提出。问题还得从马克思的《1844年经济学哲学手稿》（以下简称《手稿》）的发表说起。自从1932年《手稿》全文公开面世起，一些西方马克思主义者就围绕《手稿》提出了两种截然相反的"两个马克思"的主张，人为炮制了"两个马克思"的神话，即作为人道主义者的"青年马克思"和作为历史唯物主义者的"老年马克思"。他们欢迎人道主义的"青年马克思"，反对历史唯物主义的"老年马克思"。在对《手稿》历史地位的评价中，出现了两种截然相反的观点：一种观点极力抬高青年马克思《手稿》的思想意义，而贬低和否定成熟时期马克思的历史唯物主义思想，这就人为制造了青年时期和成熟时期"两个马克思"对立的神话；与第一种观点针锋相对，另一种观点极力贬低《手稿》的思想意义，否定《手稿》的思想与马克思后来著作中的思想的连续性，认为马克思一生的思想发展中存在"认识论的断裂"，指责《手稿》仍未超越唯心主义，并认为马克思后期完全抛弃了《手稿》的基本思想。尽管上述两种观点看似截然相反，但是它们在制造"两个马克思"对立的神话方面却又惊人的相似，具有异曲同工之妙。实际上，这恰恰是从相反的方向表达了一个共同的意思，那就是进一步强化了"两个马克思"的神话，即把马克思前期或青年时期与后期成熟期的思想截然对立起来，二者最大的不同在于：一个是贬低前期而抬高后期；一个是贬低后期而抬高前期。尽管二者在前后期的时间划分上并不相同，但是在强调前后期的对立上却如出一辙。

诚然，《手稿》中存在一些观点还不够成熟、表述和用语还不够稳定准确的缺陷（例如对费尔巴哈肯定过多而批判不够，某些新思想沿用了费尔巴哈的术语等），但是我们认为，《手稿》与紧随其后的《关于费尔巴哈的提纲》《德意志意识形态》等著作在基本精神、主要观点和致思理路上有着内在的连续性和一致性，历史唯物主义的主要观点和论题都以萌芽或胚胎的形式在《手稿》中得到了最初的讨论和表述。正是在这个意义上，我们赞同学界一些学者将《手稿》看作"马克思哲学的秘密和诞生地"。实际上,《手稿》不仅在马克思本人的思想发展历程中,而且在整个马克思主义的形成、发展史上都有着不可低估的意义。因此,有学者明确指出,通过夸大《手稿》的不成熟来贬低《手稿》的意义,进而制造"两个马克思"对立的神话是不可取的。①

实际上,人为地在马克思的青年时期与老年时期划出一条"断裂带"并不符合历史事实。正如西方马克思主义的创始人卢卡奇所言:"我始终把马克思的著作作为一个本质统一的整体来看待。"② 因此,当我们从整体上来理解马克思进而认识到整体性是马克思主义的基本特质或属性的时候,不符合历史实际的"两个马克思"对立的神话就不攻自破了,因为从整体性视野来看,"两个马克思"各执一端进而肢解马克思的诸多做法不仅显得幼稚可笑,而且路人皆知。因此,一种符合实际且可取的做法应该是从马克思主义的发展历程中来考察和把握马克思前后期思想的内在一致性、统一性和整体性。正如有学者所指出的,应该将马克思早期和后期的思想从历史发展和内在统一的高度加以辩证地把握,即注重从内在统一性上揭示马克思前后两个时期思想的继承性、连续性、一致性和不断发展、深化的过程,而决不能将马克思两个时期的思想人为地分割开来,更不能夸大两者性质上的区别,甚至将两者根本对立起来。总之,在新的历史时期,马克思主义研究依然不应制造"两个马克思"对立的新神话。③

二 马克思与恩格斯的学术思想关系

"马克思恩格斯问题"由来已久,早在 20 世纪初国外就开始讨

---

① 朱立元:《不应制造"两个马克思"对立的新神话》,《社会科学报》2010 年 4 月 29 日。
② 〔匈〕卢卡奇:《历史和阶级意识》,张西平译,重庆出版社,1989,第 31 页。
③ 朱立元:《不应制造"两个马克思"对立的新神话》,《社会科学报》2010 年 4 月 29 日。

论了。事实上，20世纪30年代特别是60年代以来，马克思与恩格斯的学术思想关系一直都是伴随着"两个马克思"的讨论而出现的西方"马克思学"研究的热点问题。国内学界对这一问题的讨论始于20世纪80年代。随着西方马克思主义和西方"马克思学"的相关研究成果在国内的陆续译介，国内学者开始接触并研究马克思与恩格斯学术思想的关系。有学者指出，国内关于马克思主义哲学本质的重新认识和思考，关于实践唯物主义和辩证唯物主义与历史唯物主义关系的讨论，也促使人们进一步探讨马克思与恩格斯的学术思想关系。① 总体而言，在对马克思与恩格斯学术思想关系这一问题的认识上，国内外大致有三种不同的观点："一致论""对立论""差异论"。

第一种观点，"对立论"。这一观点首先是由西方马克思主义者提出的，西方马克思主义的"鼻祖"卢卡奇是其始作俑者。在1923年出版的《历史与阶级意识》一书中，卢卡奇首先指出马克思与恩格斯对待自然辩证法的态度不同。随后，法兰克福学派、萨特、施密特等都批评恩格斯把辩证法实体化为世界观，而马克思认为其内在于历史之中，自然本身并没有辩证法，只有人与自然相互作用时才有辩证的运动。西方"马克思学"者也明确主张马克思与恩格斯学术思想的对立。国内持有马克思和恩格斯"对立论"观点的学者也在一系列的论述②中全面阐述了马克思与恩格斯在学术思想方面的五大差别：超验视野与经验视野、存在决定意识与意识决定精神、大写的真理与小写的真理、彼岸的自由世界与此岸的自由王国、个体性的分殊。并进一步指出，在重读马克思的过程中，我们所面临

---

① 梁树发、李娉：《改革开放三十年来我国学者关于马克思主义认识的变化与发展——从关于马克思恩格斯关系的认识谈起》，《马克思主义与现实》2009年第4期。
② 参见何中华《论马克思和恩格斯哲学思想的几点区别》，《东岳论丛》2004年第3期；《如何看待马克思和恩格斯的思想差别》，《现代哲学》2007年第3期；《是"谬见"，还是真实？——对一种责难的回应》，《现代哲学》2008年第3期；《究竟应当怎样看待"马克思—恩格斯问题"——再答我的两位批评者》，《江苏社会科学》2009年第3期。

的一个不可回避的问题就是澄清并矫正以往笼罩在"马克思恩格斯问题"上的种种误读成分,当归马克思的归马克思,当归恩格斯的归恩格斯,进而恢复马克思与恩格斯各自思想的本真性。

第二种观点,"一致论"。与"对立论"针锋相对的是"一致论",后者否认马克思与恩格斯学术思想之间的根本对立,明确宣称马克思与恩格斯学术思想的一致性。当然,"一致论"观点也承认马克思、恩格斯之间的差别,诸如二者在个人气质、知识背景、语言风格等方面的差异以及二者在理论分工上的区别,但是这丝毫不影响二者在基本思想和根本宗旨上的总体的一致性。况且,这种一致性在恩格斯逝世后也得到了马克思主义的继承者普列汉诺夫、卢森堡、列宁等人的一致维护和坚决捍卫。应该说,在反对"第二国际"中的考茨基和伯恩施坦的历史语境下,维护马克思主义的整体性和科学性一度成为当时理论论战的焦点。国内已故哲学家孙伯鍨先生也是马克思恩格斯"一致论"观点的代表性人物,他曾在《西方"马克思学"》一书中较早地对西方马克思学的代表人物吕贝尔、费切尔、莱文等持有的"对立论"观点进行了详尽考察,在揭露西方"马克思学"制造马克思与恩格斯对立论的错误及其方法论根源的过程中,重申了马克思与恩格斯学术思想的一致性。

第三种观点,"差异论"。这一观点的代表性人物是美国马克思学家特雷尔·卡弗,在《马克思与恩格斯:学术思想关系》[①] 一书中,卡弗借用恩格斯的话质疑了马克思与恩格斯谁才是马克思主义"第一小提琴手"的观点,他的结论是:恩格斯才是马克思主义的"第一小提琴手"。在这里,卡弗向我们展示了认识并理解"马克思恩格斯问题"的一种新视角即解释学的视角。他认为,马克思与恩格斯的学术思想关系问题是一个解释学的问题,它依赖于评论者和文本、评论者和听众之间的对话,因而不可能得出一个一劳永逸的、唯一的标准答案。客观地讲,解释学的思路激发了一些学者对马克

---

① 〔美〕特雷尔·卡弗:《马克思与恩格斯:学术思想关系》,姜海波、王贵贤译,中国人民大学出版社,2008。

思与恩格斯学术思想关系问题的再思考，而且，思考的问题域也随之扩大到整个马克思主义及其哲学本质，而不再局限于这一问题本身①。在这一过程中，一些学者认为，对于"马克思恩格斯问题"的讨论，重要的不是在这一问题上得出什么样的结论，而在于研究问题的过程，重要的是对这一问题的研究方法和对马克思、恩格斯学术思想关系的正确认识。当然，这既需要文献学的实证性研究，也离不开对马克思主义经典著作的深度"耕犁"，也许只有这样才能最大限度地"走近马克思""走进马克思""回到马克思"，从根本上推进马克思主义研究的深化和发展。

值得一提的是，在对"马克思恩格斯问题"② 进行探讨的过程中，有一些学者尽管在"马克思恩格斯问题"上持有不同观点，但他们对青年马克思与青年恩格斯的学术思想关系进行了系统的考察，并在青年马克思与青年恩格斯关系问题上得出了几近一致的结论，即青年恩格斯极大地影响了青年马克思的思想发展。

三　马克思主义与西方马克思主义的关系

众所周知，"西方马克思主义"作为一股客观存在的社会思潮，包括众多的派别、庞杂的内容，在政治上和哲学上存在分歧和争论，很多派别和人物的思想在前期和后期都有着较明显的变化。因此，在国内外学术界，"西方马克思主义"与马克思主义的关系一直是一个争论不休、歧义不断的复杂问题。总体来看，"西方马克思主义"与马克思主义的关系问题大致包括三种不同观点③。

---

① 参见梁树发、李娉《改革开放三十年来我国学者关于马克思主义认识的变化与发展——从关于马克思恩格斯关系的认识谈起》，《马克思主义与现实》2009 年第 4 期；徐军《"马恩关系问题"视域中的马克思主义哲学——兼评特雷尔·卡弗〈马克思与恩格斯：学术思想关系〉》，《南京政治学院学报》2009 年第 2 期。
② 参见吴家华《"马克思恩格斯问题"论析》，《中国人民大学学报》2002 年第 6 期。
③ 参见陈振明《"西方马克思主义"的马克思主义归属问题》，《南京社会科学》1997 年第 12 期。

第一种观点对"西方马克思主义"持全面否定的态度,将"西方马克思主义"定性为"在新马克思主义的旗帜下的反马克思主义"。这种观点认为,"西方马克思主义"在本质上是与马克思主义基本理论原则相违背,同列宁主义相对立,用唯心主义和西方社会学说的某些精神改造和扭曲马克思主义的资产阶级思潮,是口头上的马克思主义、实质上的反马克思主义,因而不能算是一种马克思主义,这一观点主要反映了一些苏联学者的看法。第二种观点把"西方马克思主义"划入马克思主义的行列,视"西方马克思主义"为当代马克思主义的典范,将"西方马克思主义"推崇为"发达资本主义社会的马克思主义"或"马克思主义的当代形式",称"西方马克思主义"者为当代马克思思想的"真正传人",认为"西方马克思主义"是马克思主义在当代西方的发展,这主要是西方一些学者的观点。第三种观点介于前两种观点之间,认为对于"西方马克思主义"各流派,不能简单地斥之为反马克思主义,应该看到它们与马克思主义的联系,不妨称之为"当代国外的马克思主义",这主要是国内一部分学者的观点,简述如下。

有学者明确指出,"西方马克思主义"从总体上看是非马克思主义的。[①] 一方面,我们应该看到,"西方马克思主义"是违背了马克思主义的理论特别是历史唯物主义和科学社会主义的基本理论及方法的。"西方马克思主义者"几乎都以不同形式将马克思主义的唯物史观、资本主义社会理论及无产阶级革命这些基本理论宣布为"过时""失效""错误""不充分"的,断言需要用非马克思主义的思想因素来加以"补充"、"修正"或"重建",代之以"全新"的学说。"西方马克思主义"对马克思主义社会政治学说的"重建"特别是用非马克思主义的思想因素对马克思主义理论体系的"补充",所导致的基本结果是对马克思主义理论前提的抛弃。另一方面,我们必须承认,"西方马克思主义"与马克思主义保持着千丝万缕的联

[①] 陈振明:《"西方马克思主义"的马克思主义归属问题》,《南京社会科学》1997年第12期。

系，其中包含着马克思主义的思想因素。"西方马克思主义者"在辩证法、历史分析、异化和人道主义理论、理论与实践的关系、自然与历史相统一等方面的观点，包含着马克思主义的思想成分。此外，"西方马克思主义"还提出了一些值得认真思考的问题，其中不乏合理的见解。总之，我们既要看到西方马克思主义总体上的非马克思主义性质，又要看到它与马克思主义的联系，注意它提出的某些有益的论点及对马克思主义某些方面的发展所做出的局部贡献。因此，不应把"西方马克思主义"抬高到"马克思主义在当代的发展"的高度，也不要简单地斥之为"反马克思主义"，正确的态度应该是从不同的角度或方面深入研究它所涉及的问题，合理地评价其成败得失，尤其要分析它是如何违背马克思主义，以及从哪里失足的。①

也有学者认为，西方马克思主义是与经典马克思主义发展中出现扭曲和偏离相伴随而产生的一种独特思潮。②他认为，这种扭曲和偏离往往首先出现于占主流地位的马克思主义派别，进而使这些占主流地位的马克思主义者在其所从事的事业中出现失误和挫折。西方马克思主义者正是以批判这种对经典马克思主义的扭曲和偏离及由此产生的失误和挫折的身份出场的，他们主张回到或重新认识和解释马克思主义。应当承认，许多西方马克思主义者对马克思的论著做过相当深刻的研究，在重新认识马克思哲学的本来意义以及对正统马克思主义派别中可能存在的教条主义等倾向的批判上，他们的许多论述的确存在合理因素，值得忠实于马克思主义的人借鉴。从这个意义上说，把西方马克思主义与经典马克思主义简单地对立起来，将其归结为反马克思主义的资产阶级思潮，显然不是马克思主义者应有的求实态度。但问题在于，西方马克思主义在"纠偏"的过程中，又从另一个极端扭曲和偏离了马克思主义。由于受到同时代的西方非马克思主义的哲学思潮的强烈影响，西方马克思主义

---

① 陈振明：《"西方马克思主义"的马克思主义归属问题》，《南京社会科学》1997年第12期。

② 刘放桐：《从经典马克思主义到西方马克思主义》，《求是学刊》2004年第5期。

者几乎都是按照他们所接受的某种现代哲学流派的观点去重新认识和解释马克思的学说的。当西方马克思主义者利用这些哲学流派的理论来反对教条主义等扭曲和偏离马克思学说的倾向时，的确可能存在积极的方面，但他们往往又受到这些流派的主观主义和相对主义等片面性学说的影响。用这些学说来重新解释马克思主义，必然在很大程度上背离马克思主义。因此，我们既不应将西方马克思主义与经典马克思主义简单地对立起来，又应看到二者之间的区别。①

总体上看，在西方马克思主义与马克思主义的关系问题上，国内学界普遍认为，不能把"西方马克思主义"与经典马克思主义进行简单的类比，或加以武断的肯定或否定，既不能简单地断言"西方马克思主义"在本质上是和马克思主义对立的，也不能把"西方马克思主义"笼统地视为当代西方的马克思主义，而应对"西方马克思主义"做具体的、历史的分析和评价。正如恩格斯所说："每一个时代的理论思维，都是一种历史的产物，在不同的时代具有非常不同的形式，并因而具有非常不同的内容。因此关于思维和科学，和其它任何科学一样，是一种历史的科学，关于人的思维历史发展的科学。"②

四 毛泽东思想与中国特色社会主义理论体系的关系

毛泽东思想和中国特色社会主义理论体系作为马克思主义普遍真理与中国具体国情相结合的历史产物，都是马克思主义发展史上的重要历史阶段和马克思主义中国化的重要理论成果。党的十七大报告首次提出"中国特色社会主义理论体系"这一命题，由于在对这一命题的界定中没有涉及毛泽东思想，由此带来了一个很敏感的理论难题，即如何认识毛泽东思想与中国特色社会主义理论体系之

---

① 刘放桐：《从经典马克思主义到西方马克思主义》，《求是学刊》2004 年第 5 期。
② 《马克思恩格斯选集》第 4 卷，人民出版社，1995，第 284 页。

间的关系,特别是中国特色社会主义理论体系是否应该包括毛泽东思想这一问题,引起了学界的激烈讨论和争辩。总体而言,学界主要有三种不同观点。

第一,中国特色社会主义理论体系不应该包括毛泽东思想。国内绝大多数学者坚持党的十七大报告对中国特色社会主义理论体系的界定,认为不应包括毛泽东思想,但就其理论表述而言,又可以划分为四种不同观点。一是"逻辑关系论"。学界普遍认为,马克思主义中国化出现了两次飞跃、产生了两条道路、形成了两个体系,即毛泽东思想和中国特色社会主义理论体系,一些学者指出,毛泽东思想和中国特色社会主义理论体系是承前启后、继往开来的关系。① 二是"两个体系论"。有学者指出,马克思主义中国化的成果既可以按照创立者划分为毛泽东思想、邓小平理论、"三个代表"重要思想和科学发展观,又可以根据内容和主题划分为新民主主义理论和中国特色社会主义理论两大成果。② 三是"开创界定论"。有学者分析指出,历次党的文献都证明中国特色社会主义始于党的十一届三中全会,而且必须认识到探索和开创不是一回事,二者不能混淆,此外,毛泽东晚年的几个错误直接导致了他不是体系的开创者。③ 四是"理论基础论"。有学者认为,中国特色社会主义理论体系是当代中国的创新理论,毛泽东思想和马克思列宁主义都可以看作中国特色社会主义理论的基础理论。④ 也有学者明确指出,毛泽东思想是中国特色社会主义理论体系的思想基础,毛泽东所进行的探索是中国特色社会主义理论体系的奠基时期。⑤

第二,中国特色社会主义理论体系应该包括毛泽东思想。与第一

---

① 参见杨春贵《中国特色社会主义理论体系的新概括》,《中国社会科学》2008年第1期;秦宣《解读"中国特色社会主义理论体系"》,《社会主义论丛》2008年第1期;徐文杰《中国特色社会主义理论体系的历史演进及概念辨析》,《中国特色社会主义研究》2007年第6期。
② 李君如:《马克思主义中国化若干问题研究》,《中共中央党校学报》2008年第1期。
③ 徐崇温:《中国特色社会主义理论体系的构建》,《文汇报》2008年3月3日。
④ 石仲泉:《对"始于毛"的说法要作具体分析》,《北京日报》2007年11月19日。
⑤ 秦刚:《中国特色社会主义的理论体系》,《科学社会主义》2007年第5期。

种观点相反，一些学者认为中国特色社会主义理论体系必须包括毛泽东思想，因为毛泽东对中国特色社会主义在实践上和理论上的探索卓有成效，毛泽东思想是中国特色社会主义理论体系的发端和初始形态，如果将其排除在外，中国特色社会主义理论就成了一个不知从何而来的空降物。① 也有学者认为，必须把毛泽东思想、邓小平理论和"三个代表"重要思想统一起来，否则，长此以往，既在称谓上不便，又容易割裂中国特色社会主义理论体系的内在统一性。②

第三，单纯而笼统地争辩毛泽东思想与中国特色社会主义理论体系的归属问题，意义不大，应该把注意力放到毛泽东思想与中国特色社会主义理论体系之间的发展脉络与内在联系上，体现二者的区别与联系、继承与创新。③ 在理论界关于毛泽东思想与中国特色社会主义理论体系关系问题的讨论和研究的基础上，习近平同志从形成共识、统一思想的角度明确指出："毛泽东思想作为一个科学体系，既包括毛泽东同志关于新民主主义的正确思想，也包括毛泽东同志关于社会主义建设的正确思想。胡锦涛同志指出，中国特色社会主义理论体系是改革开放历史新时期我们党的理论创新成果。他还指出，中国特色社会主义理论体系，是对毛泽东同志艰辛探索社会主义建设规律重要思想成果的继承和发展。胡锦涛同志这些论断，从根本上把中国特色社会主义理论体系同毛泽东思想的内在联系说清楚、讲明白了。"④

总之，在毛泽东思想与中国特色社会主义理论体系的关系问题上，学界普遍认为，中国特色社会主义理论体系是在毛泽东思想的基础上产生和发展起来的，是在新的历史条件下对毛泽东思想的继

---

① 杜鸿林：《关于构建中国特色社会主义理论体系的若干思考》，《天津行政学院学报》2007年第1期。
② 庄前生：《关于中国特色社会主义理论体系创新的若干构想》，《马克思主义研究》2006年第12期。
③ 杨春贵：《中国特色社会主义理论体系的新概括》，《中国社会科学》2008年第1期。
④ 习近平：《关于中国特色社会主义理论体系的几点学习体会和认识》，《求是》2008年第7期。

承和发展,毛泽东思想为中国特色社会主义理论体系的形成奠定了理论基础。就毛泽东思想与中国特色社会主义理论体系的内在联系而言,两大理论成果彼此联系,相得益彰。"前者是为中国特色社会主义开辟道路、为探索特色理论作准备的;后者作为前者的继承、发展与深化,更为突出地显示出理论的一贯性和创新性。两个体系因共同的思想路线,共同的理论精髓,共同的根本观点、根本方法,从而实现了对解放思想、实事求是的共识,对实现人的解放和改变环境的共识,这就是从根本上逐步实现从必然王国向自由王国飞跃的共识。"①

---

① 庄福龄:《六十年间马克思主义中国化两大理论体系的形成》,《马克思主义与现实》2009 年第 6 期。

中篇　个体性与社会性

青年马克思哲学视域中的"人"

——重读《1844年经济学哲学手稿》

"人"是马克思哲学中的核心概念,《1844年经济学哲学手稿》作为马克思哲学的"秘密和诞生地",蕴含并开显出"人"的多维哲学视域:人是自然存在物,人是类存在物,人是对象性的存在物,人是社会存在物。在青年马克思的视域中,人是以社会为本体,通过自觉自由的对象性活动融入又走出自然,实现自我的存在物。这为科学地界说"人"的存在,为真正解开"人之谜"、叩问"人为何物"提供了一把钥匙。

人的问题就如同马克思哲学中的一根红线,贯穿于马克思一生的研究和实践之中,而对人的关注和期待使我们与马克思同行在人学的研究大道上。《1844年经济学哲学手稿》(以下简称《手稿》)作为马克思哲学的诞生地和秘密,蕴含着丰富的人学思想,它的问世使马克思哲学摘掉了萨特所谓的"人学空场"的帽子,但又使其披上了人道主义、人本主义的外衣。那么如何科学地把握马克思关于"人"的规定性就成为学界研究的热点之一。笔者以为,《手稿》中马克思关于人的四重界说,就是"人之谜"的真正哲学自觉。

一 人是自然存在物

人是自然存在物,表明了人之存在的自然基础和人对自然的依赖性。马克思指出："人靠自然界生活。这就是说，自然界是人为了不致死亡而必须与之处于持续不断的交互作用过程的、人的身体。所谓人的肉体生活和精神生活同自然界相联系，不外是说自然界同自身相联系，因为人是自然界的一部分。"① 作为自然界一部分的人离不开自然界，因为"没有自然界，没有感性的外部世界，工人什么也不能创造"②。可见，人是依赖于自然并受制于自然的受动的存在物。而人的独特性体现在，他是以自己的激情、热情使其揖别于动物而最终走出了自然界。马克思指出，当人处于被动或受动的地位时，激情就成为人的最为本质的自然力量，成为人的本质的活动，因为他"感到自己是受动的，所以是一个有激情的存在物。激情、热情是人强烈追求自己的对象的本质力量"③。这就是说，人的激情、热情是人在感受到压迫、约束的逆境中迸发出来的本质力量，是人的受动性的直接呈现。

其次，人作为自然存在物，与动物本能地、全面地依赖自然的存在方式不同，人是具有能动性的自然存在物。马克思指出："人直接地是自然存在物。人作为自然存在物，而且作为有生命的自然存在物。"④ 这种有生命的自然存在物正是人的能动性的独特体现。可见，与动植物一样，人是受动的、受制约的和受限制的存在物，更为重要的是，人是有自然力、生命力的能动的存在物。所以，人通过发挥自己的能动性，参与自然界的生活。一方面，整个自然界成为人的对象，为人所有，因为"一个存在物如果在自身之外没有自己的自然界，就不是自然存在物"⑤。另一方面，自然界成为人的自然界。事实上，在马克思看来，自然界也绝不是离开人的自在自然，因为"被抽象地理解的，自为的，被确定为与人分隔开来的自然界，

---

① 《马克思恩格斯文集》第 1 卷，人民出版社，2009，第 161 页。
② 《马克思恩格斯选集》第 1 卷，人民出版社，2012，第 52 页。
③ 《马克思恩格斯文集》第 1 卷，人民出版社，2009，第 211 页。
④ 《马克思恩格斯文集》第 1 卷，人民出版社，2009，第 209 页。
⑤ 《马克思恩格斯文集》第 1 卷，人民出版社，2009，第 210 页。

对人来说也是无"①。这种直接呈现出来的自在自然，也不是真正的人的自然界。可见，在马克思的视野中，人的自然界应该是深深地打上人类劳动烙印的现实的人化自然，这种"在人类历史中即在人类社会的形成过程中生成的自然界，是人的现实的自然界；因此，通过工业——尽管以异化的形式——形成的自然界，是真正的、人本学的自然界"②。

因此，人是自然存在物，表明人是能动与受动相统一的存在物。因为"自然界，无论是客观的还是主观的，都不是直接同人的存在物相适合地存在着"③。所以，人正是在充分发挥自身能动性的同时，使整个自然界被重新创造出来，使自然界与人和谐一体，变成人的有机组成部分，诚如马克思所言："自然界，就它自身不是人的身体而言，是人的无机的身体。"④ 而且，马克思强调，"只要人对自然界的感觉，自然界的人的感觉，因而也是人的自然感觉还没有被人本身的劳动创造出来，那么感觉和精神之间的抽象的敌对就是必然的"⑤。

二 人是类存在物

人是自为的自然存在物，表明人是类存在物。马克思认为："人不仅仅是自然存在物，而且是人的自然存在物，就是说，是自为地存在着的存在物，因而是类存在物。他必须既在自己的存在中也在自己的知识中确证并表现自身。"⑥ 可见，作为人的或者自为的自然存在物而非直接的自在的自然存在物的人，就是类存在物，就是自觉自由的既在现实中，又在意识中确证自我的类存在物。

---

① 《马克思恩格斯全集》第3卷，人民出版社，2002，第335页。
② 《马克思恩格斯文集》第1卷，人民出版社，2009，第193页。
③ 《马克思恩格斯文集》第1卷，人民出版社，2009，第211页。
④ 《马克思恩格斯选集》第1卷，人民出版社，2012，第55页。
⑤ 《马克思恩格斯文集》第1卷，人民出版社，2009，第231页。
⑥ 《马克思恩格斯文集》第1卷，人民出版社，2009，第211页。

人与动物不同，有意识的生命活动确证了人是类存在物。马克思认为，一个物种的生命活动将其与其他物种区别开来，如他所说："一个种的整体特性、种的类特性就在于生命活动的性质，而自由的有意识的活动恰恰就是人的类特性。"① 而人的类特性就体现为自觉自由的活动。马克思进一步论述了人与动物生命活动的差异所在，他指出："动物和自己的生命活动是直接同一的。动物不把自己同自己的生命活动区别开来。它就是自己的生命活动。"② 也就是说，动物与自己的生命活动是一体的，但是，与动物不同，"人则使自己的生命活动本身变成自己意志的和自己意识的对象"③。人能够将自己和自己的生命活动区分开来，就是说，人的生命活动是有意识的或人具有有意识的生命活动，而这种自由的有意识的生命活动并不是直接与人融为一体的那种规定性。因此，马克思说："有意识的生命活动把人同动物的生命活动直接区别开来。"④

有意识的生命活动是在人的劳动中生成并实现的。马克思指出："通过实践创造对象世界，改造无机界，人证明自己是有意识的类存在物，就是说是这样一种存在物，它把类看作自己的本质，或者说把自身看作类存在物。"⑤ 而以"类"来反观自身、确证自身的存在物就是有意识的、自由的类存在物。前面讲到有意识的生命活动将人与动物截然分开，而这一生命活动也是在人的劳动中得以确立和实现的。在马克思看来，劳动就是人的自觉自由的活动，人在劳动中真正确认、证实了自己是类存在物，如他所言，"正是在改造对象世界中，人才真正地证明自己是类存在物"⑥。

可见，人作为"类存在物"至少有两重含义：一是以类为对象的存在物，二是普遍的、自由的存在物。诚如马克思所指出的，"人

---

① 《马克思恩格斯选集》第1卷，人民出版社，2012，第56页。
② 《马克思恩格斯选集》第1卷，人民出版社，2012，第56页。
③ 《马克思恩格斯选集》第1卷，人民出版社，2012，第56页。
④ 《马克思恩格斯选集》第1卷，人民出版社，2012，第56页。
⑤ 《马克思恩格斯全集》第3卷，人民出版社，2002，第273页。
⑥ 《马克思恩格斯全集》第3卷，人民出版社，2002，第274页。

是类存在物,不仅因为人在实践上和理论上都把类——他自身的类以及其他物的类——当作自己的对象;而且因为——这只是同一种事物的另一种说法——人把自身当作现有的、有生命的类来对待,因为人把自身当作普遍的因而也是自由的存在物来对待"①。

需要强调的是,正因为马克思把人看作类存在物,才导致了其对费尔巴哈人本主义、人道主义的种种误读。笔者以为,在《手稿》中,马克思虽然仍使用费尔巴哈的"类"概念来界说人的本质,但是已经赋予其新的内涵。如马克思所言,正是由于人的有意识的生命活动的观照,"人才是类存在物。或者说,正因为人是类存在物,他才是有意识的存在物"②。因而人的生命活动也是自由的活动。由此可以看出,在马克思的语境中,"类"这一概念已彻底扬弃了费尔巴哈"把许多个人纯粹自然地联系起来的普遍性"的抽象的、无声的"类"了,而是对人的有意识的自由活动或者自觉自由的活动的重新指认。

三 人是对象性的存在物

正是将劳动这一人的自觉自由的对象性的活动贯注于人的规定之中,马克思才认为人也是对象性的存在物。不同于将人视为"惟一存在物"以及黑格尔对人的抽象设定的观点,马克思开显了人现实的对象性特质。

马克思认为,对象性的存在物在自身之外必有对象,而不是"惟一存在物"。人正是在对象性的活动中使整个自然界成为人的对象,从而确认人的本质力量,同时,自然界也是人的生命力等本质力量得以充实、确证所不可缺少的对象。如同太阳和植物的例子,太阳是植物确证自身生命不可缺少的对象,反过来,植物又是唤醒、确证太阳的生命力的表现,二者互为对象,相互确证。不仅如此,

---

① 《马克思恩格斯全集》第3卷,人民出版社,2002,第272页。
② 《马克思恩格斯全集》第3卷,人民出版社,2002,第273页。

在马克思看来，一切现实的存在物都是对象性的存在物，因为"非对象性的存在物是非存在物"①。可见，那种把人视为孤立的、唯一的、独在的存在物的荒谬之处就在于这样一种"惟一的存在物"，只能"是一种非现实的、非感性的、只是思想上的即只是想象出来的存在物，是抽象的东西"②。

另外，不同于黑格尔对人的对象性进行外在的、抽象的或者说纯粹思辨的理解，马克思认为，人的本质中内蕴着对象性的规定，对象性的特质是人的本质力量的"设定"。"当现实的、肉体的、站在坚实的呈圆形的地球上呼出和吸入一切自然力的人通过自己的外化把自己现实的、对象性的本质力量设定为异己的对象时，设定并不是主体；它是对象性的本质力量的主体性"③。而且，马克思批判了那种很难一时消除的根深蒂固的"造物"观念，认为在人类历史发展的无限绵延的过程中，人始终是历史的主体，人是自我规定、自本自根的存在物，人的被规定或被设定是内在地从属于人的本质的，而绝不是无中生有的思维的抽象设定。

在彻底清算关于人的对象性的诸多错误认识的基础上，马克思深刻地指出，人在对象性的活动中全面确认了人之为人的对象性特质所在。"人不仅像在意识中那样在精神上使自己二重化，而且能动地、现实地使自己二重化，从而在他所创造的世界中直观自身。"④如果没有了对象，人就会失去自己的类生活，如果没有对象性的活动，人就无法实现对自我本质力量的确证。可见，对象化的过程就是人自我张扬、自我实现的过程。但正是在对象化的过程中蕴含了人的异化的可能性，也就是说，人正是在自我实现的过程中丧失了自我，人的现实的类对象性、人的无机的身体被褫夺，人的自觉自由的类生活变成了维持人肉体生存的手段，人相对于动物的优点变

---

① 马克思：《1844年经济学哲学手稿》，人民出版社，2000，第106页。
② 《马克思恩格斯文集》第1卷，人民出版社，2009，第211页。
③ 《马克思恩格斯文集》第1卷，人民出版社，2009，第209页。
④ 《马克思恩格斯选集》第1卷，人民出版社，2012，第57页。

成了缺点。马克思关于对象化是如何突变为异化的论证，似乎正是从人的生命活动中找到了答案：人异于并优于动物的地方就在于人具有有意识的生命活动，可以把自己的生命活动当作自己的对象，因而并不像动物那样与自己的生命活动是直接同一、融为一体的，人与自己的生命活动是有中介的，劳动、实践这一中介在私有制条件下的异化最终导致人的异化有可能变成现实。

四　人是社会存在物

这是马克思对"人为何物"本质的规定，它前承费尔巴哈对人的类的规定性，后启马克思的"人，在其现实性上，是一切社会关系的总和"的思想，因此具有承前启后的过渡性。如前所述，马克思通过对费尔巴哈关于人的类的规定性的清算，从根本上超越了费尔巴哈，从而赋予了"类"以自觉自由的活动的内涵，而"社会"概念正是马克思对人的规定性的独特界说。

《手稿》中，马克思确立了人的社会存在方式或者说确立了社会对人的本体论地位。"因为只有在社会中，自然界对人来说才是人与人联系的纽带，才是他为别人的存在和别人为他的存在，只有在社会中，自然界才是人自己的人的存在的基础，才是人的现实的生活要素。只有在社会中，人的自然的存在对他来说才是自己的人的存在，并且自然界对他来说才成为人。"[①] 通过三个"只有在社会中"的论断，马克思对"社会"概念的基本内涵或者说对社会的本质做了明确的界定，即"社会是人同自然界的完成了的本质的统一，是自然界的真正复活，是人的实现了的自然主义和自然界的实现了的人道主义"[②]。这里的"社会"在本体论意义上实现了人、自然、社会的内在贯通，已经将马克思之前对共产主义本质内涵的论述涵盖其中。共产主义意味着人与自然之间、人与人之间矛盾的真正解决，

[①] 《马克思恩格斯全集》第3卷，人民出版社，2002，第301页。
[②] 《马克思恩格斯文集》第1卷，人民出版社，2009，第187页。

社会具有比共产主义更为宽广的视野，它内在地蕴含着共产主义的维度并明确指向未来的理想社会。

社会是人独有的存在方式，人的"社会"不同于动物的"种群"，"社会的活动"也并非指"共同的活动"。这里，马克思实际上是将专属于人的"社会"与本能的直接的动物的"种群"区分开来，强调社会对人的本质的、基础的、为人所专属的规定性。不管是否采取与他人直接交往的"共同的"或者"种群的"形式，人的活动本质上是一种社会的活动，"甚至当我从事科学之类的活动，即从事一种我只在很少情况下才能同别人进行直接联系的活动的时候，我也是社会的，因为我是作为人活动的"①。可见，社会的活动并非仅仅指直接通过和别人的实际交往所表现出来的共同的活动，人在自我的个人活动中也能够体现出人的社会的本质所在。正如马克思所言，即使"在我个人的活动中，我直接证实和实现了我的真正的本质，即我的人的本质，我的社会的本质"②。所以说，动物的种群无法与人的社会相提并论，社会的活动也并不仅仅是一种共同的活动，前者比后者更为根本，具有本体论的规定性。所以马克思说："社会的活动和社会的享受决不仅仅存在于直接共同的活动和直接共同的享受这种形式中。"③

根本而言，人是社会的存在物。但是，人是特殊的社会存在物，实现了个体与总体的融通。马克思指出："人是一个特殊的个体，并且正是他的特殊性使他成为一个个体，成为一个现实的、单个的社会存在物，同样，他也是总体，观念的总体，被思考和被感知的社会的自为的主体存在，正如他在现实中既作为对社会存在的直观和现实享受而存在，又作为人的生命表现的总体而存在一样。"④ 正是在这个意义上，马克思强调指出："首先应当避免

---

① 《马克思恩格斯文集》第1卷，人民出版社，2009，第188页。
② 《马克思恩格斯全集》第42卷，人民出版社，1979，第37页。
③ 《马克思恩格斯文集》第1卷，人民出版社，2009，第187页。
④ 《马克思恩格斯全集》第3卷，人民出版社，2002，第302页。

重新把'社会'当作抽象的东西同个体对立起来。个体是社会存在物。"① 这为我们正确地理解人与社会的关系做了基本的规定。同时，人对自身的社会活动或者社会存在具有明确的意识。"不仅我的活动所需的材料——甚至思想家用来进行活动的语言——是作为社会的产品给予我的，而且我本身的存在是社会的活动；因此，我从自身所做出的东西，是我从自身为社会做出的，并且意识到我自己是社会存在物。"② 这种对自我的普遍意识，不管与现实生活是一致的还是敌对的，不管是对现实生活的生动再现还是纯粹抽象的还原，归根结底都只不过是自我作为社会存在物这一现实的理论形态而已。而且，如同哲学家费希特所指出的，"人注定是过社会生活的；他应该过社会生活；如果他与世隔绝，离群索居，他就不是一个完整的、完善的人"③。

但是，需要明确的是，人与社会是相互规定、相互生成的。就是说，作为社会存在物的人并不是单线地被社会所规定，人是社会的人，反过来，人也重构并建构着属于自己的社会，社会也是人的社会。"正像社会本身生产作为人的人一样，社会也是由人生产的。"④ 可见，这种由人自身建构起来的人的社会是不同于人类原初结合的共同体的。滕尼斯在《共同体与社会》一书中指出，与共同体相比，"社会应该被理解为一种机械的聚合和人工制品"。而且从时间上来说，"共同体是古老的，社会是新的"⑤。如果说滕尼斯看到的主要是共同体与社会的分殊与差异，那么费希特却看到了二者的统一性，他认为："一种合乎目的的共同体，这种共同体正是我称为社会的那个东西。"⑥ 更为重要的是，费希特把社会指认为"理性

---

① 《马克思恩格斯全集》第3卷，人民出版社，2002，第302页。
② 《马克思恩格斯全集》第3卷，人民出版社，2002，第301~302页。
③ 〔德〕费希特：《论学者的使命，人的使命》，梁志学、沈真译，商务印书馆，1984，第18页。
④ 《马克思恩格斯文集》第1卷，人民出版社，2009，第187页。
⑤ 〔德〕滕尼斯：《共同体与社会》，林荣远译，商务印书馆，1999，第54页。
⑥ 〔德〕费希特：《论学者的使命，人的使命》，梁志学、沈真译，商务印书馆，1984，第18页。

生物的相互关系"①。由此可见，无论是滕尼斯的"人工制品"，还是费希特的"相互关系"，二者与马克思一样，都承认社会是人生产、建构的，正如社会也塑造、规定着人一样。

综上所述，青年马克思对"斯芬克斯之谜"的哲学解答，彰显了"人"之存在的全面性、丰富性和深刻性，打开了人的多维哲学视域，展露出新的思想地平，为我们关于人的规定性的科学界定提供了参考。需要指出的是，关于人的四重规定并不是彼此孤立、老死不相往来的，而是内在地紧密地勾连在一起的。在青年马克思的视域中，人就是以社会为本体，通过自觉自由的对象性活动拥抱自然、实现自我的存在物。

最后有必要提及的一点是，马尔库塞也基于《手稿》较早地解读了青年马克思关于人的思想。总体而言，马尔库塞仍然停留在费尔巴哈式的人本主义的解读范式之中，认为马克思主义的这个革命理论的基础和前提就是以"感性"为本体的人，忽视了马克思正是由于对人的感性活动的重视而最终超出了费尔巴哈，并科学地回答了"人为何物"。因此，在《手稿》中，尽管马克思频繁使用了费尔巴哈的"感性""类"等诸多概念，但是，马克思并没有完全陷入费尔巴哈的窠臼，而是通过费尔巴哈最终超越了费尔巴哈，正如我们所知道的，在《关于费尔巴哈的提纲》中，马克思彻底清算了费尔巴哈的思想，"感性""类"等概念都被扬弃在"感性活动""人类社会"等概念之中。如果看不到这一点，势必一叶障目，从而无法真正理解马克思关于"人"之规定的革命性所在。

---

① 〔德〕费希特：《论学者的使命，人的使命》，梁志学、沈真译，商务印书馆，1984，第 15 页。

马克思哲学视域中的"社会"

——基于马克思主义经典的文本解读

任何概念都有其赖以生成的特定语境,并在这一特定语境下浮现出其特定含义。"社会"是贯穿于马克思的《1844年经济学哲学手稿》《德意志意识形态》《1857—1858年经济学手稿》等经典文本的核心范畴之一,从"本真社会"到"现实社会"再到"典型社会"的生成与嬗变历程表明了"社会"从"一般"到"特殊"再到"个别"的逻辑转变,这既是整个马克思哲学理论转向的一个缩影,又为我国当前的社会建设实践提供了重要方法论启示。

毋庸置疑,"社会"是马克思一生的思想领地和实践领域,也是贯穿马克思经典文本始终的一个核心范畴。任何概念都在特定语境下浮现出特定含义,"社会"概念在马克思经典著作中的论述、用法颇多,不同的语境赋予了"社会"不同的规定性。马克思本人未曾专门对"社会"概念进行系统而全面的定义,这既为我们深入阐释和研究提供了广阔的理论空间,也是尝试通过"社会"厘清、理解马克思整个思想进程的最大困难所在。为了攻克这一理论难关,本文特别选取了在马克思哲学思想发展中具有"制高点"的三部代表性论著[①]——《1844年经济学哲学手稿》《德意志意识形态》《1857—

[①] 参见叶汝贤、孙麾主编《马克思与我们同行》,中国社会科学出版社,2003,第138~141页。

1858年经济学手稿》——来考察其"社会"概念。细心研读这些文本,我们便可以获得"社会"概念生成与嬗变的基本倾向。总体上看,马克思是沿着这样一种思想脉络来展开论述的,即从对"本真社会"的总体规定,到对"现实社会"的考察,再到对"典型社会"即资产阶级社会的个案研究。

一 "本真社会"的总体规定:《1844年经济学哲学手稿》中的"社会"

在《1844年经济学哲学手稿》中,马克思明确指出"社会是人同自然界的完成了的本质的统一"①,这一命题是马克思对"社会"的本质及其本真意义的完整表达,是我们解析马克思"社会"概念的关键所在。在界说"社会"概念内涵及其本质的基础上,马克思明确阐发了"社会"的存在论意蕴。他指出:"只有在社会中,自然界对人来说才是人与人联系的纽带,才是他为别人的存在和别人为他的存在,只有在社会中,自然界才是人自己的人的存在的基础,才是人的现实的生活要素。只有在社会中,人的自然的存在对他来说才是自己的人的存在,并且自然界对他来说才成为人。"②这样的"社会"就"是自然界的真正复活,是人的实现了的自然主义和自然界的实现了的人道主义"③。可以说,马克思在此使自然、人和社会在本体论意义上实现了相互贯通。

需要指出的是,"社会是人与自然的完成了的本质的统一"这一命题虽是马克思对"社会"本质的规范性界定,但绝非是对"社会"的终极回答。追问社会,从根本上来说就是对人的再次发问,因为人永远都是一切社会的本质。从这个意义上说,"社会是人与自然的完成了的本质的统一"这一命题是对人这一永恒的"斯芬克斯

---

① 《马克思恩格斯文集》第1卷,人民出版社,2009,第187页。
② 《马克思恩格斯全集》第3卷,人民出版社,2002,第301页。
③ 《马克思恩格斯全集》第3卷,人民出版社,2002,第301页。

之谜"的解答,也是对"社会"的本质看法:"社会是人的社会,是人为的社会和为人的社会。"①

总体而言,在《1844年经济学哲学手稿》中,"社会"应该是包含人、自然和社会在内,并且实现了三者内在贯通与统一的广义概念。因此,"社会"的应然性规定已经将马克思对共产主义的本质涵盖并熔铸其中,也就是说,"社会"是一个比共产主义更为广阔的理论视域,它内在地包含共产主义的维度并明确地指向未来的共产主义社会。共产主义是马克思对人类历史之谜的觉解,是对深处异化境遇的人的前途和命运的深深思索,是扬弃异化,回归人的"社会"的现实出路。就此而论,"社会"与共产主义的价值指向是一致的,马克思对"社会"和"共产主义"的规范性诉求,正是基于异化状态而对未来社会的理想期盼。更确切地讲,共产主义涵盖于社会之中,是马克思"社会"概念应有维度的现实展开。

当然,《1844年经济学哲学手稿》中的"社会"概念具有理想性、规范性,但是现实性、具体性一直是马克思分析的参照系。因为若没有对现实的深入洞察,就不可能有对理想的期盼,更不可能有对现实的彻底批判。所以说,青年马克思的"两条理论逻辑线索"即"是"与"应该"是交错在一起的,尽管现实的历史线索开始时在不少分析中占了上风,但是没有在整体上改变"应该"的逻辑的主导话语。② 客观地讲,《1844年经济学哲学手稿》中"本真社会"的规定"正是批判根据本质来衡量个别的存在,根据观念来衡量特殊的现实"③,更多的是一种外在的伦理批判,这是青年马克思"批判资本主义社会的逻辑主线"④。但重要的是,这里的"社会"概念已经成为马克思审视人类社会的新坐标,它直接开启了《德意

---

① 欧阳康:《社会认识论》,云南人民出版社,2002,第244页。
② 张一兵:《论青年马克思对社会概念的初始规定》,《中州学刊》1998年第6期。
③ 《马克思恩格斯全集》第1卷,人民出版社,1995,第75页。
④ 孙伯鍨、张一兵主编《走进马克思》,江苏人民出版社,2001,第105页。

志意识形态》等的思想源流，它所引起的变更绝"不是简单的'场地'转换，而是对人类历史发展的真实图境的实证、逻辑解决"①。这一步是在《德意志意识形态》中完成的。

二 "现实社会"的具体考察：《德意志意识形态》中的"社会"

从《1844年经济学哲学手稿》到《德意志意识形态》的转变，不仅是前者的原则、理想在后者的落实、实现，更是马克思在前者中已经敞开但未做深入剖析的新领域的充分开显。如果说前者主要从人与自然的关系入手来规定社会，那么后者则在人与人的关系中展开了对社会的考察；前者是对人相对于自然而言的本质规定，后者是对人的活动形式的具体研究；如果说前者是对"社会"的理想性、规范性、抽象性描述，那么后者就是对"社会"的现实性、实证性、具体性的考察。正是因为现实的物质利益及其矛盾深深地触动了马克思的思想神经，才导致了这一重大的理论转向。如果说现有和应有、肉体原则和精神原则、事实和价值的冲突原来只是马克思的烦恼、困惑的话，那么，一旦涉足现实社会领域，前者就跃升为马克思的主导原则，他开始考察社会现实或现实社会的基础、前提和条件。

"现实的个人"构成了现实社会的逻辑起点。社会首先表现为活生生的、有生命的、有血有肉的每一个个人能动活动的结果。如马克思所说，"人们的社会历史始终只是他们的个体发展的历史，而不管他们是否意识到这一点"②。而且"社会结构和国家总是从一定的个人的生活过程中产生的"③。因此，"现实的个人"包含着理解社

---

① 孙强：《〈1844年经济学—哲学手稿〉与唯物史观的形成》，《复旦大学学报》（社会科学版）2000年第6期。
② 《马克思恩格斯选集》第4卷，人民出版社，1995，第532页。
③ 《马克思恩格斯选集》第1卷，人民出版社，2012，第151页。

会历史的基本矛盾的一切要素，它"不仅是一切历史活动的前提，也是科学历史观的逻辑起点"①。从一定意义上讲，"现实的个人"的确立，刷新了人的自我认识的历史记录，廓清了"人之谜"的思想史前提，构成了唯物史观与一切旧哲学的理论分野。德国著名文化哲学家卡西尔曾指出："认识自我乃是哲学探究的最高目标——这看来是众所公认的。在各种不同哲学流派之间的一切争论中，这个目标始终未被改变和动摇过：它已被证明是阿基米德点，是一切思潮的牢固而不可动摇的中心。即使连最极端的怀疑论思想家也从不否认认识自我的可能性和必要性。"② 这段经典的总结暗示了，有关人的自我认识的阿基米德点的争论在哲学史上从未停止过，而"现实的个人"正是马克思在与他人的思想交锋中对这一永恒话题的进一步探索，赋予了"人"以全新的历史内涵。在马克思看来，"现实的个人"既不是费尔巴哈式的"单个的人""抽象的人"，也并非瓦格纳的"一般的人"，而一定是受社会条件制约的"社会的个人"，是社会历史中的一种生成性存在。在《德意志意识形态》中，马克思关于"现实的个人"的论述也实现了人学思想史上的一次革命性变革，即从实体性思维方式向关系性、过程性思维方式的转变。正如马克思所言，"个人怎样表现自己的生命，他们自己就是怎样。因此，他们是什么样的，这同他们的生产是一致的——既和他们生产什么一致，又和他们怎样生产一致。因而，个人是什么样的，这取决于他们进行生产的物质条件"③。这些物质条件既包括人的自然必然性限制，如"人来源于动物界这一事实已经决定人永远不能完全摆脱兽性"④，就是说人首先要吃、喝、生殖等；也包括人的历史性产物的制约，比如自然科学，无论从它的"考定范围，还是从它的方法论，甚至从它的往往称之为物质的事物的内容而言，它都是

---

① 侯惠勤主编《正确世界观人生观的磨砺：马克思主义著作精要研究》，南京大学出版社，1996，第169页。
② 〔德〕卡西尔：《人论》，甘阳译，西苑出版社，2003，第3页。
③ 《马克思恩格斯选集》第1卷，人民出版社，2012，第147页。
④ 《马克思恩格斯全集》第20卷，人民出版社，1971，第110页。

由社会所规定的"①。

　　如果说现实的个人是现实社会的逻辑起点，那么制约着人却不受个人任意支配的物质资料的生产就构成了现实社会的历史起点。马克思指出："我们首先应当确定一切人类生存的第一个前提，也就是一切历史的第一个前提，这个前提是：人们为了能够'创造历史'，必须能够生活。但是为了生活，首先就需要吃喝住穿以及其他一些东西。"② 简言之，人类社会的现实基础就是人类为了生活、为了不致灭亡而必须每时每日进行的物质资料的生产活动。马克思强调："任何历史观的第一件事情就是必须注意上述基本事实的全部意义和全部范围，并给予应有的重视。"③ 同时"任何历史记载都应当从这些自然基础以及它们在历史进程中由于人们的活动而发生的变更出发"④。马克思指认了这个基本事实并肯定了生产这一历史起点。他说："人和动物一样，他们首先是要吃、喝等等，也就是说，并不'处在'某种关系中，而是积极地活动，通过活动来取得一定的外界物，从而满足自己的需要，因而他们是从生产开始的。"⑤ 况且，"这些个人的一定社会性质的生产，当然是出发点"⑥。归根结底，"一切生产都是个人在一定社会形式中并借这种社会形式而进行的对自然的占有"⑦。

三　"典型社会"的个案研究：《1857—1858年经济学手稿》中的"社会"

　　人"在社会之外"才是人⑧，这一命题集中表达了"社会"特

---

① 〔德〕施米特：《马克思的自然概念》，欧力同、吴仲昉译，商务印书馆，1988，第22页。
② 《马克思恩格斯选集》第1卷，人民出版社，2012，第158页。
③ 《马克思恩格斯选集》第1卷，人民出版社，2012，第159页。
④ 《马克思恩格斯选集》第1卷，人民出版社，2012，第146~147页。
⑤ 《马克思恩格斯全集》第19卷，人民出版社，1963，第405页。
⑥ 《马克思恩格斯全集》第30卷，人民出版社，1995，第22页。
⑦ 《马克思恩格斯全集》第30卷，人民出版社，1995，第28页。
⑧ 《马克思恩格斯全集》第30卷，人民出版社，1995，第221页。

定的历史规定性，深刻地揭示了现代资产阶级社会中人的存在境遇。马克思是如何开掘出社会的独特界说进而从根本上科学地阐明社会的历史底蕴呢？

一般而言，社会是人的社会，人是社会的人，这是马克思把握人与社会内在关系的基本原则。在《手稿》中，马克思强调："应当避免重新把'社会'当作抽象的东西同人对立起来，人是社会存在物。"《提纲》中又明确道："新唯物主义的立脚点则是人类社会或社会化的人类。"《形态》中，马克思和恩格斯再次指出："任何人类历史的第一个前提无疑是有生命的个人的存在。"可见，人与社会的关系贯穿于马克思的整个思想历程之中，人与社会内在统一、不可分割，离开社会的人是"孤家寡人"，如同无根的浮萍；离开人的社会只能是"想象的共同体"，是一种虚假的存在，宛如"海市蜃楼"。

问题是，马克思为什么说人"在社会之外"才是人呢？理据何在？要理解这一命题的真正含义，必须回到马克思所处的具体的历史时代和特定的历史语境中，才能获得科学的解答。

众所周知，"人是一切社会关系的总和"这一命题，一直被奉为马克思对人的本质的深刻洞见，它开启了从"社会"这一独特视角来破解"人之谜"的新路向。马克思指出："不管个人在主观上怎样超脱各种关系，他在社会意义上总是这些关系的产物。"① 而且资本主义社会中的人只是这种特定社会关系的"人格化"，"资本家和雇佣工人，本身不过是资本和雇佣劳动的体现者，人格化，是由社会生产过程加在个人身上的一定的社会性质，是这些一定的社会生产关系的产物"②。因而，马克思进一步指出："这里涉及的人，只是经济范畴的人格化，是一定的阶级关系和利益的承担者。"③ 事实上，在现代资产阶级社会，人已经不再是一切社会关系的总和，而

---

① 《马克思恩格斯全集》第 23 卷，人民出版社，1972，第 12 页。
② 《马克思恩格斯全集》第 25 卷，人民出版社，1974，第 995 页。
③ 《马克思恩格斯全集》第 23 卷，人民出版社，1972，第 12 页。

只是被固定在特定的社会关系中的小角色，是特定利益的承担者、特定关系的人格化。人的地位如此卑微以至于人完全被封闭、淹没在"人格化"的社会关系中，这并不是马克思所期望的。

在马克思看来，真正属人的社会在规定、约束人的同时，人也不会被完全封闭在社会之中，不会被固定在预成的特定社会关系之中，而是能够打破外在束缚、自由地重构人的社会。一方面，"社会关系实际上决定着一个人能够发展到什么程度"①。人的社会角色、身份规定、地位差别，只有在特定的社会亦即特定的社会关系中才存在，马克思指出："黑人就是黑人。只有在一定的关系下，他才成为奴隶。纺纱机是纺棉花的机器。只有在一定的关系下，它才成为资本。"② 但这绝不是要表明，"人只能隶属于某一特定的社会及其社会关系，绝非说人一旦脱离了这种特定的社会及其相互关系就成了抽象的自然的人，成了'非人'"③。另一方面，马克思强调："人不是在某一种规定性上再生产自己，而是生产出他的全面性；不是力求停留在某种已经变成的东西上，而是处在变易的绝对运动之中。"④ 因此，人的理想状态应该是全面的、动态的。马克思指出："在共产主义社会里，任何人都没有特殊的活动范围，而是都可以在任何部门内发展，社会调节着整个生产，因而使我有可能随自己的兴趣今天干这事，明天干那事，上午打猎，下午捕鱼，傍晚从事畜牧，晚饭后从事批判，这样就不会使我老是一个猎人、渔夫、牧人或批判者。"⑤ 至此，人不再囿于特定的规定性或特定的社会关系，而成为实现了人的"类本性"的全面发展的人。

因此，马克思是在特定的语境中，有针对性地提出并阐明人"在社会之外"才是人这一命题的。这一命题所针对的"这个社会

---

① 《马克思恩格斯全集》第3卷，人民出版社，1970，第295页。
② 《马克思恩格斯选集》第1卷，人民出版社，1995，第344页。
③ 张曙光：《谈马克思对人与社会三重关系的界说》，《社会科学辑刊》1996年第3期。
④ 《马克思恩格斯全集》第30卷，人民出版社，1995，第480页。
⑤ 《马克思恩格斯选集》第1卷，人民出版社，2012，第165页。

不是社会一般，而是充分发展的资产阶级社会"①，也就是说，这里的"社会"是一种特定的社会状态，是"社会个别"。总之，马克思正是基于以市场经济和现代化大生产为基础的现代资产阶级社会这一历史语境断言人"在社会之外"才是人。

这一论断的真正意谓是什么呢？马克思并没有笼统地回答，而是区分了一定的社会关系和一般的社会关系。"人"是一般社会关系的承载者，而"奴隶""公民"是特定的社会关系的承载者。人是一切社会关系的"总和"，表明人不能在任何社会、任何社会关系之外存在，但这并不意味着人必须是社会关系的"人格化"。因此，"直接而言，这个命题是对资本主义社会的异化现象的批判，间接而言，它说明进入特定社会关系并具有特定'社会存在'的人，应当也能够再从这种特定的社会形式中超越出来"②。换句话说，"入乎其中，出乎其外"且"随心所欲不逾矩"的人才是人的本真存在。诚然，在这个特定的社会中，人只有通过扮演特定的角色，承担特定的义务才能实现特定的利益和价值，但最后若变异为特定的社会关系的"人格化"，违背了人的本性，则必然为人所贬斥。因此，人"在社会之外"才是人，这一命题既是对异化社会的讨伐书，也是对未来社会的憧憬图，这也许就是马克思的深长意味吧。

四 结语

综上所述，马克思哲学视域中的"社会"作为一种生成性的存在，没有固定不变的质态，而是在不断嬗变中获得其独特的规定性。实际上，透过马克思的"社会"概念，我们便可窥得马克思的思想流变历程及其演化路向，即从理想性、规范性、一般性走向现实性、历史性、具体性。具体而言，《1844年经济学哲学手稿》中的"本

---

① 《马克思恩格斯全集》第49卷，人民出版社，1982，第419~420页。
② 张曙光：《谈马克思对人与社会三重关系的界说》，《社会科学辑刊》1996年第3期。

真社会"是一种理想性设定和总体性规定，侧重对"社会一般"的一般性、抽象性、逻辑性考察。《德意志意识形态》中的"现实社会"是一种实证性的考察，侧重对"社会具体"的经验性考察。在《1857—1858年经济学手稿》中，马克思对资产阶级社会这个处于一定历史发展阶段、具有独特性的"典范社会"的个案考察，也是对"社会个别"的一种实证的经济学考察。在一定意义上，马克思正是透过资本主义这个具有典范意义的"窗户"来透视并反观整个人类"社会"的。

总之，从"本真社会"到"现实社会"再到"典型社会"的生成与嬗变历程表明，马克思哲学视域中的"社会"经历了从"一般"到"特殊"再到"个别"的逻辑转变，这既是马克思哲学理论转向的一个缩影，又为当前我国的社会主义建设提供了重要的方法论启示。"社会"的生成性、多维性表明了社会建设的长期性、复杂性。社会建设不是一劳永逸的，也绝不能一蹴而就；社会建设不是静止的、不变的、固定的既成状态，而是一个不断完善、永恒发展变化的动态过程。

"现实的人"与人的现实生存境遇

——从分工与"现实的人不是人"谈起

在马克思那里，分工是透视"现实的人及其历史发展"的重要视角和方法。"现实的人不是人"这一命题深刻地揭示了资本主义分工条件下人的现实生存境遇：无论是人的愚钝、无知，还是人的物化、手段化，都与这种分工存在直接的关联。分工使"现实的人"变成了"片面的人""畸形的人"，使人不成其为人。"现实的人不是人"不仅体现为人身体的片面化、畸形化发展，而且与人精神方面的片面化、畸形化发展密切相关，如人的商品化、人的价值和意义的金钱化、人的尊严的丧失。

在马克思那里，分工作为人类社会的普遍现象不仅是一种理论研究对象，还是透视历史唯物主义的重要视角，是一种具有深厚人学意蕴和人文关怀的研究方法，从"分工的观点"看"人"的发展，内在地包含着对"现实的人及其历史发展"的问题，也即现实的人与人的现实生存境遇问题的深刻回答和深层观照[①]。

一

在考察社会分工形态史的过程中，马克思详细考察并研究了资

[①] 参见王虎学《马克思分工思想的人学意蕴》，《哲学动态》2011年第4期。

本主义分工的性质、特点及其内在矛盾，进而为真实地再现并严正地批判资本主义条件下人的现实生存境遇提供了坚实的方法论基础。在马克思看来，资本主义所特有的工场手工业分工作为一种新型的生产力，是促进社会生产的有力手段，但同时这种分工的发展也从生命的根源上冲击和侵袭着工人，"如果说工人的天赋特性是分工赖以生长的基础，那末工场手工业一经采用，就会使生来只适宜于从事片面的特殊职能的劳动力得到发展"①。最终，工人必将陷入片面化、畸形化发展的境地。"如果我们进行更仔细的考察，那末首先就可以清楚地看到，终生从事同一种简单操作的工人，把自己的整个身体变成这种操作的自动的片面的器官"，而且，"每一个工人都只适合于从事一种局部职能，他的劳动力变成了终身从事这种局部职能的器官"。② 这时候，正如马克思所说："梅涅尼·阿格利巴把人说成只是人身体的一个片断这种荒谬的寓言就实现了。"③

事实上，马克思所面对的正是这样一种"社会实情"，分工的两重性导致人的生存方式和人与人之间的生活处境发生了重大变革，即社会财富越是增加劳动者越是贫困，科学技术越是进步劳动者越是愚昧，文化事业越是繁荣劳动者越变得畸形。这一现象也引起了许多同时代人的关注，在马克思的引述中，我们可以看到，亚当·斯密的老师弗格森就曾大声疾呼："我们成了奴隶民族，我们中间没有自由人。"④ 诚然，分工的细化可以使产品制造得更快，价格也更便宜，但是，在现实的生产活动中，"工人之间的分工也愈来愈细了，结果，从前完成整件工作的工人，现在却只做这件工作的一部分了"⑤。实际上，分工不仅会侵入经济领域，还会侵入其他一切领域，并且到处为专业化、专门化的发展和人的分割打下基础。正如马克思和恩格斯所说："哲学家们在不再屈从于分工的个人身上看到

---

① 《马克思恩格斯全集》第23卷，人民出版社，1972，第387页。
② 《马克思恩格斯全集》第23卷，人民出版社，1972，第376页。
③ 《马克思恩格斯全集》第23卷，人民出版社，1972，第399页。
④ 《马克思恩格斯全集》第23卷，人民出版社，1972，第392页。
⑤ 《马克思恩格斯全集》第4卷，人民出版社，1958，第358页。

了他们名之为'人'的那种理想。"① 由此看来,"哲学家们关于现实的人不是人这一荒谬的判断,只是实际上存在于人们的关系和要求之间的普遍矛盾在抽象范围之内的最普遍最广泛的表达"②。在这里,"现实的人不是人"这一判断虽然看似荒谬(众所周知,马克思考察现实社会的逻辑起点和历史唯物主义的出发点正是"现实的人"③,即从事实际的物质生产劳动、有血有肉、活生生的有生命的个人,因此只有"现实的人"而非"抽象的人"才是真正的"人"),却生动地表达了分工条件下人的现实生存境遇,揭示了资本主义条件下"现实的人"非人般的历史命运,这大概就是"现实的人不是人"这一命题的深意所在吧!

二

分工使人变得愚钝、无知。马克思指出:"劳动生产了智慧,但是给工人生产了愚钝和痴呆。"④ 分工生产了特长,也生产了职业痴呆,因为"心灵不可能通过同一块肌肉的无休止的劳动来获得知识和思考能力"⑤。分工使工作越来越细化、机械化,也使工人变得越来越愚笨,因为工人的每一项活动都不再以个人活生生的方式进行,而只能根据普遍规则越来越纯粹机械化地进行。如同斯密所描述的那样,大多数人的智力都是在他们的日常活动中发展起来的,但是,"终生从事少数简单操作的人……没有机会运用自己的智力……他的迟钝和无知就达到无以复加的地步"⑥。斯密紧接着分析道:"他的呆板的、单调的生活自然损害了他的进取精神……它甚至破坏了他

---

① 《马克思恩格斯选集》第1卷,人民出版社,1995,第130页。
② 《马克思恩格斯全集》第3卷,人民出版社,1960,第505页。
③ 参见王虎学《论"现实社会"的逻辑起点与历史起点》,《社会主义研究》2009年第3期。
④ 《马克思恩格斯全集》第42卷,人民出版社,1979,第93页。
⑤ 《马克思恩格斯全集》第2卷,人民出版社,1957,第464页。
⑥ 《马克思恩格斯全集》第23卷,人民出版社,1972,第401页。

的身体的活力，使他除了从事他所会的那种局部工作以外，不能精力充沛地持久地使用自己的力量。因此，他在自己的专门职业中的技能是靠牺牲他的智力的、社会的和军事的德性而取得的。"① 如果说日益发展的分工决定了工人必然走向愚钝和无知的处境，那么，资本家同样难逃"牺牲"智力、被利益"阉割"的窘境。1861年，马克思在《伦敦"泰晤士报"和帕麦斯顿勋爵》一文中分析指出："日益发展的分工，在一定程度上阉割了资产者的一般智力，使他们的全部精力和智力局限在商业利益、工业利益和行业利益的狭小圈子里。"②

分工使人日益物化、手段化。根据马克思的分析，人蜕变为物，人为物役的现象并非自然的产物，而是历史地形成的。"在奴隶制关系下，劳动者属于个别的特殊的所有者，是这种所有者的工作机"；"在农奴依附关系下，劳动者表现为土地财产本身的要素，完全和役畜一样是土地的附属品"。③ 如果说一种强制性劳动必然会导致人的动物化，那么，正如恩格斯总结的那样，"分工更把强制劳动所具有的使人动物化的这种作用增强了好多倍"④。于是，在雇佣劳动关系中，"资产者把无产者不是看作人，而是看作创造财富的力量"⑤，看作一部进行局部劳动的"活的自动机"⑥。可以说，在资本主义分工条件下，人的物化程度达到了极点，人不再是人，也不再是目的本身，而仅仅成为一种手段和工具。也许，对于身处技术全面推进的"技术化时代"的人来讲，人的工具化、技术化生存方式司空见惯，每个人越来越获得了一种"技术性生存"，也越来越愿意成为一个"技艺者"。正如阿伦特所说："人就其是一个技艺者而言已经被工具化了，这一工具化意味着所有事物都堕落成为手段，意味着这些事

---

① 《马克思恩格斯全集》第23卷，人民出版社，1972，第401页。
② 《马克思恩格斯全集》第15卷，人民出版社，1963，第336页。
③ 《马克思恩格斯全集》第46卷（上），人民出版社，1979，第463页。
④ 《马克思恩格斯全集》第2卷，人民出版社，1957，第404页。
⑤ 《马克思恩格斯全集》第42卷，人民出版社，1979，第262页。
⑥ 《马克思恩格斯全集》第47卷，人民出版社，1979，第320页。

物丧失了其内在的和独立的价值，以至于最终不仅制作的对象，而且'整个地球和自然的所有力量'（它们都明显地不依赖于人类的帮助而得以形成，其存在不受人类世界的约束）都丧失了其'价值'。"①

实际上，无论是人的愚钝、无知，抑或职业痴呆的产生，还是人的动物化、手段化，都是人类发展不充分或人的片面发展的生动体现，而这与分工之间又存在直接的关联。当然，这里的分工主要是就分工的固定性、强制性来说的。当一个社会中存在强制性分工、私有制，以及社会出现阶级分层因而特殊利益和共同利益之间出现分裂（这些都是人类活动的必然的历史性结果）的时候，任何人都有自己特殊的、固定的活动范围，而且这个范围是强加于他的。在这种情况下，作为人类劳动运作方式的分工，对个人来说却成了一种异己的、同他对立的力量，而且成了致使人走向片面发展的"罪魁祸首"。这时候，"就个人自身来考察个人，个人就是受分工支配的，分工使他变成片面的人，使他畸形发展，使他受到限制"②。可见，正是分工使"现实的人"的发展越来越片面化、畸形化，在分工条件下，"现实的人不是人"。

分工使人变成了"片面的人"，"现实的人"的发展越来越片面化。随着分工的日益发展，劳动者越来越完全依附于一种极其片面、机械的劳动，他们每一个人都在不断重复一种单一、固定的操作。一开始，"工人适应于一定的操作，隶属于这一操作。从此以后，他就属于这种操作，这种操作成为他的归结为一种抽象的劳动能力的特殊职能"③。而这种"特殊职能"如同工人头顶的"魔咒"一般，他们一刻也摆脱不掉。在分工的情况下，工人只是附属物。这也许就是分工条件下工人不可抗拒的命运。诚然，他们的生产工具是他们的财产，但问题是"他们本身始终屈从于分工和自己的生产工具"，

---

① 〔美〕汉娜·阿伦特：《人的条件》，竺乾威等译，上海人民出版社，1999，第152页。
② 《马克思恩格斯全集》第3卷，人民出版社，1960，第514页。
③ 《马克思恩格斯全集》第47卷，人民出版社，1979，第342页。

而且，这种生产工具有时对他们来说是"某种唯一的生产工具"。①同样，随着劳动过程的细分，"工人被分配到各个不同的过程中去，其中每一个过程，只要工人作为生产的劳动能力发挥作用，就会成为他们唯一的生活过程"②。而且，"由于劳动被分割，人也被分割了。为了训练某种单一的活动，其他一切肉体的和精神的能力都成了牺牲品"③。捷克著名经济学家锡克分析指出："在这种条件下，很难设想大多数劳动者会掌握第二种技能，从而能够从事其他工作或交替地从事不同的工作。"④ 事实上，在这种条件下，大多数劳动者都丧失了学习和掌握其职业之外的任何其他知识或第二种技能的机会，因而，他们也就同时失去了进行全面的劳动变换从而实现全面发展的可能性与现实性。在分工的条件下，"他们每一个人都只隶属于某一个生产部门，受它束缚，听它剥削，在这里，每一个人都只能发展自己才能的一方面而偏废了其他各方面，只熟悉整个生产的某一个部门或者某一个部门的一部分"⑤。很显然，这里的每一个人都变成了屈从于分工的"片面的人"。与此同时，"出现了分工，因而，必然产生出更为片面的劳动能力，……并且它随着分工的发展而变得越是片面，它就发展得越迅速"⑥。实际上，劳动能力的片面化是人的片面化发展的显著标志。在资本主义分工条件下，由于单个工人的劳动能力转化成工厂总机构中的某种单一职能，因此工人只能是某种片面操作的生产者，也就是说，分工使工人的劳动能力变成了只操纵局部工具、进行片面操作的特定技能。由此导致了两方面的问题。一方面，分工使工人的劳动能力变得越来越片面、越来越简单以至于无。"分工的进一步发展使工人的手艺化为乌有，

---

① 《马克思恩格斯选集》第1卷，人民出版社，1995，第129页。
② 《马克思恩格斯全集》第47卷，人民出版社，1979，第317页。
③ 《马克思恩格斯选集》第3卷，人民出版社，1995，第642页。
④ 〔捷克〕奥塔·锡克：《社会主义的计划和市场》，王锡君等译，中国社会科学出版社，1982，第146页。
⑤ 《马克思恩格斯选集》第1卷，人民出版社，1995，第242页。
⑥ 《马克思恩格斯全集》第48卷，人民出版社，1985，第431页。

从前需要用手艺的地方，现在任何人都能做得到，从而工人之间的竞争也就加剧了。"① 事实上，"分工不仅导致人的竞争，而且导致机器的竞争。因为工人被贬低为机器，所以机器就能作为竞争者与他相对抗"②。另一方面，分工使工人越来越有依赖性，特别是"随着机器生产的发展，劳动条件在工艺方面也表现为统治劳动的力量，同时又代替劳动，压迫劳动，使独立形式的劳动成为多余的东西"③。随着工人独立的劳动能力的破坏，工人片面的劳动能力越来越依附于资本主义工厂这个总机构，随之，"工人本身变成了这个机构的一个简单的零件"④。工人寸步不离地依赖于这个总机构，一旦离开它，工人便什么也不是。可见，分工使工人越来越片面化且越来越有依赖性，在分工条件下，工人不是"单向度的人"，就是"没有自由、缺乏镇定、没有独立的人"⑤。

分工使人变成了"畸形的人"，"现实的人"的发展越来越畸形化。早在《1844 年经济学哲学手稿》中，马克思就曾指出"劳动生产了美，但是使工人变成畸形"⑥；在詹姆斯·穆勒的《政治经济学原理》一书的摘要中，马克思进一步指出："同人的活动的产品的相互交换表现为物物交换，表现为做买卖一样，活动本身的相互补充和相互交换表现为分工，这种分工使人成为高度抽象的存在物，成为旋床等等，直至变成精神上和肉体上畸形的人。"⑦ 而且，这种"分工使一切受它影响的人变成残废，使一部分肌肉发达而其他部分萎缩，而且在每一个劳动部门中这种情况都有不同的表现，每一种劳动都按照自己的方式使人变成残废"⑧。无疑，分工就是人的畸形发展的根本原因。"人的这种畸形发展和分工齐头并进，分工在工场

---

① 《马克思恩格斯全集》第 4 卷，人民出版社，1958，第 452 页。
② 《马克思恩格斯文集》第 1 卷，人民出版社，2009，第 121 页。
③ 《马克思恩格斯全集》第 48 卷，人民出版社，1985，第 38 页。
④ 《马克思恩格斯全集》第 47 卷，人民出版社，1979，第 320 页。
⑤ 转引自〔美〕弗洛姆《健全的社会》，孙恺祥译，贵州人民出版社，1994，第 187 页。
⑥ 《马克思恩格斯选集》第 1 卷，人民出版社，2012，第 53 页。
⑦ 《马克思恩格斯全集》第 42 卷，人民出版社，1979，第 29 页。
⑧ 《马克思恩格斯全集》第 22 卷，人民出版社，1965，第 446 页。

手工业中达到了最高的发展。工场手工业把一种手艺分成各种局部操作，把每种操作分给个别工人，作为终生的职业，从而使他一生束缚于一定的局部职能和一定的工具之上。"① 因此，更准确地讲，资本主义所特有的工场手工业分工是人的畸形发展的原因，正如马克思所说，"工场手工业把工人变成畸形物，它压抑工人的多种多样的生产志趣和生产才能，人为地培植工人片面的技巧，这正象在拉普拉塔各州人们为了得到牲畜的皮或油而屠宰整只牲畜一样。不仅各种局部劳动分配给不同的个体，而且个体本身也被分割开来，成为某种局部劳动的自动的工具"②。恩格斯进一步指出："这种自动工具在许多情况下只有通过工人的肉体的和精神的真正的畸形发展才达到完善的程度。"③ 1895 年，应卡·希尔施的请求给他的几篇文章提意见时，恩格斯重申："大工业在很大程度上消除着工场手工业工人的畸形，但是由此产生了它本身特有的畸形；劳动强化的结果，后一种畸形会越来越厉害。就我所了解的大工业的情况而论，我觉得此处把这一点强调得超出了实际情况。因为分工现在是，将来也仍然是造成工人畸形的根本原因。"④

三

如上所述，"现实的人不是人"这一命题深刻地揭示出分工条件下人的真实生存境况：分工使"现实的人"变成了"片面的人""畸形的人"，使人不成其为人。实际上，"现实的人不是人"不仅是指人身体的片面化、畸形化发展，而且与人精神方面的片面化、畸形化发展密切相关，如人的商品化、人的价值和意义的金钱化、人的尊严的丧失。

---

① 《马克思恩格斯选集》第 3 卷，人民出版社，1995，第 642 页。
② 《马克思恩格斯全集》第 23 卷，人民出版社，1972，第 399 页。
③ 《马克思恩格斯全集》第 20 卷，人民出版社，1971，第 316 页。
④ 《马克思恩格斯全集》第 39 卷（上），人民出版社，1974，第 421 页。

我们先从人的商品化这一现象说起。马克思曾指出："在古亚细亚的、古希腊罗马的等等生产方式下，产品变为商品、从而人作为商品生产者而存在的现象，处于从属地位"，与之相适应，"真正的商业民族只存在于古代世界的空隙中，就象伊壁鸠鲁的神只存在于世界的空隙中，或者犹太人只存在于波兰社会的缝隙中一样"。① 日本学者柄古行人曾转引马克思的这一论述并强调，在古代世界中，商人资本只能存在于互相远离的、互不相同的系统"中间"②。后来，随着分工的细化，当这些古老的生产方式日渐没落、这些古代共同体逐渐解体之后，上述现象才显得越来越重要。直到资本主义社会，人作为商品生产者，且把他们的产品当作商品时，被当作特定价值来对待的现象才开始处于主导地位。恩格斯进一步指出，在资本主义社会，"人也可以成为商品；如果把人变为奴隶，人力也是可以交换和消费的。人们刚刚开始交换，他们本身也就被交换起来了。主动态变成了被动态，不管人们愿意不愿意"③。毋庸讳言，人的商品化是资本主义社会的一个显著特征，甚至可以说，资本主义的整个生产体系都是建立在工人把自己的劳动力当作商品出卖这一基础之上的。需要注意的是，和其他一般商品不同，劳动力商品的特殊性就在于"劳动力的价值规定包含着一个历史的和道德的因素"④。诚然，以物的依赖性为基础、以人的独立性为特征的资本主义社会，在根本上实现了从人的依赖性向人的独立性的历史性跨越，但在这里，人的独立性又是以对"物"的依赖性为基础的，所以说，"如果人的独立性成了一种片面的固定性，人只有物化为商品才能互相交往，那么，人就不可能真正实现自己自觉自由的本性，就不会

---

① 《马克思恩格斯全集》第 23 卷，人民出版社，1972，第 96 页。
② 在这里，译者指出，柄古行人的引证并非是在马克思的原意上进行的，似乎仅仅抓住了马克思所说的"缝隙"这个词，所以这个引文值得推敲。参见〔日〕柄古行人《马克思，其可能性的中心》，〔日〕中田友美译，中央编译出版社，2006，第 48 页。
③ 《马克思恩格斯选集》第 4 卷，人民出版社，1995，第 176 页。
④ 《马克思恩格斯全集》第 23 卷，人民出版社，1972，第 194 页。

结束人与人相异化的关系"①。

如果说商品必然涉及价值的话，那么，人的商品化就与人的价值的数量化、金钱化直接相通。柄谷行人指出："商品的'价值'不是内在的，而不过作为和其它商品之间的价值关系上才存在。只是它一旦披上货币形态，就由数量来表示。……也就是说，本来作为关系的系统上的差异，由于货币，则仅仅作为'量'的差异而被表现出来。"②诚然，分工本无贵贱之分，人的价值也非金钱可以衡量，但是，当人成为可以用来交换的商品时，人也如同其他商品一样被贴上了价格即数量化的价值的标签。实际上，在这一过程中，人的价值必然会以货币的形式表现出来，这时候，人的价值就变成由金钱决定的价值了。恩格斯深刻地揭示了资本主义社会中这一颠倒的事实："金钱决定人的价值：这个人值一万英镑，就是说，他拥有这样一笔钱。谁有钱，谁就'值得尊敬'，就属于'上等人'，就'有势力'，而且在他那个圈子里在各方面都是领头的。"③随着人的价值的金钱化，人的生活意义世界也只能用钱袋来衡量了，马克思曾就此批评道："有教养的资产者及其代言人非常愚蠢，竟用对钱袋的影响来衡量每一种活动的意义。"④

在分工条件下，"现实的人不是人"也表现为人的尊严的丧失。马克思将无产阶级的革命道德与基督教的社会道德进行比较的时候曾十分肯定地指出，人之为人有其应做之事，而人的尊严比面包更重要，是人之为人不可或缺的组成部分。"基督教的社会原则颂扬怯懦、自卑、自甘屈辱、顺从驯服，总之，颂扬愚民的各种特点，但对不希望把自己当愚民看待的无产阶级说来，勇敢、自尊、自豪感和独立感比面包还要重要。"⑤那么，何谓尊严？早在《青年在选择

---

① 张曙光：《人的世界与世界的人》，河南人民出版社，1994，第295页。
② 〔日〕柄谷行人：《马克思，其可能性的中心》，〔日〕中田友美译，中央编译出版社，2006，第47页。
③ 《马克思恩格斯全集》第2卷，人民出版社，1957，第566页。
④ 《马克思恩格斯全集》第26卷（I），人民出版社，1972，第300页。
⑤ 《马克思恩格斯全集》第4卷，人民出版社，1958，第218页。

职业时的考虑》一文中，马克思就指出："尊严就是最能使人高尚起来、使他的活动和他的一切努力具有崇高品质的东西，就是使他无可非议、受到众人钦佩并高出于众人之上的东西。"① 实际上，人的尊严取决于人从事什么样的职业以及以怎样的方式去从事自己的职业。根据马克思的分析，在分工条件下，"能给人以尊严的只有这样的职业，在从事这种职业时我们不是作为奴隶般的工具，而是在自己的领域内独立地进行创造"②。与之形成鲜明对照的是"现实的人不是人"的现象，在这种情况下就更不用谈人的尊严问题了。马克思指出，总体上来看，封建专制制度的原则是"轻视人，蔑视人，使人不成其为人"③。处于这种制度中的农民，时时"都被当作一件东西看待，被当作牛马，甚至比牛马还不如"④。到了资本主义社会，随着分工的发展，人的非人化现象有过之而无不及，尽管表面上看，"每一个人都是人，而在资产者的眼光中，工人却不完全是人"⑤。因此，对于工人而言，他们奴隶般地从属于分工，人所应有的尊严感消失殆尽，更谈不上在自己的领域进行独立创造和自由活动了。

因此，人的尊严之所以丧失，分工难辞其咎。马克思指出："分工使工人去从事屈辱身分的职能；被损害的灵魂与这种屈辱身分的职能相适应，而工资的不断急降又与灵魂的被损害相适应。"⑥ 实际上，在资本主义条件下，分工从根本上剥夺了工人的物质和精神发展所必需的时间与空间，他们长期处于整个生活毫无内容、"没有其他一切生活享受，完全没有希望达到更高的社会地位和保持某种体面"⑦ 的生活状态之中。正是因为马克思深谙资本主义分工条件下

---

① 《马克思恩格斯全集》第40卷，人民出版社，1982，第6页。
② 《马克思恩格斯全集》第40卷，人民出版社，1982，第6页。
③ 《马克思恩格斯全集》第1卷，人民出版社，1956，第411页。
④ 《马克思恩格斯全集》第7卷，人民出版社，1959，第397页。
⑤ 《马克思恩格斯全集》第2卷，人民出版社，1957，第411页。
⑥ 《马克思恩格斯选集》第1卷，人民出版社，1995，第160页。
⑦ 《马克思恩格斯全集》第47卷，人民出版社，1979，第345页。

人的生活状态和人的尊严丧失的残酷现实，因此，西方学者卡门卡（Kamenka）指出，当马克思设想共产主义社会时，他"并不是注重把共产主义描绘成一个富足的社会，他主要是把它描述为人的尊严的社会，在这个社会中，劳动者能得到尊严"①。也就是说，当未来的共产主义社会到来时，人将重新获得他曾失去并所应有的人的尊严。

---

① Eugene Kamenka, *The Ethical Foundation of Marxism*. Boston: Routledge & Kegan Paul, 1972, pp. 156 – 157.

"人的全面发展"及其现实条件

人的全面发展不是自然的产物，而是历史的产物，是在一定现实条件下实现的。根据马克思的辩证分析，大工业的发展为人的全面发展提供了条件；教育是自觉造就全面发展的人的重要途径；资本在实现自身发展的过程中将会不自觉地为人的全面发展创造条件；财富是人的本质力量的全面展现和人的全面发展的构成要素；作为财富尺度和人的生命尺度的时间也构成了人的全面发展的现实条件。

人的全面发展是马克思主义的永恒主题和最高理想目标。借用英国著名学者肖恩·塞耶斯的话就是，在马克思那里，人的全面发展问题具有一种"本体论"意蕴。当代著名马克思传记作者麦克莱伦也曾评价，无论高度发达的现代社会对马克思的理论提出的非难和挑战是什么，"马克思为劳动者设计的模式仍然是《巴黎手稿》中的'全面发展的人'和《经济学手稿（1857—1858年）》中的'社会个人'"①。在这里，无论是"全面发展的人"，还是"社会个人"，都是马克思心目中始终未曾改变的关于人的"理想类型"。

人的全面发展主要体现为人的个性的自由发展、人类能力的全

---

① 〔英〕麦克莱伦：《马克思思想导论》，郑一明、陈喜贵译，中国人民大学出版社，2008，第172页。

面发展和人的一切社会关系的充分发展。①人的全面发展是相对于人的片面发展而言的，如果说旧式分工从根本上决定了人的现实宿命即不可避免地沦为"片面的人"的话，那么，能够在一切领域获得发展的"全面的人"的出现就意味着且必然要求旧式分工的彻底消灭。正如旧式分工的消灭不是纯粹口头的、观念的活动一样，人的全面发展这一理想目标的实现也是需要现实条件的。根据马克思的辩证分析，大工业、教育、资本、财富、时间等，在一定意义上构成了人的全面发展的现实条件。

一 大工业与人的全面发展

毋庸置疑，工业的出现使人在一定程度上摆脱了繁重的体力劳动，缩减了重复性的机械劳作，意味着人在一定程度上的解放，如此看来，劳动变得"更加符合……人的本质"了。特别是随着大工业的发展，自动化技术的普遍使用，"劳动表现为不再象以前那样被包括在生产过程中，相反地，表现为人以生产过程的监督者和调节者的身分同生产过程本身发生关系……而是工人把由他改变为工业过程的自然过程作为媒介放在自己和被他支配的无机自然界之间。工人不再是生产过程的主要当事者，而是站在生产过程的旁边"②。如果说人的一定程度的解放是工业发展的积极方面，那么同样不可忽视的是其消极方面，因为工业的发展"具有一种矛盾的属人的影响"③。马克思分析指出，资本主义生产方式导致人的片面发展"在简单协作中，在工场手工业中得到发展，在大工业中完成"④。可以说，大工业既是人的片面发展的完成，也为人的全面发展开辟了新路。

---

① 参见王虎学《马克思分工思想的人学意蕴》，《哲学动态》2011 年第 4 期。
② 《马克思恩格斯全集》第 46 卷（下），人民出版社，1980，第 218 页。
③ 〔英〕肖恩·塞耶斯：《异化与经济发展》，肖木译，《世界哲学》1995 年专刊。
④ 《马克思恩格斯全集》第 23 卷，人民出版社，1972，第 400 页。

大工业的发展客观上要求人必须全面发展，以适应这种深刻而普遍的变革。马克思指出："现代工业的技术基础是革命的，而所有以往的生产方式的技术基础本质上是保守的。现代工业通过机器、化学过程和其他方法，使工人的职能和劳动过程的社会结合不断地随着生产的技术基础发生变革。这样，它也同样不断地使社会内部的分工发生革命，不断地把大量资本和大批工人从一个生产部门投到另一个生产部门。大工业的本性决定了劳动的变换、职能的更动和工人的全面流动性。"① 马克思进一步分析指出，大工业为人的全面发展提供了现实条件："大工业又通过它的灾难本身使下面这一点成为生死攸关的问题：承认劳动的变换，从而承认工人尽可能多方面的发展是社会生产的普遍规律，并且使各种关系适应于这个规律的正常实现。大工业还使下面这一点成为生死攸关的问题，用适应于不断变动的劳动需求而可以随意支配的人员，来代替那些适应于资本的不断变动的剥削需要而处于后备状态的、可供支配的、大量的贫穷工人人口；……用那种把不同社会职能当作互相交替的活动方式的全面发展的个人，来代替只是承担一种社会局部职能的局部个人。"② 在这里，问题在于"人们太容易把这当成乌托邦的梦想打发掉，但这是个错误，它在某些方面已经成为现实，虽然还处在资本主义的矛盾性条件之中"③。

客观地讲，大工业的发展，特别是工业技术的突飞猛进已经为个人摆脱狭隘的专业、职业限制，从而走向全面发展准备了条件。正如马克思所说："自动工厂中分工的特点，是劳动在这里已完全丧失专业的性质。但是，当一切专门发展一旦停止，个人对普遍性的要求以及全面发展的趋势就开始显露出来。自动工厂消除着专业和职业的痴呆。"④ 也就是说，大工业的发展催生了人的全面发展的条

---

① 《马克思恩格斯全集》第 23 卷，人民出版社，1972，第 533～534 页。
② 《马克思恩格斯全集》第 23 卷，人民出版社，1972，第 534～535 页。
③ 〔英〕肖恩·塞耶斯：《现代工业社会的劳动：围绕马克思劳动概念的考察》，周嘉昕译，《南京大学学报》2007 年第 1 期。
④ 《马克思恩格斯选集》第 1 卷，人民出版社，1995，第 169 页。

件。于是,"'鞋匠,管你自己的事吧!'——手工业智慧的这一'顶峰',在钟表匠瓦特发明蒸汽机,理发师阿克莱发明经线织机,宝石工人富尔顿发明轮船以来,已成为一种可怕的愚蠢了"①。

二 教育与人的全面发展

如果说大工业仅仅不自觉地充当了人的全面发展的工具的话,那么,教育则是自觉地造就全面发展的人的重要途径。在其晚年的鸿篇巨制《资本论》的第一卷中,马克思将教育提到了"造就全面发展的人的唯一方法"的高度②。实际上,这一提法所针对的正是分工条件下人的现实生存状况,马克思曾正确地揭示出:"在现存条件下,由于分工的关系,简单劳动正在代替复杂劳动,童工正在代替成年工,女工正在代替男工,自动机器正在代替独立的工人;随着现代工业的发展,工人的教育逐渐成为多余的和不可能的了。"③在这里,教育的"空场"必然会进一步加剧工人的片面化、畸形化发展。与此同时,资产阶级所锻造的教育手段反过来成为"反对自身的武器"④。于是,历史的一幕又再次在资产阶级身上重演了:"资产阶级正确地了解到,它为反对封建制度而锻造出来的各种武器都倒过来朝向它自己了,它所创造的一切教育手段都转过来反对它自己的文明了,它创造的所有的神都离弃了它。"⑤这时候,教育本身就充当了资产阶级自我革命的手段,原因正在于分工使工人的发展越来越片面化、畸形化。

事实上,马克思主义经典作家历来都十分重视教育在人的全面发展中的重要作用,教育被视为医治分工所致的片面、畸形发展之

---

① 《马克思恩格斯全集》第23卷,人民出版社,1972,第535页。
② 参见王虎学、万资姿《论教育与人的全面发展——从马克思的一个科学论断谈起》,《甘肃理论学刊》2011年第2期。
③ 《马克思恩格斯全集》第6卷,人民出版社,1961,第222页。
④ 《马克思恩格斯选集》第1卷,人民出版社,1995,第243页。
⑤ 《马克思恩格斯选集》第1卷,人民出版社,1995,第627页。

症的一剂良药。正如马克思所说，"为了防止由于分工而造成的人民群众的完全萎缩，亚·斯密建议由国家来实行国民教育"，而且，"要改变一般的人的本性，使它获得一定劳动部门的技能和技巧，成为发达的和专门的劳动力，就要有一定的教育或训练"。[1] 特别是对年轻人而言，恩格斯指出："教育将使年轻人能够很快熟悉整个生产系统，将使他们能够根据社会需要或者他们自己的爱好，轮流从一个生产部门转到另一个生产部门。因此，教育将使他们摆脱现在这种分工给每个人造成的片面性……将使自己的成员能够全面发挥他们的得到全面发展的才能。"[2]

三 资本与人的全面发展

在谈及以资本为基础的生产条件时，马克思谈到了人的全面发展问题。马克思写道："探索整个自然界，以便发现物的新的有用属性；……要从一切方面探索地球，以便发现新的有用物体和原有物体的新的使用属性，……同样要发现、创造和满足由社会本身产生的新的需要。"[3] 这是以资本为基础的一个生产条件。同样，资本的发展也内在地要求以人的全面发展作为其进一步发展的条件，而正是以资本为基础的生产提出要把人作为"尽可能完整和全面的社会产品"生产出来的要求。正如马克思所说，"资本的伟大的文明作用"就在于"培养社会的人的一切属性，并且把他作为具有尽可能丰富的属性和联系的人，因而具有尽可能广泛需要的人生产出来——把他作为尽可能完整的和全面的社会产品生产出来（因为要多方面享受，他就必须有享受的能力，因此他必须是具有高度文明的人）——，这同样是以资本为基础的生产的一个条件"[4]。

---

[1] 《马克思恩格斯全集》第 23 卷，人民出版社，1972，第 401、195 页。
[2] 《马克思恩格斯选集》第 1 卷，人民出版社，1995，第 243 页。
[3] 《马克思恩格斯全集》第 30 卷，人民出版社，1995，第 389 页。
[4] 《马克思恩格斯全集》第 30 卷，人民出版社，1995，第 389 页。

实际上，资本的本性以及资本家的动机都决定了其在实现自身发展的过程中，将会不自觉地为人的全面发展创造条件、奠定基础。在马克思看来，作为资本人格化身的资本家，"他的动机，也就不是使用价值和享受，而是交换价值和交换价值的增殖了。他狂热地追求价值的增殖，肆无忌惮地迫使人类去为生产而生产，从而去发展社会生产力，去创造生产的物质条件；而只有这样的条件，才能为一个更高级的、以每个人的全面而自由的发展为基本原则的社会形式创造现实基础"①。同样，由于资本无止境的致富欲望以及唯一能满足这种欲望的条件不断驱使劳动生产力向前发展，因此，在这一过程中，"资本就违背自己的意志，成了为社会可以自由支配的时间创造条件的工具，使整个社会的劳动时间缩减到不断下降的最低限度，从而为全体［社会成员］本身的发展腾出时间"②。可见，资本家正是在一种"为我"的关系即疯狂追逐利润的过程中不自觉地创造了一种"为他"关系，也就是说，生产力的高度发展及其后果只是一种"副产品"，并非资本家的有意之举，只能理解为"无心插柳柳成荫"的结果。实际上，不管自愿与否，资本已然成了人的全面发展的一个内在条件和生产要素。马克思进一步分析指出："资本作为孜孜不倦地追求财富的一般形式的欲望，驱使劳动超过自己自然需要的界限，来为发展丰富的个性创造出物质要素，这种个性无论在生产上和消费上都是全面的，因而个性的劳动也不再表现为劳动，而表现为活动本身的充分发展，在那种情况下，直接形式的自然必然性消失了；这是因为一种历史形成的需要代替了自然的需要。由此可见，资本是生产的；也就是说，是发展社会生产力的重要的关系。只有当资本本身成了这种生产力本身发展的限制时，资本才不再是这样的关系。"③ 事实上，到了那个时候，资本伟大的历史使命也就寿终正寝了。

---

① 《马克思恩格斯全集》第23卷，人民出版社，1972，第649页。
② 《马克思恩格斯全集》第31卷，人民出版社，1998，第103页。
③ 《马克思恩格斯全集》第46卷（上），人民出版社，1979，第287页。

四 财富与人的全面发展

如果说作为财富一般形式的资本尚且具有生产性，那么，如果抛开自身偏见，财富本身也可与人的发展内在地勾连起来。与古代的观点截然相反，马克思曾指出，在现代资本主义社会中，"生产表现为人的目的，而财富则表现为生产的目的"①。但是，如果从这种生产以及作为其目的的财富的积极方面来看，也就是说，如果抛开狭隘的资产阶级形式来考察财富的话，"财富不就是在普遍交换中产生的个人的需要、才能、享用、生产力等等的普遍性吗？财富不就是人对自然力——既是通常所谓的'自然'力，又是人本身的自然力——的统治的充分发展吗？财富不就是人的创造天赋的绝对发挥吗？"②如此看来，财富不就是人的本质力量的全面展现吗？财富不就是人的全面发展的构成要素吗？

根据马克思的分析，"稚气的古代世界"优于现代世界的地方就在于它把人看作生产的目的，将人置于生产的中心。但须知，古代世界所盛行的只是一种"狭隘的民族、宗教、政治"③的世界观，其优越性也只是从一个狭隘的人类潜能的范围来说的。诚然，在现代资本主义社会，人不再是目的，而只是手段，只有生产才是真正的目的，人的目的仅仅从属于生产和财富的积累。但如上所述，一贯秉承着历史的、辩证的态度的马克思并没有因此而简单地否认财富在人类发展过程中的重要意义，相反，在马克思看来，财富是人得以全面发展的物质基础。"整个客观世界，'物质财富世界'，在这里不过是作为从事社会生产的人的因素，不过是作为从事社会生产的人的正在消失而又不断重新产生的实践活动而退居次要地

---

① 《马克思恩格斯全集》第30卷，人民出版社，1995，第479页。
② 《马克思恩格斯全集》第30卷，人民出版社，1995，第479~480页。
③ 〔英〕吉登斯：《资本主义与现代社会理论——对马克思、涂尔干和韦伯著作的分析》，郭忠华、潘华凌译，上海译文出版社，2007，第33页。

位。"① 须知，以人的全面发展为目标的共产主义社会本身就是"在以往发展的全部财富的范围内生成的"②。

问题是在资产阶级经济以及与之相适应的生产时代中，由于物质活动和精神活动、劳动和享受、生产和消费由不同的个人来分担，且这种分工必然导致个人利益与共同利益的矛盾，从而加剧阶级对抗与分裂，加之人不再是生产的目的，因此，作为资本主义生产目的的财富本身就不再是"人的内在本质的这种充分发挥"，而是"表现为完全的空虚化，这种普遍的对象化过程，表现为全面的异化，而一切既定的片面目的的废弃，则表现为为了某种纯粹外在的目的而牺牲自己的目的本身"③。实际上，当作为目的本身的"人类全部力量的全面发展"成为纯粹外在目的的牺牲品的时候，必然在现实中抑制和束缚人的全面发展，也必然导致人的畸形和片面发展。

五 时间与人的全面发展

在人的发展的过程中，与财富密切相关的另一个要素就是作为财富尺度和人的生命尺度的时间。马克思曾明确指出："时间实际上是人的积极存在，它不仅是人的生命的尺度，而且是人的发展的空间。"④ 这表明，获得时间就意味着获得了发展的可能性，实际上，人的发展都是在一定的时间延展和空间范围中展开的，越出时空之外的人是不复存在的，更谈不上人的本性和发展了。正如涂尔干所说："如果把人类同历史分开，把人看做是时间之外、固定不变、静止不动之物，那就剥夺了人的本性。"⑤ 当然，作为支撑人的生命发展空间的时间并不是与生俱来的，而是当生产发展到一定水平时获

---

① 《马克思恩格斯全集》第26卷（Ⅲ），人民出版社，1974，第294页。
② 《马克思恩格斯全集》第3卷，人民出版社，2002，第297页。
③ 《马克思恩格斯全集》第30卷，人民出版社，1995，第480页。
④ 《马克思恩格斯全集》第47卷，人民出版社，1979，第532页。
⑤ 转引自〔英〕吉登斯《资本主义与现代社会理论——对马克思、涂尔干和韦伯著作的分析》，郭忠华、潘华凌译，上海译文出版社，2007，第121页。

得的。恩格斯在《论住宅问题》中指出："正是由于这种工业革命，人的劳动生产力才达到了相当高的水平，以致在人类历史上破天荒第一次创造了这样的可能性：在所有的人实行明智分工的条件下，不仅生产的东西可以满足全体社会成员丰裕的消费和造成充足的储备，而且使每个人都有充分的闲暇时间去获得历史上遗留下来的文化——科学、艺术、社交方式等等——中一切真正有价值的东西；并且不仅是去获得，而且还要把这一切从统治阶级的独占品变成全社会的共同财富并加以进一步发展。关键就在这里。"① 可见，财富以及作为财富尺度的时间都为人的全面发展提供了条件，需要注意的是，那时候，"财富的尺度决不再是劳动时间，而是可以自由支配的时间"②。因此，谈时间与人的全面发展，就应该进一步谈劳动时间、自由时间及其与人的全面发展之间的关系。

"劳动时间的节约"是人的全面发展的必要条件。劳动时间也就是必要劳动时间，对此马克思给予了类比分析，"如果把整个社会看成是一个人，那么，必要劳动就是由于分工而独立起来的一切特殊劳动职能的总和。这个人，比如说，就必须花费若干时间从事农业，若干时间从事工业，若干时间从事商业，若干时间制造工具，……所有这些必须做的事情可归结为为了各种目的和进行各种特殊活动所花费的若干劳动时间"③。换句话说，"劳动尺度本身在这里是由外面提供的，是由必须达到的目的和为达到目的而必须由劳动来克服的那些障碍所提供的"④。但是，在一个分工和交换比较发达的社会中，"不是由一个人（社会）去完成各种不同的劳动，把他的劳动时间花费在各种不同的形式上，而是要求每一个人把他的劳动时间只用在必要的特殊职能上"⑤。然后通过相互交换，各取所需。问题是当每个人将自己的劳动时间完全花费在一种特殊职能且完全从

---

① 《马克思恩格斯选集》第3卷，人民出版社，1995，第150页。
② 《马克思恩格斯全集》第31卷，人民出版社，1998，第104页。
③ 《马克思恩格斯全集》第46卷（下），人民出版社，1980，第18页。
④ 《马克思恩格斯全集》第30卷，人民出版社，1995，第615页。
⑤ 《马克思恩格斯全集》第46卷（下），人民出版社，1980，第18页。

属于这种特殊职能的时候,他必将失去在其他一切领域、一切方面发展的可能性,于是,马尔库塞所说的"单面人"就出现了。因此,劳动时间的节约,就意味着个人将从"特殊职能"中解放出来,成为"全面的人"。"正象单个人的情况一样,社会发展、社会享用和社会活动的全面性,都取决于时间的节省。一切节约归根到底都是时间的节约。正象单个人必须正确地分配自己的时间,才能以适当的比例获得知识或满足对他的活动所提出的各种要求,社会必须合理地分配自己的时间,才能实现符合社会全部需要的生产。因此,时间的节约,以及劳动时间在不同的生产部门之间有计划的分配,在共同生产的基础上仍然是首要的经济规律。"① 马克思也曾反复强调:"真正的经济——节约——是劳动时间的节约。"② 只有当"社会必要劳动缩减到最低限度,那时,与此相适应,由于给所有的人腾出了时间和创造了手段,个人会在艺术、科学等等方面得到发展"③。

"自由时间的运用"是人的全面发展的现实前提。马克思指出:"自由时间,可以支配的时间,就是财富本身:一部分用于消费产品,一部分用于从事自由活动,这种自由活动不像劳动那样是在必须实现的外在目的的压力下决定的。"④ 需要注意的是,这里的"自由活动"既不同于劳动,即"不以一切社会形式为转移的人类生存条件,是人和自然之间的物质变换即人类生活得以实现的永恒的自然必然性"⑤,也绝不是马克思所批判的"真正的社会主义者"所理解的"纯粹的抽象的活动""'纯粹思维'的幻想"⑥,而是对自由时间或自由支配时间的运用。在马克思看来,"不管这一时间是用于闲暇,是用于从事非直接的生产活动(如战争、国家的管理),还是用于发展不追求任何直接实践目的的人的能力和社会的潜力(艺术等

---

① 《马克思恩格斯全集》第46卷(上),人民出版社,1979,第120页。
② 《马克思恩格斯全集》第31卷,人民出版社,1998,第107页。
③ 《马克思恩格斯全集》第31卷,人民出版社,1998,第101页。
④ 《马克思恩格斯全集》第26卷(Ⅲ),人民出版社,1974,第282页。
⑤ 《马克思恩格斯全集》第23卷,人民出版社,1972,第56页。
⑥ 《马克思恩格斯全集》第3卷,人民出版社,1960,第549页。

等,科学)",都可以看作人的全面发展的表征和前提。正如马克思所说,"整个人类的发展,就其超出对人的自然存在直接需要的发展来说,无非是对这种自由时间的运用,并且整个人类发展的前提就是把这种自由时间的运用作为必要的基础"。①

可见,不管是劳动时间的节约,还是自由时间的运用,都是人的全面发展的重要条件。就劳动时间与自由时间的关系来看,"节约劳动时间等于增加自由时间,即增加使个人得到充分发展的时间"②。但在资本主义社会中,自由时间和劳动时间却变成了对立的两极:与一方的自由时间相应的是另一方被奴役的时间。准确地说,"社会的自由时间是以通过强制劳动吸收工人的时间为基础的,这样,工人就丧失了精神发展所必需的空间,因为时间就是这种空间"③。如果说工人只不过是人格化的劳动时间,那么,剩余劳动时间就是对工人精神生活和肉体生活的全面侵占。因此,马克思引用舒耳茨的话说:"为了使人民在精神方面更自由地发展,他们不应当再做自己的身体需求的奴隶和肉体的奴仆。所以,他们首先要有用于精神活动和精神享受的余暇。"④ 塞耶斯指出,这里的"余暇""不是简单的消极度日和无所事事,而是一个积极的和创造的空间"⑤。因此,对人的发展而言,至关重要的不仅是劳动时间的缩短,而且是自由时间的增加。

问题是,应该如何正确看待资本主义分工条件下劳动时间与自由时间的对立?马克思对此做了历史的、辩证的分析,他转引加尔涅的话说:"工人阶级从事科学活动的时间越少,另一个阶级的这种时间就越多。后一阶级的人之所以能够专心致志地从事哲学思考或文学创作,只是因为他们摆脱了一切生产上的操心,摆脱了日常消费品的加工和运输,而这又是因为其他人担负了所有这一切机械的

---

① 《马克思恩格斯全集》第47卷,人民出版社,1979,第215、216页。
② 《马克思恩格斯全集》第31卷,人民出版社,1998,第107~108页。
③ 《马克思恩格斯全集》第47卷,人民出版社,1979,第344页。
④ 《马克思恩格斯全集》第47卷,人民出版社,1979,第601页。
⑤ Sean Sayers, *Marxism and Human Nature*. London: Routledge, 1998, p. 70.

操作。同一切分工一样，随着社会日益富足，这种纯粹机械劳动和智力劳动的分工，也越来越加剧和明显。这种分工，同一切其他分工一样，是过去进步的结果和未来进步的原因。"① 在资本主义条件下，这种分工也体现为自由时间与劳动时间的对立："一方的自由发展是以工人必须把他们的全部时间，从而他们发展的空间完全用于生产一定的使用价值为基础的；一方的人的能力的发展是以另一方的发展受到限制为基础的。"② 诚然，"迄今为止的一切文明和社会发展都是以这种对抗为基础的"③，但是，历史地产生的劳资对抗和阶级冲突必将在历史中走向消亡，正如马克思所说："直接的劳动时间本身不可能像从资产阶级经济学的观点出发所看到的那样永远同自由时间处于抽象对立中，这是不言而喻的。"④

实际上，对劳动时间与自由时间对立统一关系的论述，与马克思关于必然王国和自由王国的论述有着内在的相通之处。从某种意义上说，"马克思的唯物史观最要做的工作和目的，也正是要通过对于物质生产的基础性地位和生产力与生产关系矛盾运动的指认，亦即通过对人与自然、人与人和人与自身的分化与整合的矛盾关系的解析，使人类自己觉悟到他们如何才能从直接处身于其中的必然王国，独立自主地走向自由王国"⑤。在《资本论》第三卷中，马克思提请我们注意这样一个事实："自由王国只是在由必需和外在目的规定要做的劳动终止的地方才开始；因而按照事物的本性来说，它存在于真正物质生产领域的彼岸。象野蛮人为了满足自己的需要，为了维持和再生产自己的生命，必须与自然进行斗争一样，文明人也必须这样做；而且在一切社会形态中，在一切可能的生产方式中，他都必须这样做。这个自然必然性的王国会随着人的发展而扩大，

---

① 《马克思恩格斯全集》第 47 卷，人民出版社，1979，第 344 页。
② 《马克思恩格斯全集》第 47 卷，人民出版社，1979，第 215 页。
③ 《马克思恩格斯全集》第 47 卷，人民出版社，1979，第 215 页。
④ 《马克思恩格斯全集》第 31 卷，人民出版社，1998，第 108 页。
⑤ 张曙光：《"意识"与"语言"：历史构成的第五个因素》，《河北学刊》2008 年第 2 期。

因为需要会扩大；但是，满足这种需要的生产力同时也会扩大。"①可见，在物质生产领域这个必然王国之内，人的自由是十分有限的，随着生产力的高度发展，人所获得的"自由只能是：社会化的人，联合起来的生产者，将合理地调节他们和自然之间的物质变换，把它置于他们的共同控制之下，而不让它作为盲目的力量来统治自己；靠消耗最小的力量，在最无愧于和最适合于他们的人类本性的条件下来进行这种物质变换。但是不管怎样，这个领域始终是一个必然王国。在这个必然王国的彼岸，作为目的本身的人类能力的发展，真正的自由王国，就开始了。但是，这个自由王国只有建立在必然王国的基础上，才能繁荣起来。工作日的缩短是根本条件"②。总之，随着"工作日的缩短""劳动时间的节约"，人类的自由时间将大大增加，于是，人类将不断地从必然王国中解放出来进而无限逼近自由王国却又难以完全摆脱必然王国，这就是马克思所揭示的人类命运。只有到了共产主义社会，人类才能最终实现从必然王国向自由王国的飞跃，只有在这个时候，"人终于成为自己的社会结合的主人，从而也就成为自然界的主人，成为自身的主人——自由的人"③。

---

① 《马克思恩格斯全集》第 25 卷，人民出版社，1974，第 926 页。
② 《马克思恩格斯全集》第 25 卷，人民出版社，1974，第 926~927 页。
③ 《马克思恩格斯选集》第 3 卷，人民出版社，1995，第 760 页。

从社会分化的视角理解分工

从社会分化的视角理解分工,旨在彰显分工内蕴的"社会"话语。历史地看,人类社会初期的自然分工中已经蕴含着社会分化、冲突的萌芽。在资本主义社会条件下,劳动及其产品的不平等分配与分工相伴而生,阶级差别形成了,人类平等的外观消失了,社会分裂、对抗也加剧了。基于马克思对资本主义的辩证分析和当代中国社会发展的实际,我们既要看到劳动分工的社会分化效应及其负面问题,又要看到劳动分工、社会分化所具有的整合功能。

长期以来,分工似乎都是经济学话语的"专利",言分工必称经济学,这已成为一个不争的事实,为了破解对分工进行单纯经济学诠释的思想"魔咒",为了消除只从财富增长、生产力发展的角度理解分工的"偏见",我们必须尝试从新的视角理解分工的可能性。从这个意义上讲,吉登斯提出的"从社会分化的视角理解分工"可谓一个积极的探索,富有启发意义。实际上,将"分工"与"社会分化"联系起来,从社会分化的视角来理解分工,就是要把对分工的理解从单一的"优化经济"的思维定式中解放出来,进而将分工置于一个更为广阔的"社会"领域,彰显分工与多维"社会"效应之间的内在关联。

一

在人类社会初期，分工纯粹是自然产生的，最初是发生在男女两性之间的性别分工，但是在这种看似只存在于两性之间的自然分工中，已经包含着社会分化、冲突的最初萌芽。正如恩格斯所指出的，两性分工本身就意味着两性冲突的开始，历史上最初出现的阶级对立是同夫妻间的对抗一起发生的，而历史上最初出现的阶级压迫是同男性对女性的压迫同时发生的。① 尼达姆也敏锐地洞察到，人类社会早期的两性分工本身包含着深层的社会政治意义。在他看来，早在原始社会中，基于性别的自然分工实际上就已经开始延伸到等级分化和地域分化等社会领域中去了，而且正是在两性分工的基础上形成了人类社会最初的二元分类图式，因此我们常常可以看到"女/男＝民众/君主"或"女/男＝（国家的）北土/南疆"这样的等式。② 这种二元分类图式通过观念的制度化，反过来又巩固并推动了劳动分工和社会分化，从而形成了一定的社会等级结构。

从人类社会历史上的"三次大分工"（农业和畜牧业、手工业、商业的依次分离）来看，每一次大分工都伴随着一次社会大分化、大分裂。在《家庭、私有制和国家的起源》中，恩格斯分析指出，"游牧部落从其余的野蛮人群中分离出来"是第一次社会大分工。它不仅提高了劳动生产率，从而使财富增加并使生产场所扩大，而且在既定的总的历史条件下，带来了奴隶制。也就是说，"从第一次社会大分工中，也就产生了第一次社会大分裂，即分裂为两个阶级：主人和奴隶、剥削者和被剥削者"③。值得注意的一点是，这种分裂持续存在于整个人类文明时期，奴隶制、农奴制和雇佣劳动制可以

---

① 参见《马克思恩格斯选集》第4卷，人民出版社，1995，第63页。
② Needham, *Right and Left: Essays on Dual Classification*. Chicago: UP of Chicago, 1973, p. 162.
③ 《马克思恩格斯全集》第21卷，人民出版社，1965，第184~185页。

看作基于这种分裂而依次出现的三大奴役形式。历史地看，第一次大分工是指畜牧业和农业的分离，第二次大分工也即手工业和农业的分离，第三次大分工则以商业的独立出现为标志。恩格斯说："文明时代巩固并加强了所有这些在它以前发生的各次分工，特别是通过加剧城市和乡村的对立（或者是像古代那样，城市在经济上统治乡村，或者是像中世纪那样，乡村在经济上统治城市）而使之巩固和加强，此外它又加上了一个第三次的、它所特有的、有决定意义的重要分工：它创造了一个不从事生产而只从事产品交换的阶级——商人。"① 实际上，随着三次社会大分工的完成，人类社会分化的基本格局已经形成，社会最终分裂为对立的两极，一极是剥削阶级、统治阶级，另一极是被剥削阶级、被压迫阶级。正如恩格斯所言，"社会分为享特权的和被损害的、剥削的和被剥削的、统治的和被统治的阶级"②。

在《德意志意识形态》中，马克思和恩格斯也曾分析指出，由于与这种分工同时出现的还有分配，而且是劳动及其产品的不平等的分配，因而，人与人之间的利害冲突以及人与人之间的界限和鸿沟就出现了，阶级差别形成了，人类平等的外观也消失了。需要进一步追问的是，马克思在《资本论》一开头提出的那个难题：人类平等这种思想观念，到底来自哪里呢？柄谷行人根据马克思的论述分析指出："'人皆平等'的思想决不是先验的真理，……所谓同质的人的劳动，也并不是从一开始就存在的，而是在货币经济之扩大之中才得以出现的。"③ 也就是说，人类平等的观念并不是与生俱来的，而是在一定的社会历史条件下出现的。众所周知，亚里士多德早就在商品的价值表现中发现了等同关系，但由于他所处社会的历史限制，"亚里士多德不能从价值形式本身看出，在商品价值形式

---

① 参见《马克思恩格斯全集》第21卷，人民出版社，1965，第183~189页。
② 《马克思恩格斯选集》第3卷，人民出版社，1995，第490页。
③ 〔日〕柄谷行人：《马克思，其可能性的中心》，中田友美译，中央编译出版社，2006，第40~41页。

中，一切劳动都表现为等同的人类劳动，因而是同等意义的劳动，这是因为希腊社会是建立在奴隶劳动的基础上的，因而是以人们之间以及他们的劳动力之间的不平等为自然基础的"①。当然，马克思不仅提出了问题，而且在一定意义上提供了解答问题的思路，他说："一切劳动由于而且只是由于都是一般人类劳动而具有的等同性和同等意义，只有在人类平等概念已经成为国民的牢固的成见的时候，才能揭示出来。而这只有在这样的社会里才有可能，在那里，商品形式成为劳动产品的一般形式，从而人们彼此作为商品所有者的关系成为占统治地位的社会关系。"②

那么，这是否意味着资本主义社会就是人类平等真正实现的时代呢？就交换领域而言，"这个领域确实是天赋人权的真正乐园。那里占统治地位的只是自由、平等、所有权和边沁。自由！因为商品例如劳动力的买者和卖者，只取决于自己的自由意志。他们是作为自由的、在法律上平等的人缔结契约的。契约是他们的意志借以得到共同的法律表现的最后结果。平等！因为他们彼此只是作为商品所有者发生关系，用等价物交换等价物。所有权！因为他们都只支配自己的东西。边沁！因为双方都只顾自己。使他们连在一起并发生关系的唯一力量，是他们的利己心，是他们的特殊利益，是他们的私人利益。正因为人人只顾自己，谁也不管别人，所以大家都是在事物的预定的和谐下，或者说，在全能的神的保佑下，完成着互惠互利、共同有益、全体有利的事业"③。马克思进一步指出，表面上看，交换领域确实存在自由、平等，但这只是一种假象，为什么这么说呢？当我们目睹了生产领域的真相之后，这种假象自然就大白天下、不攻自破了。现在，就让我们"离开这个嘈杂的、表面的、有目共睹的领域（即交换领域——引者注）……进入门上挂着'非公莫入'牌子的隐蔽的生产场所吧！在那里，不仅可以看到资本是

---

① 《马克思恩格斯全集》第23卷，人民出版社，1972，第74页。
② 《马克思恩格斯全集》第23卷，人民出版社，1972，第75页。
③ 《马克思恩格斯全集》第23卷，人民出版社，1972，第199页。

怎样进行生产的，还可以看到资本本身是怎样被生产出来的。赚钱的秘密最后一定会暴露出来"①。事实上，一旦离开交换领域，进入现实的生产领域，我们就会十分清楚地看到，资本家与工人及其对立是如何历史地形成的。正如马克思所说："我们的剧中人的面貌已经起了某些变化。原来的货币所有者成了资本家，昂首前行；劳动力所有者成了他的工人，尾随于后。一个笑容满面，雄心勃勃；一个战战兢兢，畏缩不前，象在市场上出卖了自己的皮一样，只有一个前途——让人家来鞣。"②

二

实际上，如同分工和不平等的分配必然造成阶级差别、人与人的不平等一样，这种分工与等级、特权也是直接相通的。例如，"印度人和埃及人借以实现分工的原始形态在这些民族的国家和宗教中产生了等级制度"③。于是，人们的发展就只能采取这样的形式，即一些人靠另一些人来发展，或者说一些人（少数）得到发展的垄断权是以另一些人（多数）失去发展的任何可能性为代价的，正如马克思和恩格斯所说，"在我们的时代里，甚至某一个人比另一个人先有的那种东西也是社会的产物，并且在其实现时一定又表现为一种特权"④。而与这种等级、特权相伴而生的必然是一系列的社会对抗：织布工与面包师作对、农人与商人竞争、城里人与乡下人对抗、体力劳动者反对脑力劳动者。整个社会因此是一场"一切人对一切人的战争"。

诚然，分工必将使社会发生分化，但是资本主义社会的分化却成为滋生社会"分裂""对立"的温床。马克思说："生产的经济对

---

① 《马克思恩格斯全集》第23卷，人民出版社，1972，第199页。
② 《马克思恩格斯全集》第23卷，人民出版社，1972，第200页。
③ 《马克思恩格斯全集》第3卷，人民出版社，1960，第44页。
④ 《马克思恩格斯全集》第3卷，人民出版社，1960，第514页。

立，质的社会规定性本身，表现为一定分工方式的经济形式，而从属于这一规定性的个人则作为资本家和雇佣工人，工业资本家和食利者，租地农场主和地主等等而互相对立。"① 在《政治经济学批判大纲》中，恩格斯分析指出："这一切微妙的分裂现象，都产生于资本和劳动的最初的分离和完成这一分离的人类分为资本家和工人的分裂"，而"由私有制造成的资本和劳动的分裂，不外是与这种分裂相适应的并从这种分裂产生的劳动本身的分裂。"② 就其实质而言，导致劳动本身分裂的真正原因是"分工"："分工越发达，积累越增加，这种分裂也就发展得越尖锐。劳动本身只能在这种分裂的前提下存在。"③ 在这里，值得引证的还有马克思的一段精彩论述，他说："世俗基础使自己从自身中分离出去，并在云霄中固定为一个独立王国，这一事实，只能用这个世俗基础的自我分裂和自我矛盾来说明。因此，对于这个世俗基础本身首先应当从它的矛盾中去理解，然后用排除矛盾的方法在实践中使之革命化。"④ 由此可见，马克思在当时提醒人们注意社会"对立""分裂"的问题，正是为了让人们在实践中找到解决问题的现实路径。马克思曾十分赞赏地指出，约翰·贝勒斯是政治经济学史上一个真正非凡的人物，他早在17世纪末就非常清楚地懂得，必须结束现行分工，因为这种分工"按照相反的方向在社会的两极上造成一端肥胖，一端枯瘦"⑤。可以说，消灭私有制，"消灭分工"，就是马克思为超越资本主义社会状况而指出的最终出路。

从一定意义上说，只要资本主义在现实中存在，马克思对资本主义"本性"的剖析就不仅是正确的，而且是不可超越的。根据马克思的分析，贫富的正比增长、两极分化的趋势都包含在资本主义

---

① 《马克思恩格斯全集》第46卷（下），人民出版社，1980，第471页。
② 《马克思恩格斯全集》第1卷，人民出版社，1956，第610页。
③ 《马克思恩格斯选集》第1卷，人民出版社，1995，第127页。
④ 《马克思恩格斯选集》第1卷，人民出版社，1995，第59页。
⑤ 《马克思恩格斯全集》第23卷，人民出版社，1972，第535页。

的内在本性之中。"在产生财富的那些关系中也产生贫困"①;"财富的新源泉,由于某种奇怪的、不可思议的魔力而变成贫困的源泉"②。在马克思看来,这种"魔力"不是别的什么东西,而是分工。"分工提高劳动的生产力,增加社会的财富,促使社会精美完善,同时却使工人陷于贫困直到变为机器。"③ 问题是,即使在社会的增长状态,也就是对工人相对有利的状态下,工人依然逃脱不了"贫困"的命运,原因就在于"社会劳动生产力随着资本主义生产方式的发展而发展,与工人相对立的已经积累起来的财富也作为统治工人的财富,作为资本,以同样的程度增长起来……与此相反,工人本身的贫穷、困苦和依附性也按同样的比例发展起来。工人的贫乏化和这种丰饶是互相适应的,齐头并进的"④。事实上,由于资本主义对财富的欲望和追逐没有明显的限度和终极线,因此,"贫穷不可能被'治愈',因为它不是资本主义疾病的征兆。恰恰相反,它正是资本主义身健体壮、奋力追求更多的积累和作出更大的努力的明证"⑤,这也许就是资本主义的矛盾"本性"吧!福柯也曾深刻地指出:"根据资产阶级社会生产的条件,根据它的根本法则,它必然要产生不幸。资本主义存在的目的并不是要让工人挨饿,但是如果不让工人挨饿,它就不能发展。"⑥

可见,资本主义社会正是在这样一种"矛盾"中向前发展的。诚然,生产是人类社会存在和发展的经济基础,"人们的生活自古以来就建立在生产上面,建立在这种或那种社会生产上面"⑦,但正如马克思所说,问题在于资本主义社会是"属于生产过程支配人而人

---

① 《马克思恩格斯全集》第 4 卷,人民出版社,1958,第 155 页。
② 《马克思恩格斯选集》第 1 卷,人民出版社,1995,第 775 页。
③ 《马克思恩格斯文集》第 1 卷,人民出版社,2009,第 123 页。
④ 《马克思恩格斯全集》第 49 卷,人民出版社,1982,第 123 页。
⑤ 转引自〔英〕齐格蒙特·鲍曼《全球化——人类的后果》,郭国良、徐建华译,商务印书馆,2001,第 76 页。
⑥ 〔法〕福柯:《权力的眼睛——福柯访谈录》,严锋译,上海人民出版社,1997,第 37~38 页。
⑦ 《马克思恩格斯全集》第 30 卷,人民出版社,1995,第 481 页。

还没有支配生产过程的那种社会形态"①。因此，随着"资产阶级社会"不可逆转地形成，整个社会都进入了一种悖谬的发展状态，社会矛盾随之不断升级，正如巴里巴尔所说，"个性与普遍性、文化与愚昧、开放与排斥的矛盾成了最尖锐的矛盾，正如矛盾会在许多方面爆发一样：在财富和贫困之间，人类物质的循环和进入此循环的限制之间，劳动的表面上显得生机无限的生产力和封闭于一个狭隘的专业的劳动者之间"②。

如果说分工与资本主义的悖论性发展有着内在关联的话，那么随着资本主义本身的发展，特别是随着机器大工业的发展，分工本身作为资本主义的"时代错误"已经被否定了。马克思认为"机器从技术上推翻了旧的分工制度"③，也就是说，大工业借助于机器，从根本上消灭了以分工为基础的工场手工业，而这是以否定分工为依据的。问题是，"否定分工"是否就意味着资本主义悖论的终结呢？问题并非如此简单。根据马克思的分析，大工业本身具有二重性：否定分工却又在令人厌恶的形式上恢复了分工；消灭分工却又在更可怕的形式上生产了分工。一方面，"大工业从技术上消灭了那种使整个人终生固定从事某种局部操作的工场手工业分工"；另一方面，大工业同时又再生产了这种分工，也就是说，"大工业在它的资本主义形式上再生产出旧的分工及其固定化的专业"。④ 那么，到底如何看待资本主义和机器大工业的发展呢？塞耶斯正确地指出："它们的发展不只是有消极的方面，而且也有积极的方面。只有从这些前提出发，我们才能够理解资本主义的特点并设想一种超越资本主义的渐进发展的可能性。因为，如果资本主义对人类的影响和作用完全是消极的和毁灭性的，那么，不仅社会主义的条件不可能发展，

---

① 《马克思恩格斯全集》第 23 卷，人民出版社，1972，第 98 页。
② 〔法〕埃蒂安·巴里巴尔：《马克思的哲学》，王吉会译，中国人民大学出版社，2007，第 58 页。
③ 《马克思恩格斯全集》第 23 卷，人民出版社，1972，第 462 页。
④ 《马克思恩格斯全集》第 23 卷，人民出版社，1972，第 534 页。

而且实现社会主义的行为者也不可能出现。"①

三

因此,应该辩证地看待资本主义机器大工业对人类发展的矛盾影响。诚然,我们必须看到机器在一定程度上对人的解放作用,正如马歇尔所说:"机器减轻了人类筋力的紧张,因而使工作的单调不会引起生活的单调。"② 也应该承认机器生产所具有的积极作用,例如,"在自动工厂里,代替工场手工业所特有的专业工人的等级制度的,是机器的助手所要完成的各种劳动的平等或均等的趋势,代替局部工人之间的人为差别的,主要是年龄和性别的自然差别"③。与此同时,我们也必须看到机器在资本主义条件下对人的发展所造成的消极影响和负面问题。"机器排挤工人"的现象就是一个典型的例子,"因为机器用不熟练的工人代替熟练工人,用女工代替男工,用童工代替成年工;因为在最先使用机器的地方,机器就把大批手工工人抛向街头,而在机器日益完善、改进或为生产效率更高的机器所替换的地方,机器又把一批一批的工人排挤出去"④。再比如,"铁人反对活人"的例子生动地反映了机器与人相对抗的现象,"在这里,过去劳动——在自动机和由自动机推动的机器上——似乎是独立的、不依赖于[活]劳动的;它不受活劳动支配,而是使[活]劳动受它支配;铁人起来反对有血有肉的人。……而活劳动只不过是死劳动的一个有意识的器官"⑤。而且,随着机器的广泛应用和分工的日益细化,"人排挤人"的现象也出现了。"分工越细,劳动就越简单化。工人的特殊技巧失去任何价值。工人变成了一种简单的、单调的生产力,这种生产力不需要投入紧张的体力或智力。

---

① 〔英〕肖恩·塞耶斯:《异化与经济发展》,肖木译,《世界哲学》1995年专刊。
② 〔英〕马歇尔:《经济学原理》(上),陈良璧译,商务印书馆,1983,第276页。
③ 《马克思恩格斯全集》第23卷,人民出版社,1972,第460页。
④ 《马克思恩格斯选集》第1卷,人民出版社,1995,第360~361页。
⑤ 《马克思恩格斯全集》第47卷,人民出版社,1979,第567页。

他的劳动成为人人都能从事的劳动了。因此，工人受到四面八方的竞争者的排挤。"①

客观地讲，大工业发展推动了现代社会分化的进程。马克思说："目前，无可争辩的和容易解释的事实，是'美好的旧时代'的人数众多的小资产阶级已经被工业所消灭，从他们当中一方面分化出富有的资本家；另一方面又分化出贫穷的工人。"② 如果说小工业创造了资产阶级的话，那么大工业不仅创造了工人阶级，而且实现了社会生活的变革。由于大工业的技术基础是革命的，随之而来的"社会化大生产"使整个社会生活的面貌焕然一新。具体而言，这种新的生产方式以新兴工业为龙头、以地理大发现为契机、以科技革命为动力，实现了生产领域甚至整个社会生活的一场重大变革。实际上，在谈到大工业使全世界的社会状况革命化时，马克思也曾深刻地指出，创造蒸汽机的人们根本没有料想到，"蒸汽和新的工具机把工场手工业变成了现代的大工业，从而把资产阶级社会的整个基础革命化了。工场手工业时代的迟缓的发展进程转变成了生产中的真正的狂飙时期"③。

随着大工业的迅猛发展，社会矛盾也日益凸显了。马克思指出："社会越来越迅速地分化为大资本家和一无所有的无产者，……新的生产方式还处在上升时期的最初阶段；它还是正常的、在当时条件下唯一可能的生产方式。但是就在那时，它已经产生了明显的社会弊病：无家可归的人挤在大城市的贫民窟里；一切传统的血缘关系、宗法从属关系、家庭关系都解体了；劳动时间、特别是女工和童工的劳动时间延长到可怕的程度；突然被抛到全新的环境中的劳动阶级大批地堕落了。"④ 可以说，"大工业已经把潜伏在资本主义生产方式中的矛盾发展为明显的对立，以致这种生产方式的日益迫近的

---

① 《马克思恩格斯选集》第 1 卷，人民出版社，1995，第 360 页。
② 《马克思恩格斯全集》第 2 卷，人民出版社，1957，第 300 页。
③ 《马克思恩格斯选集》第 3 卷，人民出版社，1995，第 611 页。
④ 《马克思恩格斯选集》第 3 卷，人民出版社，1995，第 611 页。

崩溃可说是用手就可以触摸到了；只有采用同生产力的现在的发展程度相适应的新的生产方式，新的生产力本身才能保存并进一步发展；由以往的生产方式所造成的并在日益尖锐的对立中不断再生产的两个阶级之间的斗争，遍及一切文明国家并且日益剧烈"①。

很显然，分工的"社会"效应在资本主义条件下表现得最为充分，且居于主导地位的是社会分裂、对抗的一面，或者说是分工的消极影响占了上风，但是，我们同时必须看到分工在社会发展中积极的、建设性的一面。毋庸讳言，青年马克思、恩格斯与后来的一些西方马克思主义批评家，更多地看到了文明社会中各种矛盾"对立"的一面，是劳动分工和社会分化的负面问题，这对于代表社会良知的知识分子、对于体制外的在野的思想者来说再自然不过了，因而自有其正当性。但是，对于社会矛盾的另一个方面即"统一性"，以及对劳动分工、社会分化本身所具有的互依、整合功能的轻视，也势必导致对事物的片面性认识，从而弱化其思想理论的建设和前瞻能力。② 须知，劳动分工与社会分化本身具有二重性，因此应该全面地、辩证地审视劳动分工和社会分化，既要看到其"破"的一面，又要看到其"立"的一面；既要认识到其消极、不利的负面影响，又要注意挖掘其积极、有利的正面效应；既要看到分工的社会分化效应，又要看到分工的社会整合功能。正如人类社会历史总是在矛盾中前进一样，现代社会特别是中国社会的发展也是在分化与整合的矛盾与张力中发展的，而且，无论是从理性的即社会正常发展和秩序的角度看，还是从价值理性和批判的角度看，社会都应当保持一种必要的张力。

所以说，从社会分化的视角理解分工，也就意味着要从社会整合的视角来理解分工。事实上，我们可以看到也可以切身地体会到，现代社会越来越成为一个人们基于共同利益而彼此竞争与合作的领

---

① 《马克思恩格斯选集》第3卷，人民出版社，1995，第617页。
② 参见张曙光《"意识"与"语言"：历史构成的第五个因素》，《河北学刊》2008年第2期。

域，也是一个在分工与合作的推动下不断分化、冲突并需要整合的领域。当然，从学理的角度来看，在与马克思并肩的社会学家涂尔干那里，"社会分化的概念才真正地作为现代性的模型得以形成"①。而且，正如马尔图切利所认为的那样，涂尔干的"伟大功绩是把现代性和社会分化过程等同起来，尤其希望在社会分化过程中和通过这种过程找到关于现代社会固有的整合问题的答案"②。从某种意义上说，当涂尔干将分工与社会整合问题联系起来的时候，他已经揭示出分工的"真正功能"，而对这一问题只能另文再述了。

---

① 〔法〕马尔图切利：《现代性社会学：二十世纪的历程》，姜志辉译，译林出版社，2007，第18页。
② 〔法〕马尔图切利：《现代性社会学：二十世纪的历程》，姜志辉译，译林出版社，2007，第22页。

从"分工的观点"看"人"的发展

根据经典作家的论述,"现实的人及其历史发展"构成了历史唯物主义的主题,"分工的观点"成了理解历史唯物主义的重要视角。实际上,在马克思对分工的运思中,内在地蕴含着对人的发展、人的存在方式问题的思考和解答。分工发展的不同阶段,也就是人的发展的不同阶段。分工的形态嬗递真实地记录并再现了"人"的历史发展轨迹,即从原始"全面的人"到"缩小的人"或"片面的人",再到真正"全面的人"。在现代社会,"专才"与"通才"是现代人存在方式的真实写照。

人是马克思主义哲学的核心范畴,从"分工的观点"看"人"的发展,受益于恩格斯的方法论启示。在《费尔巴哈论》中,恩格斯直接将历史唯物主义称为"关于现实的人及其历史发展的科学"[1]。后来,在致康·施米特的信中,恩格斯进一步指出:"关于整个的历史唯物主义的问题。问题从分工的观点来看是最容易理解的。"[2]在这里,"分工的观点"作为透视历史唯物主义的一个重要视角被确立了。从"分工的观点"理解整个历史唯物主义的问题,必然包含并指向"现实的人及其历史发展"问题。

---

[1] 《马克思恩格斯选集》第 4 卷,人民出版社,1995,第 241 页。
[2] 《马克思恩格斯全集》第 37 卷,人民出版社,1971,第 486 页。

一

马克思曾转引勒蒙特的话说："我们十分惊异，在古代，一个人既是杰出的哲学家，同时又是诗人、演说家、历史学家、牧师、执政者和战略家。这样多方面的活动使我们吃惊。"① 不仅人的多方面才能的发展在古代令人吃惊，而且，近代欧洲文艺复兴时期出现的典型的"全面发展的人"也让人惊叹不已。空想社会主义者圣西门不无感叹地写道："15 世纪的欧洲人，不仅在物理科学、数学、艺术和手工业方面有惊人的成就，他们同时还在人类理性可及的一些重要的最广泛的部门十分热心地工作，他们是全面发展的人，而且是自古以来首次出现的全面发展的人。"② 恩格斯也惊奇地发现，给资产阶级统治打下基础的正是那些"多才多艺、学识渊博"的、全面发展的"人物"。"那时，差不多没有一个著名人物不曾作过长途的旅行，不会说四五种语言，不在好几个专业上放射出光芒。莱奥纳多·达·芬奇不仅是大画家，而且也是大数学家、力学家和工程师，他在物理学的各种不同分支中都有重要的发现。阿尔布雷希特·丢勒是画家、铜板雕刻家、雕塑家、建筑师，此外还发明了一种筑城学体系，这种筑城学体系，已经包含了一些在很久以后被蒙塔朗贝尔和近代德国筑城学又加以采用的观念。马基雅弗利是政治家、历史编纂学家、诗人，同时又是第一个值得一提的近代军事著作家。路德不但清扫了教会这个奥吉亚斯的牛圈，而且也清扫了德国语言这个奥吉亚斯的牛圈，创造了现代德国散文，并且创作了成为 16 世纪《马赛曲》的充满胜利信心的赞美诗的词和曲。"③

当我们为古代和近代人的"全面发展"而拍手叫绝时，也为现代人的日渐"缩小"而扼腕叹息。如上所述，马克思惊讶于古代人

---

① 《马克思恩格斯全集》第 4 卷，人民出版社，1958，第 171 页。
② 《圣西门选集》第 2 卷，董果良译，商务印书馆，1982，第 265 页。
③ 《马克思恩格斯选集》第 4 卷，人民出版社，1995，第 262 页。

能在多个领域、多种活动中获得如此多方面的发展，但与此同时，他也注意到了与之形成鲜明对照的人的另一种生存状态："现在每一个人都在为自己筑起一道藩篱，把自己束缚在里面。我不知道这样分割之后集体的活动面是否会扩大，但是我却清楚地知道，这样一来，人是缩小了。"① 实际上，早在《黑格尔法哲学批判》中，马克思就曾提到了"缩小的人民"② 这一概念。恩格斯进一步指出："由于劳动被分割，人也被分割了。"③ 事实上，马克思对于资本主义社会条件下人的片面发展及其根源有着更为深刻的体认。在考察社会分工形态史的同时，马克思特别研究了资本主义分工的性质、特点及其内在矛盾。诚然，资本主义所特有的工场手工业分工作为一种新型的生产力，是促进社会生产的有力手段，但是，这种分工的发展也从生命的根源上冲击和侵袭着工人，"如果说工人的天赋特性是分工赖以生长的基础，那末工场手工业一经采用，就会使生来只适宜于从事片面的特殊职能的劳动力得到发展"④。最终，工人必将陷入片面化、畸形化发展的境地。"如果我们进行更仔细的考察，那末首先就可以清楚地看到，终生从事同一种简单操作的工人，把自己的整个身体变成这种操作的自动的片面的器官"，而且，"每一个工人都只适合于从事一种局部职能，他的劳动力变成了终身从事这种局部职能的器官"。⑤ 这时候，正如马克思所说："梅涅尼·阿格利巴把人说成只是人身体的一个片断这种荒谬的寓言就实现了。"⑥

这种看似荒谬实则真实的现象使我们不禁发问：为什么在古代和近代一再出现的那种"百科全书式"的"全面的人"，在现代却销声匿迹了呢？是什么原因致使现代人"缩小"的呢？答案就是分工（更准确地说，是资本主义条件下的劳动分工）。乍一听，这样的

---

① 《马克思恩格斯全集》第4卷，人民出版社，1958，第171~172页。
② 《马克思恩格斯全集》第1卷，人民出版社，1956，第330页。
③ 《马克思恩格斯选集》第3卷，人民出版社，1995，第612页。
④ 《马克思恩格斯全集》第23卷，人民出版社，1972，第387页。
⑤ 《马克思恩格斯全集》第23卷，人民出版社，1972，第376页。
⑥ 《马克思恩格斯全集》第23卷，人民出版社，1972，第399页。

答案似乎不能自圆其说,难道古代和近代就没有分工吗?实际上,当我们将人的"缩小"归因于分工时,我们并没有否认古代和近代存在分工,而不过是要强调那时"全面的人"并不是奴隶般地屈从于分工的。正如恩格斯分析的那样,"那时的英雄们还没有成为分工的奴隶,而分工所具有的限制人的、使人片面化的影响,在他们的后继者那里我们是常常看到的。但他们的特征是他们几乎全都处在时代运动中,在实际斗争中生活着和活动着,站在这一方面或那一方面进行斗争,有人用舌和笔,有人用剑,有些人则两者并用。因此就有了使他们成为全面的人的那种性格上的丰富和力量"①。

从恩格斯的上述分析中,我们似乎可以获得这样的启示:诚然,分工具有阻碍、限制人的全面发展的负面影响,但是,人的全面发展的实现却并不是要彻底"消灭分工"或消灭一切分工,关键要从根本上改变人与分工之间的关系——人应该支配分工而不是分工支配人、分工应该从属于人而不是人从属于分工。只有当那种不合理的、自发的旧式分工被一种合理的、自觉的新式分工所替代的时候,"缩小的人"或"片面的人"才将被"全面的人"所代替,在这个意义上,分工则成为实现人的全面发展的一种现实路径。需要特别强调的是,从其现实效应上来看,分工的两重性决定了分工对人的全面发展具有双重作用。"分工的不可自由选择的固定性和强制性必将牺牲人的全面发展,而分工所形成的种属能力或整体力,又必将促进整个人类的发展,分工对人的发展有双重作用,而这双重作用植根于分工本身的双重性,即不可自由选择的固定性、强制性和形成种属能力或整体力的'整合'能力。"②

二

历史地看,分工与人的发展之间存在一定的对应关系。国内有

---

① 《马克思恩格斯选集》第 4 卷,人民出版社,1995,第 262 页。
② 韩庆祥、秦小星:《关于分工和异化的几个理论问题》,《学术界》1987 年第 6 期。

学者就将分工和与之对应的人的发展三阶段依次表述为：建立在只有自然分工基础上的原始全面的人；旧式分工支配下片面发展的人；新式分工引导下真正全面的人。① 可见，分工发展的不同阶段，意味着人的发展的不同阶段，表征的是人的不同存在状态。

在人类社会发展初期，在自给自足的自然经济条件下，基于自然分工之上的人具有原始的全面性。马克思分析指出："单个人显得比较全面，那正是因为他还没有造成自己丰富的关系，并且还没有使这种关系作为独立于他自身之外的社会权力和社会关系同他自己相对立。留恋那种原始的丰富，是可笑的，相信必须停留在那种完全的空虚化之中，也是可笑的。"② 与自然分工这一发展阶段相适应，个人还没有也不可能从这种原始的全面中分化出真正丰富、全面的社会关系，因而，留恋并企图长久停留在"原始的丰富"这种近乎"空虚化"的状态中不仅是可笑的，而且是不可能的，正如人类不可能长久地做小孩一样。黑格尔这样写道："婴儿式的天真，无疑地，有其可歆羡和感人之处，只在于促使我们注意，使我们知道这天真谐和的境界，须通过精神的努力才会出现的。在儿童的生活里所看见的谐和乃是自然的赐予，而我们所需返回的谐和应是劳动和精神的教养的收获。基督曾说过：'如果你不变成同小孩一样'等语，足见他并不是说我们应该长久作小孩。"③ 实际上，如同小孩长成大人是不可逆的自然过程一样，随着分工的发展，人类之初那种原始的全面性、丰富性的分化乃至分裂也是不可避免的。正如黑格尔所言，认为人类最初的境界是天真无邪与和谐一致的这种看法，"就其认为'分裂状态'是所有人类无法避免的，不是最后安息之所而言，显然是对的。但如果认为这种自然素朴的境界是至善境界，那就不对了"④。

---

① 参见王锐生《论人的两种全面发展（对话）》，《首都师范大学学报》2002年第6期。
② 《马克思恩格斯全集》第30卷，人民出版社，1995，第112页。
③ 〔德〕黑格尔：《小逻辑》，贺麟译，商务印书馆，1980，第90页。
④ 〔德〕黑格尔：《小逻辑》，贺麟译，商务印书馆，1980，第90页。

如果说与自然分工相对应的是原始全面的人，那么，与旧式分工相对应的就是片面发展的人，后者在马克思所描述的第二大社会形态即资本主义阶段表现得最为充分。诚然，较之前资本主义阶段，分工获得了长足的发展，也使以商品、货币为媒介的人的社会关系变得越来越丰富了，但与此同时，分工的二重性特别是其内在的矛盾性和局限性也越来越明显地显露出来。在资本主义阶段，分工的发展"使得人们的发展只能具有这样的形式：一些人靠另一些人来满足自己的需要，因而一些人（少数）得到了发展的垄断权；而另一些人（多数）经常地为满足最迫切的需要而进行斗争，因而暂时（即在新的革命的生产力产生以前）失去了任何发展的可能性"①。毫无疑问，在这一过程中，占人口多数的工人失去了任何发展的可能性。如果说工人有一定程度的发展，那也只不过是作为"以资本为基础的生产的一个条件"，作为资本家发财致富的一个手段而在某一方面有限度的发展，因而工人的发展具有明显的片面性和工具性。"只要工人的自然个性的某个方面作为自然基础进一步得到发展，它就会代替工人的全部生产能力，转化成一种特殊性，这种特殊性为了证明自身需要同整个工厂一起行动，表现为这种工厂的一种特殊职能。"② 因此，工人"为了从事生产劳动，现在不一定要亲自动手；只要成为总体工人的一个器官，完成他所属的某一种职能就够了"③。实际上，就整个社会而言，"不仅是工人，而且直接或间接剥削工人的阶级，也都因分工而被自己活动的工具所奴役；精神空虚的资产者为他自己的资本和利润欲所奴役；律师为他的僵化的法律观念所奴役，这种观念作为独立的力量支配着他；一切'有教养的等级'都为各式各样的地方局限性和片面性所奴役，为他们自己的肉体上和精神上的近视所奴役，为他们的由于受专门教育和终身

---

① 《马克思恩格斯全集》第3卷，人民出版社，1960，第507页。
② 《马克思恩格斯全集》第47卷，人民出版社，1979，第333页。
③ 《马克思恩格斯全集》第23卷，人民出版社，1972，第556页。

束缚于这一专门技能本身而造成的畸形发展所奴役"①。马克思指出，这种片面发展的人是由旧式分工造成的，旧式分工使人变成了受奴役、片面、畸形发展的人。

如此看来，旧式分工已经成为人的全面发展的最大障碍，因此，只有"通过消除旧的分工，进行生产教育、变换工种、共同享受大家创造出来的福利，以及城乡的融合，使社会全体成员的才能得到全面发展"②。换句话说，只有当一种新式分工代替这种旧式分工的时候，人才能从片面化、畸形化发展的阴影中走出来，向共产主义的"全面的人"迈进。须知，"共产主义决不是人所创造的对象世界的消逝、舍弃和丧失，即决不是人的采取对象形式的本质力量的消逝、舍弃和丧失，决不是返回到非自然的、不发达的简单状态去的贫困。恰恰相反，它们倒是人的本质的或作为某种现实东西的人的本质的现实的生成，对人来说的真正的实现"③。因此，人的全面发展绝不是要返回"原始的丰富"状态中去，相反，人的片面化、畸形化发展作为人的全面发展所必须付出的代价而构成了人的全面发展的一个必经环节，在这一过程中也潜藏着走向真正的全面的人的基础和条件。正如马克思所说："生产者对专一生产部门的依附，他的职业的原有多面性的破坏，就成为发展的必要因素。"④ 这时候，工人的"片面性甚至缺陷就成了他的优点"⑤。正是在这个意义上，马克思充分肯定了弗格森的分工观点所包含的机智见解，诚然，分工产生了奴隶制，使整个民族成了奴隶民族，但是，"奴隶制是自由人的充分的、全面的发展的基础"⑥。同样，从分工的观点看，资本主义制度也为人的全面发展提供了基础和条件。由于个人的社会关系越来越丰富、生产和交往越来越呈现出"世界历史性"，因此，

---

① 《马克思恩格斯全集》第 20 卷，人民出版社，1971，第 317 页。
② 《马克思恩格斯全集》第 4 卷，人民出版社，1958，第 371 页。
③ 《马克思恩格斯全集》第 3 卷，人民出版社，2002，第 331 页。
④ 《马克思恩格斯全集》第 23 卷，人民出版社，1972，第 532 页。
⑤ 《马克思恩格斯全集》第 23 卷，人民出版社，1972，第 387 页。
⑥ 《马克思恩格斯全集》第 47 卷，人民出版社，1979，第 315 页。

就必须"培养社会的人的一切属性,并且把他作为具有尽可能丰富的属性和联系的人,因而具有尽可能广泛需要的人生产出来——把他作为尽可能完整的和全面的社会产品生产出来"①。可见,人的完整性、全面性、普遍性发展已经潜在地存在于这一制度之中了。在这里,马克思所谓的作为"尽可能完整的和全面的社会产品"的人的生产,主要是指人的"劳动的变换、职能的更动和工人的全面流动性"②,其实质就是新式分工引导下全面发展的人的形成。

三

在马克思看来,真正全面发展的人是历史的产物。"全面发展的个人——他们的社会关系作为他们自己的共同的关系,也是服从于他们自己的共同的控制的——不是自然的产物,而是历史的产物。"③ 在这一历史过程中,新式分工已经形成,人不再屈从于分工,相反,分工将被重新置于人的支配之下,为人的全面发展创造条件。在这里,人的全面发展主要表现为人的个性的自由发展、作为目的本身的人类能力的发展和人的一切社会关系的充分发展。

人的全面发展首先意味着人的"个性得到自由发展"④。对个人而言,每个人都"可以随意从事这种或那种劳动;他对特殊的劳动的特殊关系不是由社会决定;他的意愿是由他的天赋、爱好、他所处的自然生产条件等等自然而然地决定的;因此,劳动的特殊化,劳动社会地分解为各特殊部门的总体,这从个人方面看实际上表现为,他本身的精神的和天然的特性同时采取一种社会特性的形态。对他来说,他的劳动的特性,首先是他的劳动的物化,是从他的本性及其特殊前提中产生的,但他同时把这种特性看作某种特殊需要

---

① 《马克思恩格斯全集》第 46 卷(上),人民出版社,1979,第 392 页。
② 《马克思恩格斯全集》第 23 卷,人民出版社,1972,第 534 页。
③ 《马克思恩格斯全集》第 30 卷,人民出版社,1995,第 112 页。
④ 《马克思恩格斯全集》第 31 卷,人民出版社,1998,第 101 页。

体系和社会活动的某种特殊部门的实现"①。如此看来，在分工条件下，每个人都会在自己所从事的特殊劳动中形成一定的个性。但是，马克思却批判性地指出："分工被这样理解为特殊个性的社会再生产，这种个性因而是人类整个发展中的一环，同时又使个人能够以自己的特殊活动为媒介而享受一般的生产，参与全面的社会享受，——从简单流通的观点出发而得出的这种看法，是对个人自由的肯定，而不是对个人自由的否定，它仍然是资产阶级政治经济学中流行的看法。"② 马克思之所以批判这种分工观点，主要是因为资产阶级政治经济学家并没有真正理解分工的两重性及其内在矛盾：他们只看到了分工对自由的肯定，却忽视了分工对自由的否定；他们只看到了分工对个性的激励和塑造，却忘记了分工对个性的褫夺和戕害。马克思进一步指出，自由个性的形成固然是以建立在交换价值基础上的生产为前提的，但是，他们却忘记了："交换价值作为整个生产制度的客观基础这一前提，从一开始就已经包含着对个人的强制，……包含着对个人的自然存在的完全否定，因而个人完全是由社会所决定的。"③ 而且，他们也忘记了："交换价值这个前提决不是从个人的意志产生，也不是从个人的直接自然产生，它是一个历史的前提，它已经把个人当作是由社会决定的人了。"④ 在马克思看来，绝对不能把消除旧的"观念统治同创造自由个性看成一回事"⑤，而必须看到个性背后作为"定在"的公共性，因为"抽象的个别性是脱离定在的自由，而不是在定在中的自由。它不能在定在之光中发亮"⑥。黑格尔进一步指出，在个人的活动背后存在一种公共法则，尽管"大家各自努力维护其自己的个体性，但大家同时又都做不到这一点，因为每个个体性都受到同一样的抗拒并相互地为

---

① 《马克思恩格斯全集》第46卷（下），人民出版社，1980，第472页。
② 《马克思恩格斯全集》第46卷（下），人民出版社，1980，第472页。
③ 《马克思恩格斯全集》第46卷（上），人民出版社，1979，第200页。
④ 《马克思恩格斯全集》第46卷（上），人民出版社，1979，第200~201页。
⑤ 《马克思恩格斯全集》第46卷（上），人民出版社，1979，第111页。
⑥ 《马克思恩格斯全集》第40卷，人民出版社，1980，第228页。

别的个体性所消融。一般人所看到的公共法则于是就是这样的一个普遍的混战，在这场混战里各人各自夺取其所能取的，对别人的个别性则同样因别人的公平待遇而归于消灭。这个法则就是世界进程"①。实际上，这样一个公共法则的存在不仅为个性的交锋提供了平台，而且使个性的形成获得了动力和依托。而人的自由个性的真正形成就意味着人的全面发展的实现，因为"这种个性无论在生产上和消费上都是全面的，因而个性的劳动也不再表现为劳动，而表现为活动本身的充分发展"②。

  人的个性要想得到自由、全面的发展，能力的发展就要达到一定的程度和全面性。马克思认为，人的全面发展，归根结底是作为目的本身的人类能力的发展。而人类能力的发展"正是以建立在交换价值基础上的生产为前提的，这种生产才在产生出个人同自己和同别人相异化的普遍性的同时，也产生出个人关系和个人能力的普遍性和全面性"③。在资产阶级经济以及与之相适应的生产时代中，生产的两重性及其内在矛盾表现得更为突出："人的内在本质的这种充分发挥，表现为完全的空虚化；这种普遍的对象化过程，表现为全面的异化，而一切既定的片面目的的废弃，则表现为为了某种纯粹外在的目的而牺牲自己的目的本身。"④ 但是不可否认，先前的生产、"先前的历史发展使这种全面的发展，即不以旧有的尺度来衡量的人类全部力量的全面发展成为目的本身"⑤。这时候，人类能力的发展也将成为目的本身，"人不是在某一种规定性上再生产自己，而是生产出他的全面性；不是力求停留在某种已经变成的东西上，而是处在变易的绝对运动之中"⑥。

---

① 〔德〕黑格尔：《精神现象学》（上），贺麟、王玖兴译，商务印书馆，1979，第251页。
② 《马克思恩格斯全集》第30卷，人民出版社，1995，第286页。
③ 《马克思恩格斯全集》第30卷，人民出版社，1995，第112页。
④ 《马克思恩格斯全集》第30卷，人民出版社，1995，第480页。
⑤ 《马克思恩格斯全集》第30卷，人民出版社，1995，第480页。
⑥ 《马克思恩格斯全集》第30卷，人民出版社，1995，第480页。

人的全面发展还体现为人的一切社会关系的发展。在对蒲鲁东的批判中，马克思曾揭示了分工与社会关系的内在联系：分工是生产的社会关系的理论抽象，而社会关系是分工的现实内容。在著名的《关于费尔巴哈的提纲》中，马克思也曾指出，在其现实性上，人的本质是"一切社会关系的总和"，这一论断表明，分工正是以社会关系为中介与人的发展内在地勾连起来。人不仅是社会关系的产物，而且无时无刻不在一定的社会关系中生存和发展，从某种意义上说，"社会关系实际上决定着一个人能够发展到什么程度"[1]。因而，也可以说，作为社会关系的具体表现的分工也决定着人的生存与发展、人的职业和能力。马克思曾指出，搬运夫与哲学家之间的巨大鸿沟并不是他们的天性和自然差别所致，而是分工造成的。也就是说，一个人所具有的社会关系决定了这个人是一个什么样的人。正如马克思所说："如果一个人只为自己劳动，他也许能够成为著名学者、大哲人、卓越诗人，然而他永远不能成为完美无疵的伟大人物。"[2] 当然，由于他从来没有走出自我，他也永远无法实现人的真正价值，因为一个人的价值取决于他在什么程度上和什么意义上将自我解放出来。实际上，人的解放、人的全面发展必然要求旧式分工的消除，只有这样，只承担一种社会局部职能的局部的个人、片面的个人才能真正从自我、从狭隘的社会关系中走出来，逐步迈向全面发展的个人。如果说人的发展意味着人的社会关系的丰富，那么，人的全面发展的实现就意味着人的一切社会关系的充分发展。正如马克思所说，"个人的全面性，不是想象的或设想的全面性，而是他的现实关系和观念关系的全面性"[3]。

四

实际上，马克思对分工与"现实的人及其历史发展"的讨论，

---

[1] 《马克思恩格斯全集》第3卷，人民出版社，1960，第35页。
[2] 《马克思恩格斯全集》第40卷，人民出版社，1982，第7页。
[3] 《马克思恩格斯全集》第46卷（下），人民出版社，1980，第36页。

也就是对于分工条件下人的存在方式的深切思考。为了将问题进一步深化，最后，我们有必要对马克思所祈盼的"通才"与涂尔干所钟情的"专才"予以简要的比较分析。

众所周知，人的全面发展是马克思哲学的最高理想和价值诉求，但是在资本主义的分工条件下，分工导致了人的"缩小"，限制了人的全面发展。于是，打破这种片面性的限制，解开"单面人"的魔咒，成为"通才"也就成为马克思所祈盼的人的"理想类型"。与马克思不同，涂尔干对"专才"情有独钟。他所推崇的是那些具有界限意识、专业意识，有着自己的"自留地"的专家，嘲讽那些看似多面手的"全才"或"通才"实际上都是"半吊子行家"。涂尔干指出，现代社会必定是专业化发展的。因此，现代人"只有在个人的活动变得更加专业化的时候，它们才会显得更加丰富，更加强烈"①。所以，他认为，"我们的责任不在于扩大我们的活动范围，而在于使它们不断集中，使它们朝着专业化的方向发展。必须划定我们的范围，选择一项确定的工作，全心全力地投入进去"②。我们并不是一定要成为"有能力去关心一切，尝试一切，玩味一切，理解一切，能够将所有最优秀的文明聚敛和体现在自己身上"的"完美的个人"。③

实际上，涂尔干在这一观点上也不乏同道中人。根据韦伯的分析，"在现代世界，人们抛弃了浮士德式的面面俱到，使自己限于一项专门的工作是任何有价值活动的先决条件；因此，行动与自我克制不可避免地互为条件了。如果中产阶级的生活方式要成为一种生活方式，而不是一种没有内容的生活方式的话，那么，它所具有的禁欲主义的本质特征，正是歌德在其《漫游时代》以及他为浮士德

---

① 〔法〕涂尔干：《社会分工论》，渠东译，生活·读书·新知三联书店，2000，第362页。
② 〔法〕涂尔干：《社会分工论》，渠东译，生活·读书·新知三联书店，2000，第359页。
③ 〔法〕涂尔干：《社会分工论》，渠东译，生活·读书·新知三联书店，2000，第4页。

所安排的生命结局中,想以最高智慧启示我们的东西。对他来说,这种认识意味着一种决裂,意味着告别一个富于完美人性的时代,这种时代已不可能在我们的文化发展过程中重新出现,就像古雅典文化的全盛时代不可能重演一样"[1]。黑格尔充分肯定了专攻一业、专做一事的重要意义。他说:"一个志在有大成就的人,他必须,如歌德所说,知道限制自己。反之,那些什么事都想做的人,其实什么事都不能做,而终归于失败。世界上有趣味的东西异常之多:西班牙诗、化学、政治、音乐都很有趣味,如果有人对这些东西感觉兴趣,我们决不能说他不对。但一个人在特定的环境内,如欲有所成就,他必须专注于一事,而不可分散他的精力于多方面。"[2]

  客观地讲,无论是"通才"还是"专才"都有其存在的合理性。对马克思来说,前者是针对资本主义社会中人的片面化和"异化"而提出的;对涂尔干来说,后者恰恰是对高度分化的现代社会中人的存在方式最有力的解释。人的全面自由发展是马克思对古希腊的全面发展的"文明人"理想的继承,是马克思对"通才"的祈盼。然而,在涂尔干看来,现代社会所需要的却是"专才",即处于劳动分工条件下高度专门化的专业人才,他认为"通才"的理想与现代社会的现实是格格不入的,"通才"时代已经结束。在涂尔干看来,分工合作是现代社会的显著标志,而共产主义所主张的每个人或每个家庭都是"全能生产者"的观念表明,社会还处于"机械团结"的同质状态,还不存在分工与合作的普遍依赖性,社会专门化程度低,"集体意识"还是一种社会"常态",在此,共产主义似乎就成了乌托邦的代名词。按照涂尔干的论述,"在乌托邦中,每个人都按自己认为合适的方式劳动,只是不要无所事事……由于每个人都做同样的事,或几乎同样的事,那么就不存在合作来进行调控。只是每个人生产的东西不属于他自己。他不能随意支配劳动产品。

---

[1] 转引自〔英〕吉登斯《资本主义与现代社会理论——对马克思、涂尔干和韦伯著作的分析》,郭忠华、潘华凌译,上海译文出版社,2007,第208页。
[2] 〔德〕黑格尔:《小逻辑》,贺麟译,商务印书馆,1980,第174页。

他要把产品带到群体中，然后只有社会集体支配它时，他才能享受"①。涂尔干认为，现代社会的"常态"应该是"有机团结"即基于分工之上的一种功能性依存。因此，为了解决"限制人的范围"的问题，涂尔干设想了一个多种职能相互依存的"多职业社会"。

　　问题在于，在涂尔干所设想的现代"多职业社会"中，当社会分化走向社会分裂，人自身的分化走向分裂时，固定的分工和现实的职业都会阻碍人性充分而全面的发展，借用韦伯的话说就是，当浮士德式的"通才"蜕变为"没有精神的专家，没有情感的享乐者"的时候，"最大的问题是……我们怎样才能对付这种机械化，才能在支离破碎的灵魂里，以及在这种完全处于支配地位的官僚式生活的理想中，保留住一点点人性？"②当在现代社会这个官僚制的"牢笼"中获得人性出现问题的时候，人的全面而自由发展，这一源自古希腊由马克思所继承下来的古老的思想观念必将再一次焕发出勃勃生机，转化为人们对未来的美好希冀。这时候，"全面发展的人"作为人的"理想类型"才是最符合人的发展本性的。

---

　　① 转引自〔英〕吉登斯《资本主义与现代社会理论——对马克思、涂尔干和韦伯著作的分析》，郭忠华、潘华凌译，上海译文出版社，2007，第111页。
　　② 转引自〔英〕吉登斯《资本主义与现代社会理论——对马克思、涂尔干和韦伯著作的分析》，郭忠华、潘华凌译，上海译文出版社，2007，第265页。

个人与社会何以维系?

——基于涂尔干《社会分工论》的思考

在"现代社会",个人与社会何以维系?这是涂尔干在《社会分工论》中提出并试图给予解答的一个重大的时代课题。涂尔干认为,分工的"真正功能"并不在于优化经济,而在于实现社会整合,因为分工既是社会团结的源泉,又是道德秩序的基础。历史地看,在"机械团结"的传统社会,个人与社会主要维系于集体意识,而在"有机团结"的现代社会,个人与社会主要以社会分工为纽带。"失范"是涂尔干对现代社会的病理诊断,但其原因不在分工,而在传统社会道德支柱的瓦解。因此,与马克思不同,涂尔干认定现代社会的"危机"在性质上是属于道德的而非经济的,现代社会的"出路"就在于必须诉诸基于社会分工的道德统一性。

《社会分工论》是法国著名社会学家涂尔干集中论述分工及其功能的代表性著作,由其博士论文完善而成并被视为其学术体系建立的标志。本书创作于19世纪末期,当时正值欧洲工业化的高潮时期,西方国家正处于全面危机时代,社会失序、道德失范问题日益凸显。那么,在"现代社会"[①] 中,个人与社会何以维系呢?这就

---

① 按照吉登斯的分析,"涂尔干既没有在其著作中使用圣西门的'工业社会'术语,也没有使用经济学家的'资本主义',而是运用了'现代社会'或'当代社会'"。[参见〔英〕吉登斯《资本主义与现代社会理论——对马克思、(转下页注)

是涂尔干在《社会分工论》中提出并试图解答的一个重大的时代课题。

一

涂尔干认为，分工的"真正功能"并不在于优化经济，而在于实现社会整合，因为在他看来，分工既是社会团结的源泉，又是道德秩序的基础。

在阐明分工的"真正功能"之前，我们先简要回顾一下涂尔干对分工的独特界说。在涂尔干看来，分工是生物学意义上的一种普遍现象，而作为根植于人类理智和意志的一种制度安排，"社会劳动分工只不过是普遍发展的一种特殊形式"①而已。众所周知，在生物界，同类生物有机体之间的竞争最为激烈，而这种激烈的竞争必然会引发与之相应的专门化，最后，功能的分化使各种各样的有机体都能存活并延续下来。涂尔干由此得到启发并将"功能分化"的原理从生物界移植到了人类社会。他说："人类服从于同样的法则。在同一座城市里，不同职业的人能够共存，而不至于相互消灭对方，因为他们追求不同的目标。士兵追求军事上的荣耀，牧师则想成为道德权威，政界人物想得到权利，商人寻求财富，学者看重科学名望。"②可见，在人类社会中，劳动分工或职业分化具有重要"功能"，个人之间的分工不仅有助于维系个人与社会的有机团结，而且有利于实现整个社会的功能性整合。

在涂尔干那里，分工的"真正功能"首先在于它是社会团结的

（接上页注①）涂尔干和韦伯著作的分析》，郭忠华、潘华凌译，上海译文出版社，2007，第231页］实际上，这一术语更替的背后潜藏的正是涂尔干对现代社会的基本判断，即降低了阶级冲突、革命的重要性，推崇的是渐进性、累积性的变革。

① 〔法〕涂尔干：《社会分工论》，渠东译，生活·读书·新知三联书店，2000，第4页。
② 转引自〔英〕吉登斯《资本主义与现代社会理论——对马克思、涂尔干和韦伯著作的分析》，郭忠华、潘华凌译，上海译文出版社，2007，第92页。

源泉。涂尔干指出:"劳动分工所扮演的角色就比我们平常想像的还要重要。它不只是给社会带来了奢华,奢华虽然令人艳羡,但却不是必不可少的,它更是社会存在的一个条件。"① 实际上,分工不仅是现代社会存在的条件,而且是现代社会得以可能的前提,正如涂尔干所说:"劳动分工的最大作用,并不在于功能以这种分化方式提高了生产率,而在于这些功能彼此紧密的结合,分工的作用不仅限于改变和完善现有的社会,而是使社会成为可能,也就是说,没有这些功能,社会就不可能存在。"② 需要注意的是,在分工的"功能"问题上,以斯密为代表的经济学家与涂尔干的观点形成了鲜明对照,前者推崇分工的经济效应,即分工在优化经济、扩大生产、提高生产率方面的经济学意义,后者则更看重分工的社会效应,认为分工的"经济效应"只是其社会效应的"副作用",分工的"真正功能"就在于促进社会团结,实现社会整合。关于这一点,涂尔干曾写道:"如果经济学家们认清了分工的本质属性,不再毫无保留地公开责难分工,如果他们不再把分工仅仅看作是增加社会生产力的有效手段,他们就会看到分工首先是社会团结的源泉。"③ 深受涂尔干这一思想影响的宪法学家狄骥进一步分析指出:"人们有不同的能力和不同的需要。他们通过一种交换的服务来保证这些需要的满足,每个人贡献出自己固有的能力来满足他人的需要,并由此从他人手中带来一种服务的报酬。这样便在人类社会中产生一种广泛的分工,这种分工主要是构成社会的团结。"④ 由此可见,通过在人与人、人与社会之间建立一种团结感,从而更好地实现个人与社会的功能性整合,就是分工的"真正功能"所在。涂尔干也曾转引孔德

---

① 〔法〕涂尔干:《社会分工论》,渠东译,生活·读书·新知三联书店,2000,第26页。
② 〔法〕涂尔干:《社会分工论》,渠东译,生活·读书·新知三联书店,2000,第24页。
③ 〔法〕涂尔干:《社会分工论》,渠东译,生活·读书·新知三联书店,2000,第332页。
④ 〔法〕莱昂·狄骥:《宪法论》第1卷,钱克新译,商务印书馆,1962,第63~64页。

的《实证哲学教程》进一步论证道:"人们马上就可以看到,非但每个人,每个阶级,而且从多种角度来说,各个民族都同时加入到了分工行列中,每个人都以自己的方式以特殊而又确定的程度,加入到雄心勃勃的公共事业中。它注定要逐渐地发展起来,以至于把今天的合作者与过去的先行者,以及未来各种各样的后继者结合在一起。这样,人类的不同工作就不断得到分配,它构成了社会团结的主要因素,构成了社会有机体一天比一天扩大,一天比一天复杂的首要原因。"① 这使涂尔干更加坚定了分工是社会团结的源泉这一信念,因而他明确声称:"分工具有着整合社会机体,维护社会统一的功能。"② 实际上,对于现代人来说,对分工的认识只有达到这一高度,即深刻地领悟到分工在现代社会中的"真正功能",才能真正了解现代社会的本质。

无独有偶,当代著名学者詹纳也敏锐地洞察到分工在现代社会中的团结功能。他指出,自工业化开始以来,劳动分工"就发挥了经济因素所具有的特殊历史意义"③。而且,历时地看,"在人类历史上(不包括战争)没有任何时候像今天的分工社会一样,把人们紧密地连在一起"④。毋庸置疑,这种紧密的社会团结绝不是无条件的、纯然自发的现象,而是基于人们的共同利益联系在一起的。对此,马克思和恩格斯早就指出:"每一个民族都由于物质关系和物质利益(如各个部落的敌视等等)而团结在一起,……因此,隶属于某个民族成了人'最自然的利益'。"⑤ 关于这一点,詹纳也毫不隐讳地承认道:"人们之间的共同体关系是通过经济互利而联系在一起

---

① 〔法〕涂尔干:《社会分工论》,渠东译,生活·读书·新知三联书店,2000,第26页。
② 〔法〕涂尔干:《社会分工论》,渠东译,生活·读书·新知三联书店,2000,第26页。
③ 〔德〕格罗·詹纳:《资本主义的未来:一种经济制度的胜利还是失败?》,宋玮等译,社会科学文献出版社,2004,第50页。
④ 〔德〕格罗·詹纳:《资本主义的未来:一种经济制度的胜利还是失败?》,宋玮等译,社会科学文献出版社,2004,第206页。
⑤ 《马克思恩格斯全集》第3卷,人民出版社,1960,第169页。

的，这种好处首先是通过劳动的分工实现的。"① 埃尔玛·阿尔特瓦特进一步阐明了基于分工而建立的共同体关系对于社会团结的重要性，"当社会能够产生共同的联系形式以及共同的政治理念，并能够在市场内外的联系中不断加强团结时，社会就会存在，而不至于使社会关系发生断裂"②。正是在这个意义上，詹纳明确断言，"纯粹的劳动分工是社会联系的纽带"③。显然，在对分工的"功能"这一问题的看法上，詹纳与涂尔干有着惊人的相似性，二者的观点相互印证、相得益彰。

当然，相比之下，涂尔干对于分工及其团结功能的推崇和论证都更胜一筹。在论证分工是社会团结的源泉的基础上，涂尔干进一步指出，分工的"真正功能"就在于它是社会团结的主要根源。正如涂尔干所说："有了分工，个人才会摆脱孤立的状态，而形成相互间的联系；有了分工，人们才会同舟共济，而不一意孤行。总之，只有分工才能使人们牢固地结合起来形成一种联系，这种功能不止是在暂时的互让互助中发挥作用，它的影响范围是很广的。"④ 在此基础上，涂尔干给出了一个总结性的论断："劳动分工即使不是社会团结的惟一根源，也至少是主要根源。"⑤ 实际上，较之于传统社会，分工的上述功能表现得更为充分，原因就在于"社会的凝聚性是完全依靠，或至少主要依靠劳动分工来维持的，社会构成的本质特性也是由分工决定的"⑥。稍后，涂尔干重申："分工不仅为社会

---

① 〔德〕格罗·詹纳：《资本主义的未来：一种经济制度的胜利还是失败？》，宋玮等译，社会科学文献出版社，2004，第51页。
② 转引自〔德〕格罗·詹纳《资本主义的未来：一种经济制度的胜利还是失败？》，宋玮等译，社会科学文献出版社，2004，第53页。
③ 〔德〕格罗·詹纳：《资本主义的未来：一种经济制度的胜利还是失败？》，宋玮等译，社会科学文献出版社，2004，第54页。
④ 〔法〕涂尔干：《社会分工论》，渠东译，生活·读书·新知三联书店，2000，第24页。
⑤ 〔法〕涂尔干：《社会分工论》，渠东译，生活·读书·新知三联书店，2000，第26页。
⑥ 〔法〕涂尔干：《社会分工论》，渠东译，生活·读书·新知三联书店，2000，第26页。

提供了凝聚力，而且也为社会确定了结构特性。"① 由此可以看出，在阐明分工的团结、凝聚功能的过程中，涂尔干已经将分工与社会构成、社会结构乃至社会形态的变迁问题联系起来考察了。

二

众所周知，"机械团结"和"有机团结"是涂尔干提出的两种社会存在形态。如果说机械团结表征的是一种同质的、未分化的或分化程度不高的社会形态即传统社会的话，那么，有机团结则对应于一种异质的、分化的社会形态即现代社会。从根本上看，"二者的构成方式不同，基础不同，所诉诸的感情更是不同"②。具体而言，首先，前者基于"相似性吸引"，后者基于"功能性互补"。在作为一个"文化统一体"的机械团结的社会中，社会成员都恪守共同的信仰，怀有共同的情感，这些共同怀有的牢固的情感和信仰支配着整个社会，而且，"个人间并不存在多大的差异，每个个人都是整体的缩影"。相反，有机团结是按照特定关系把各不相同的特别功能组合在一起的一种社会形态，它"并不是单纯来自对共同的信仰和情感的接受，而是基于劳动分工上的功能性相互依赖"③。其次，前者强调集体意识，以个人之间的同一性为前提，后者重视个人意识，以个人之间的差异性为前提。在机械团结占主导的传统社会中，集体意识或共同意识具有绝对至上的地位，"所有社会成员的共同观念和共同倾向在数量和强度上都超过了成员自身的观念和倾向"④。而且，社会分工尚处于低级阶段，因此，社会整合、民族保存的决定

---

① 〔法〕涂尔干：《社会分工论》，渠东译，生活·读书·新知三联书店，2000，第152~153页。
② 〔法〕涂尔干：《社会分工论》，渠东译，生活·读书·新知三联书店，2000，第25页。
③ 〔英〕吉登斯：《资本主义与现代社会理论——对马克思、涂尔干和韦伯著作的分析》，郭忠华、潘华凌译，上海译文出版社，2007，第88~89页。
④ 〔法〕涂尔干：《社会分工论》，渠东译，生活·读书·新知三联书店，2000，第90页。

性力量便来自社会成员的相似性及其高度一致的集体意识。而在从机械团结向有机团结的过渡中，发达的社会分工使传统社会中机械性的集体意识发生了重大的质的变化，"集体意识变得越来越微弱，越来越模糊"，与此同时，以尊重个人意识为前提，并以个人差异的认同为内容的现代社会开始形成。

因此，有学者指出，机械团结和有机团结的区别就在于：前者维系于集体意识，后者以社会分工为纽带。由于社会分工产生了价值上异质性的个人，这意味着现代社会除了集体意识和集体人格之外，还有个人意识和个人人格；二者间的张力导致前者不断衰落，后者不断上升。① 的确，在从机械团结向有机团结的转变过程中，集体意识的作用日趋衰微，分工的功能日益凸显。根据涂尔干的分析，从机械团结向有机团结的过渡，意味着一个社会从低级阶段迈向高级阶段，从传统社会形态迈入现代社会形态，而在这一重大的社会转型过程中，"劳动分工逐步替代了共同意识曾经扮演过的角色，高等社会的统一完全要靠分工来维持了"②。也就是说，在有机团结占主导的现代社会中，分工日益成为社会团结的主导因素，分工"能使互有差异的人们结合起来；使互相分化的人们聚集起来；使相互分离的人们亲密起来"③。在这种高等社会中，"每个机构都有自己特殊的职能，而且它们本身也都是由各种不同的部分组成的。社会各个要素不仅具有不同的性质，而且也具有不同的组合方式。它们并不象环节虫那样排列成行，互相搭嵌，而是相互协调，相互隶属，共同结合成为一个机构，并与有机体其它机构进行相互制约"④。

可见，在从以机械团结为主的传统社会向以有机团结为基础的

---

① J. M. Lehmann, *Deconstructing Durkheim: A Post-post Structuralist Critique*, New York: Routledge, 1993, pp. 81–86.
② 〔法〕涂尔干：《社会分工论》，渠东译，生活·读书·新知三联书店，2000，第134页。
③ 〔法〕涂尔干：《社会分工论》，渠东译，生活·读书·新知三联书店，2000，第233页。
④ 〔法〕涂尔干：《社会分工论》，渠东译，生活·读书·新知三联书店，2000，第142页。

现代社会的过渡中，社会分工加速了社会流动和社会分化，个体与原有集体意识逐渐疏远，社会对个体的强制性也日益减弱，一言以蔽之，"社会分工的分化必然导致社会集体意识的普遍性衰减"①。但是，集体意识的衰减与个体意识的增强是同一个过程，诚如涂尔干所说："集体意识为部分个体意识留出了地盘。"② 也就是说，随着集体意识的衰减，个人差异日益增多，个体人格走向独立，个体意识不断凸显，个体的活动范围也日益扩大。值得注意的是，国内外的许多社会学家都普遍认为，随着分工在现代社会中越来越居于主导地位，集体意识固然在衰减、衰弱，但是集体意识本身并没有趋于消失和瓦解，而仅仅是发生了演化。正如帕森斯所说，虽然传统社会的价值、信仰和道德已经衰落，集体意识已经不能涵盖所有个人意识，但这并不意味着现代社会没有集体意识，只是集体意识的内容变得与传统社会不同而已。③郑杭生等也指出，即使在现代社会，集体意识也并未消失殆尽，"在整体的社会层次上（仍然）保留着最基本的具有一致性的信仰和价值观"，如职业道德就是"职业群体内部的共同价值观念"。④也许正是基于对集体意识演化而非消亡的理论指认，帕森斯指出，涂尔干思想的真正发展路线是向机械团结的回归，由强调社会的结构整合，转向重构现代性的集体意识。⑤在这里，就产生了一个如何理解机械团结与有机团结的关系的问题。

如前所述，涂尔干承认机械团结与有机团结之间存在差异，但

---

① 转引自〔英〕吉登斯《资本主义与现代社会理论——对马克思、涂尔干和韦伯著作的分析》，郭忠华、潘华凌译，上海译文出版社，2007，第92页。
② 〔法〕涂尔干：《社会分工论》，渠东译，生活·读书·新知三联书店，2000，第134页。
③ 参见〔美〕帕森斯《社会行动的结构》，张明德、夏遇南、彭刚译，译林出版社，2003，第356页。
④ 郑杭生、洪大用：《现代化进程中的中国国家与社会》，《云南社会科学》1997年第5期。
⑤ 〔美〕帕森斯：《社会行动的结构》，张明德、夏遇南、彭刚译，译林出版社，2003，第356~358页。

与滕尼斯将"共同体"与"社会"截然二分的做法不同,涂尔干更看重两种社会形态之间的道德连续性。涂尔干批评道:"有人(即滕尼斯——引者注)总喜欢把共同信仰为基础的社会与以合作为基础的社会对立起来看,认为前者具有一种道德特征,而后者只是一种经济群体,这是大错特错的。实际上,任何合作都有其固有的道德。"①正是在这个意义上,吉登斯深刻地总结出,贯穿于涂尔干学术生涯的理论原则可以表述为:"虽然传统社会与现代社会之间存在着巨大的差异,但是,在机械团结和有机团结之间,仍然存在者明确的道德连续性。"②客观地讲,这一概括是恰当而中肯的。历史地看,随着传统的地方共同体的土崩瓦解,人类社会越来越成为人与人相互依存、高度依赖的一个生存共同体,尽管二者的构成方式、赖以维系的基础不同,但是,在涂尔干看来,基于集体意识的机械团结和基于分工的有机团结并不是完全对立、断裂的,而是统一、连续的。根据涂尔干的分析,在现代社会中,分工本身内在地包含并指向一种合作、一种秩序,因而分工也就被赋予了一种道德意蕴。

实际上,在涂尔干那里,分工还是构成道德秩序的基础。涂尔干分析指出:"一般而言,正因为分工需要一种秩序、和谐以及社会团结,所以它是道德的。"③而且,正因为分工本身是道德的或者说有其固有的道德,所以,"分工便产生了道德价值,个人再次意识到自身对社会的依赖关系,社会也产生了牵制和压制个人无法脱离自身限度的力量。总而言之,分工不仅变成了社会团结的主要源泉,同时也变成了道德秩序的基础"④。至此,涂尔干已经非常明确地指出了分工的"真正功能",即促进社会团结、构建道德秩序,进而达至社会整合。

---

① 〔法〕涂尔干:《社会分工论》,渠东译,生活·读书·新知三联书店,2000,第185页。
② 参见〔英〕吉登斯《资本主义与现代社会理论——对马克思、涂尔干和韦伯著作的分析》,郭忠华、潘华凌译,上海译文出版社,2007,第248页。
③ 〔法〕涂尔干:《社会分工论》,渠东译,生活·读书·新知三联书店,2000,第27页。
④ 〔法〕涂尔干:《社会分工论》,渠东译,生活·读书·新知三联书店,2000,第359页。

在此，需要补充说明的是，与马克思、涂尔干并肩的韦伯则从另一条道路指出了分工的"道德依据"。在《新教伦理与资本主义精神》一书中，韦伯独辟蹊径，在对现代社会的历史性审视中为分工找到了"新教伦理"这一强大的道德支撑。在韦伯看来，资本主义的兴起和新教伦理这种文明形式的促进是密不可分的。诚然，自私和贪婪在任何时代和任何人群中都不缺乏，但自私自利的人类本性并不必然促进资本主义的兴起，相反，真正的资本主义精神正是要约束和限制自私和贪婪的本性，这离不开资本家的形式合理性计量和以勤勉、节俭为天职的新教伦理观念。实际上，根据吉登斯对韦伯的分析性解读，一方面，韦伯认为资本主义精神的起源似乎可以从新教伦理中找到答案，可以视为新教"天职观""预选说"的"心理"结果；另一方面，韦伯也对现实的"社会"因素给予了重视，"虽然清教徒因其宗教信仰中的天职观念而工作，但实际上是资本主义劳动分工的专业化，使得现代人不得不如此"①。也就是说，劳动分工、社会分化从根本上决定了人的现代生存方式的必然性。在这里，韦伯的独特和深刻之处就在于，他指明了分工背后的伦理道德依托，他说："强调固定职业的禁欲意义为近代的专业化劳动分工提供了道德依据；同样，以神意来解释追逐利润也为实业家们的行为提供了正当理由。"②

与此同时，韦伯还对分工的专业化和职业的固定化及其后果做了进一步的剖析。韦伯指出，在现代社会中，囿于劳动分工的专业化中的固定"职业"，就是路德所谓的"人不得不接受的、必须使自己适从的、神所注定的事"③。因此，人要在这种世俗的职业中，"殚精竭力，持之不懈，有条不紊地劳动"，可以说，这种观念对于

---

① 参见〔英〕吉登斯《资本主义与现代社会理论——对马克思、涂尔干和韦伯著作的分析》，郭忠华、潘华凌译，上海译文出版社，2007，第 149 页。
② 〔德〕马克斯·韦伯：《新教伦理与资本主义精神》，于晓、陈维纲等译，生活·读书·新知三联书店，1987，第 128 页。
③ 〔德〕马克斯·韦伯：《新教伦理与资本主义精神》，于晓、陈维纲等译，生活·读书·新知三联书店，1987，第 63 页。

资本主义精神的扩张"发挥过巨大无比的杠杆作用"。①诚然,"专业化为技术发展开辟了道路,因此它必然会带来生产在数量上与质量上的增长改善,而这一切最终将促进公共利益,也就是促进最大多数人的利益"②。但是,在资本主义经济秩序这个"铁笼"的钳制中,"完整而美的人性"却丧失殆尽了,正如韦伯所说:"局限于专业化的工作,弃绝它所牵涉的浮士德式的人类共性,是现代社会中任何有价值的工作得以进行的条件,因而其得与失在今日必然是互为条件的。"③但是,结果往往都"得不偿失",也就是说,分工的专业化与职业的固定化之"得",往往都是以人的机械、僵硬、麻木为代价的,表现为"人类共性"之"失",最终的结果必然是"专家没有灵魂,纵欲者没有心肝,这个废物幻想着它自己已达到了前所未有的文明程度"④。

三

当然,处于工业化高潮时期的现代社会,劳动分工及其造成的现代性"问题"也进入了涂尔干的视野。涂尔干指出,分工本身具有双重社会效应,"就正常状态而言,分工可以带来社会的团结,但是在某些时候,分工也会带来截然不同甚至是完全相反的结果"⑤,即社会的"失范"。

"失范"是涂尔干对现代社会的危机和风险的重要诊断,在其社

---

① 〔德〕马克斯·韦伯:《新教伦理与资本主义精神》,于晓、陈维纲等译,生活·读书·新知三联书店,1987,第135页。
② 〔德〕马克斯·韦伯:《新教伦理与资本主义精神》,于晓、陈维纲等译,生活·读书·新知三联书店,1987,第126页。
③ 〔德〕马克斯·韦伯:《新教伦理与资本主义精神》,于晓、陈维纲等译,生活·读书·新知三联书店,1987,第141页。
④ 〔德〕马克斯·韦伯:《新教伦理与资本主义精神》,于晓、陈维纲等译,生活·读书·新知三联书店,1987,第143页。
⑤ 〔法〕涂尔干:《社会分工论》,渠东译,生活·读书·新知三联书店,2000,第313页。

会整合理论中占有很重的分量。因此,有学者指出,"失范"概念犹如"一个幽灵,始终在他社会整合的理论大厦之中徘徊"①。具体而言,"失范"就意味着社会团结纽带的断裂或者社会整合力量的缺失。究其原因,"失范"似乎正是实现社会整合的分工造成的,但这并没有动摇涂尔干对分工"真正功能"的坚定信念。实际上,在涂尔干看来,社会分工并不必然导致社会凝聚的瓦解,尽管日益尖锐的社会冲突与扩大的社会分工是相伴而生的,但社会冲突并不是社会分工的直接结果,而是由于经济功能的划分远远超出了道德规范的发展。

根据涂尔干的判断,现代社会"失范"的直接原因并不是分工,传统社会道德支柱的瓦解才是其真正根源所在,因此,涂尔干依然非常重视分工在社会团结与道德秩序建构中的作用。如他所说:"事实上,分工所产生的道德影响,要比他的经济作用显得更重要。"②诚然,先前的社会秩序总体上是压制性的,人的活动和潜力都被限制在一个十分狭小的空间,但是这种秩序为整个社会的稳定提供了道德统一性。随着劳动分工的日益专业化和社会结构的日益分化,个人逐渐从集体意识的束缚中挣脱出来,与此同时,"道德失范"问题也显现出来。因此,涂尔干指出,现代社会所面临的一个必须解决的问题就是:把个人自由与道德秩序协调起来,促进个人与社会的有机团结和良性互动。而要实现这一目标,就必须诉诸分工。正如涂尔干所言:"如果说分工带来了经济效益,这当然是可能的。但是,在任何情况下,它都超出了纯粹经济利益的范围,构成了社会和道德秩序本身。"③

实际上,从涂尔干的论述中可以看出:在分工条件下,现代社会秩序的重建必须植根于个人与社会之间的内在张力。涂尔干指出,

---

① 渠敬东:《缺席与断裂:有关失范的社会学研究》,上海人民出版社,1999,第31页。
② 〔法〕涂尔干:《社会分工论》,渠东译,生活·读书·新知三联书店,2000,第20页。
③ 〔法〕涂尔干:《社会分工论》,渠东译,生活·读书·新知三联书店,2000,第24页。

由于现代社会中个人与社会的维系和团结都是有机的，因此，"我们以另一种方式所承受的重任已经不像承受整个社会那样沉重了，社会已经给了我们更多的自由活动的空间"①。而且，"这种自由发展的空间越广，团结所产生的凝聚力就越强。一方面，劳动越是分化，个人就越贴近社会；另一方面，个人的活动越加专门化他就越成为个人"②。因此，从根本上来说，"分工发展带来的社会性扩展是同个人自由的发育并行不悖的，个人自由范围必须反映集体的团结程度，以个人自由为理由牺牲社会团结是荒唐之举"③。在现代社会，由于个人与社会之间的关系呈现出明显的"道德模糊性"，因此，涂尔干所关注的核心问题就是："使世俗个人主义的成长与维持一个分化的社会统一体所要求的道德之间保持协调。"④在此基础上，吉登斯进一步指出，现代社会"必须建立在集体道德的统一性上，同时又必须最大限度地体现个人的权利与自由……主要的问题是要扩大个人发展其潜能的具体机会，并与现代社会秩序建立在其基础之上的道德原则相统一"⑤。

可以看出，认定现代社会的"危机"在性质上是属于道德方面的，而非经济方面的，进而指出现代社会的"出路"在于必须诉诸基于社会分工之上的道德统一性，这就是涂尔干思考现代社会的基本路数。在涂尔干看来，"就现代社会所面临的困境而言，再援引传统社会的专制纪律是无济于事的，只有通过社会分工的分化所带来的道德统一才能解决问题"⑥。而要充分发挥社会分工的"真正功

---

① 〔法〕涂尔干：《社会分工论》，渠东译，生活·读书·新知三联书店，2000，第91页。
② 〔法〕涂尔干：《社会分工论》，渠东译，生活·读书·新知三联书店，2000，第92页。
③ 梁晓杰：《社会分工与道德普世》，《现代哲学》2001年第2期。
④ 〔英〕吉登斯：《资本主义与现代社会理论——对马克思、涂尔干和韦伯著作的分析》，郭忠华、潘华凌译，上海译文出版社，2007，第226页。
⑤ 〔英〕吉登斯：《资本主义与现代社会理论——对马克思、涂尔干和韦伯著作的分析》，郭忠华、潘华凌译，上海译文出版社，2007，第227页。
⑥ 〔英〕吉登斯：《资本主义与现代社会理论——对马克思、涂尔干和韦伯著作的分析》，郭忠华、潘华凌译，上海译文出版社，2007，第134页。

能"，就必须消除"强制性"的社会分工，使社会分工更有利于人类天赋的发挥和才能的实现。因为在涂尔干看来，"社会分工只有在非人为强制的而且大到了非人为强制的程度的情况下，才会产生团结的力量。但是，说到非人为的强制性，我们必须理解，不单纯是指没有明显和公然的暴力，而且还指没有任何哪怕是间接地阻碍每个人身上所蕴含的社会力量得以自由发挥的情况发生。这不仅意味着个人不被迫从事特定的职业，而且还意味着没有任何东西阻碍个人在社会结构中占有与其能力相适应的职位"①。很显然，这里的分工不再是自发的、人为强制的分工，而是与人的天性相辅相成、水乳交融的一种自觉自愿的分工。而且，我们在此仿佛看到了马克思关于分工的未来命运的设想。

当然，由于对现代社会"病理"的诊断不同，涂尔干与马克思所开的"药方"也不尽相同。吉登斯总结指出，"异化"和"失范"概念分别代表了马克思与涂尔干对"现代社会所作的批判性解释的重点"②。对于生活在资本主义工业化早期的马克思来说，面对社会领域的极端不平等和激烈的阶级对抗现象，革命的意识明显占了上风，比如说，当他意识到源自资本主义矛盾本性中的"异化"是分工造成的时候，他明确主张要"消灭分工"，只有消灭这种分工，涂尔干所说的"职业类型化"的局限才会被彻底打破，人才能够从资本主义社会关系的人格化身的枷锁中真正解放出来，实现人性的普遍特质。而对处于资本主义工业化高潮时期的涂尔干来说，面对现代社会中凸显的社会失范、道德危机等问题，他指出必须诉诸分工的"真正功能"，来重建道德秩序、实现道德整合。换言之，要唤醒个人的道德意识，让个人认识到他在社会生产的有机整体中的作用，实现道德认同，因为个人"只有在道德上认同他在分工中所起的特

---

① 转引自〔英〕吉登斯《资本主义与现代社会理论——对马克思、涂尔干和韦伯著作的分析》，郭忠华、潘华凌译，上海译文出版社，2007，第94页。
② 〔英〕吉登斯：《资本主义与现代社会理论——对马克思、涂尔干和韦伯著作的分析》，郭忠华、潘华凌译，上海译文出版社，2007，第253页。

殊作用，他才能够作为一个有自我意识的人享有高度的自主性，才能够既免受无差别社会中那种严厉的道德一致性的专横，又免受不可实现的欲望的压抑"①。

关于这一点，吉登斯已经敏锐地洞察到了，他指出，随着欧洲工业化和现代化的历时性展开，"从马克思到涂尔干，不仅意味着从早一辈社会思想家向晚一辈社会思想家的转移，而且还意味着制度语境和学术传统上的重大变化"②。诚然，马克思和涂尔干对分工和现代社会的理解与批判各有侧重，但这并不意味着他们之间是对立或相反的，毋宁说，他们分别敞开了分工的一个面向。正如吉登斯所说："导致社会分工日益分化的变迁，既是社会性的，也是道德性的，两者相互依存。"③同样，在从分工的观点思入现代社会本质的过程中，马克思和涂尔干无疑提供了两种互为补充的思想路径。

---

① 〔英〕吉登斯：《资本主义与现代社会理论——对马克思、涂尔干和韦伯著作的分析》，郭忠华、潘华凌译，上海译文出版社，2007，第260页。
② 〔英〕吉登斯：《资本主义与现代社会理论——对马克思、涂尔干和韦伯著作的分析》，郭忠华、潘华凌译，上海译文出版社，2007，第77页。
③ 〔英〕吉登斯：《资本主义与现代社会理论——对马克思、涂尔干和韦伯著作的分析》，郭忠华、潘华凌译，上海译文出版社，2007，第247页。

"共同体""资产阶级社会""自由人联合体"

——从人与社会的关系嬗变看马克思的社会"三形态"

人与社会的相互生成、相互诠释是马克思理解人与社会关系的基本原则,从人与社会的关系嬗变来看,马克思关于社会的"三形态"可以描述为:"共同体"是人与社会原初一体的"社会"形态;"资产阶级社会"是人在社会之外才是人的特殊"社会"形态;"自由人联合体"是人与社会的"真正的共同体"。这是马克思对人与社会发展"三形态"这一经典论述的重新诠释。

"正像社会本身生产作为人的人一样,社会也是由人生产的。"[①] 马克思的这一论断表明,人与社会的相互生成、相互诠释应该成为理解人与社会关系的基本原则:人是社会的人,社会是人的社会;没有人的社会只能是"虚幻的共同体""想象的共同体",不在社会中生存的人也只能是"孤家寡人""想象中的鲁滨孙"。在马克思看来,人与社会的关系不是既定不变的,而是历史地生成、嬗变的,而历史无非是追求自我目标的人的活动,因此,人与社会就是按照人的目的在人的活动中相互建构起来的。随着人与社会关系的嬗变,

---

① 《马克思恩格斯文集》第1卷,人民出版社,2009,第187页。

"社会"本身也在不断改变着存在样式，发生着形态的更替和转换。从人与社会关系的流变历程来考察，马克思关于社会的"三大形态"可以描述为：第一，"共同体"，这是人与社会原初一体的"社会"形态；第二，"资产阶级社会"，这是人在社会之外才是人的"社会"形态；第三，"自由人联合体"，这是人与社会的"真正的共同体"，是"社会"的第三种历史形态。

一 "共同体"：人与社会的原初统一体

何谓"社会"？早在《1844年经济学哲学手稿》中，马克思就对"社会"进行了规范性界定。他认为，"社会"的原初形态或本真形态应该是这样一个"共同体"，即"人同自然界的完成了的本质的统一，是自然界的真正复活，是人的实现了的自然主义和自然界的实现了的人道主义"[①]。在这里，实现了的"自然主义"与"人道主义"是人与自然的和谐共生，是人的自然化与自然的人化的双向互动。人与自然界，都要在"社会"这个共同体中确证、实现自身，因为只有在人与自然休戚与共的"社会"中，"人的自然存在对他来说才是自己的人的存在，并且自然界对他来说才成为人"[②]，自然界也才成为"人与人联系的纽带"。作为"共同体"的社会也就变成了人与自然、人与人以及人与自身进行能量交换、信息交流、人际交往的自然空间。诚如马克思所说，越是向前追溯，人类就越是从属于一个较大的群体，个人也是通过作为共同体的一员而存在的。

"共同体"一词，在此主要是指人与社会原初一体意义上的本真的社会形态。在《被围困的社会》一书中，鲍曼对"社会"一词进行词源考察指出，作为一个"前社会学"的术语，也就是说，在社会学完全采纳这个术语以前，"社会"包含着极为丰富的内涵和意

---

① 《马克思恩格斯文集》第1卷，人民出版社，2009，第187页。
② 《马克思恩格斯文集》第1卷，人民出版社，2009，第187页。

义:"(1)'由共同兴趣或目的结合在一起的许多人',这种说法出现于1548年;(2)'在与同类进行交往的过程中,出于和睦共处或共同利益和防卫等目的,由一个群体所接受的生活状况或生活条件'(1553);(3)'具有一个明确居住地的人的总体'(1588);(4)'生活在一个大体上有序的共同体中的人的集合体'(1639)。"① 上述关于"社会"的所谓"前社会学"的四种用法"都或明或暗地传递了亲密、亲近、共处、一定程度的亲昵行为和相互往来等图像"。因此,当我们"提到共同体,我们是指这样一群人,他们直接地、频繁地、多方面地互相接触和互相影响"②。

单就"社会"的原始用法和含义来看,我们可以用滕尼斯在《共同体与社会》一书中关于"共同体"的界说,他指出:"一切亲密的、秘密的、单纯的共同生活,(我们这样认为)被理解为在共同体里的生活。……人们在共同体里与同伙一起,从出生之时起,就休戚与共,同甘共苦。"③ 这样一种人与人作为同伙存在,人与社会休戚相关、荣辱与共的共同体,也可以描述为"一种社会互动结构,具有很高的进入和退出成本,并且成员之间互相认识。正如生物学中的'族群'一样,共同体内部成员之间的交往和外部成员的交往更加频繁和广泛"④。这样的"共同体"也可以看作一定意义上的"熟人社会"。

因此,马克思所说的人与社会原初融合的社会形态,可以借用滕尼斯的"共同体"来指称。"社会"与"共同体"的规定则相去甚远,甚至完全相反。在滕尼斯看来,"社会应该被理解为一种机械的聚合和人工制品",而且从时间上来说,"共同体是古老的,社会

---

① 〔英〕齐格蒙特·鲍曼:《被围困的社会》,郇建立译,江苏人民出版社,2005,第23页。
② 〔美〕金迪斯、鲍尔斯等:《人类的趋社会性及其研究——一个超越经济学的经济分析》,浙江大学跨学科社会科学研究中心译,上海人民出版社,2006,第71页。
③ 〔德〕滕尼斯:《共同体与社会》,林荣远译,商务印书馆,1999,第53页。
④ 〔美〕金迪斯、鲍尔斯等:《人类的趋社会性及其研究——一个超越经济学的经济分析》,浙江大学跨学科社会科学研究中心译,上海人民出版社,2006,第92页。

是新的"。① 如果说共同体是人的故乡、家园，是依靠人与人之间的温情和家人般的情感纽带维系着这个只局限于私人领域的"熟人社会"的话，那么，社会就成了异国他乡，温情脉脉的情感面纱在这个公共领域被撕破，并代之以冰冷的人工"理性"，这完全是一个"陌生人"的世界。因此，滕尼斯指出："社会是公众性的，是世界。……人们走进社会就如同走进他乡异国。"②

无独有偶，别尔嘉耶夫与滕尼斯的看法有相同之处，他认为，"社会的前提是其成员的分离性，原初的融合不是社会"③，而应该是滕尼斯意义上的"共同体"。用涂尔干的话说，这是把个人与社会直接联系在一起的社会形态即"机械团结"，但是随着现代社会的世俗化推进，这种社会形态一去不复返了，并让位于另一种社会形态即"有机团结"。实际上，从社会分化的角度来看，涂尔干关于"机械团结"与"社会团结"的区分与滕尼斯关于共同体与社会的区分有异曲同工之妙，前者指称的是没有社会分化或者分化程度较低的社会形态，后者则是对高度社会分化的现代社会的描述；如果说前者是人与社会的自然状态的话，那么后者则是这种自然状态被打破之后人为建构的社会。问题是，这种人为建构的社会、这种如同走进异国的社会变异，成了人的生存的客体化，并与人相互对抗。因此，别尔嘉耶夫指出："对人的生存的客体化，将其抛向外部，就构成了'社会'，它则企图成为比人，比人的个性更多的和更原初的现实。"④鲍曼就此指出："人们很容易把'社会'想象成'一个大于其各个组成部分的整体'，一个具有智慧、理性和自身目的且其寿命要超过任何个体成员的团体。"⑤ 可见，无论是客观上还是主观上，

---

① 〔德〕滕尼斯：《共同体与社会》，林荣远译，商务印书馆，1999，第54页。
② 〔德〕滕尼斯：《共同体与社会》，林荣远译，商务印书馆，1999，第53页。
③ 〔俄〕别尔嘉耶夫：《论人的奴役与自由》，张百春译，中国城市出版社，2002，第239页。
④ 〔俄〕别尔嘉耶夫：《论人的奴役与自由》，张百春译，中国城市出版社，2002，第121页。
⑤ 〔英〕齐格蒙特·鲍曼：《被围困的社会》，郇建立译，江苏人民出版社，2005，第26页。

"社会"都是在否定的意义上被描述的，因为社会开始背离人，人与社会的分离变成了现实和事实，这种外在于人的社会在与人的竞争中时时刻刻处于上风，社会的存在与延续是以人的被迫隐退和个性丧失为代价的，个人完全被淹没在社会之中。实际上，滕尼斯所描述的"社会"状态揭示的正是马克思深入批判的"资产阶级社会"，在这样的社会中，除了"我"与"你"之间抽象的工具性或形式性关系之外，再也没有任何现实性关系。可以说，"社会"形成之日也就是"共同体"解体之时，于是，人类社会从"共同体"走向了人在社会之外才是人的"社会"即"资产阶级社会"。

二 "资产阶级社会"：人"在社会之外"才是人

马克思对他置身其中的"资产阶级社会"进行了全面的分析和批判，指出"资产阶级社会"没有人的容身之地，而只存在社会关系的人格化身，资本家是资本的人格化身，工人是雇佣劳动的人格化身。同时，马克思也批判了蒲鲁东等人认为在社会中只有无差别的人类的非批判的糊涂观点。他指出："成为奴隶或成为公民，这是社会的规定，是人和人或 A 和 B 的关系。A 作为人并不是奴隶。他在社会里并通过社会才成为奴隶。"[①] 因此，马克思在批判的意义上断言，人"在社会之外"才是人[②]，这里的"社会"特指"资产阶级社会"，"资产阶级社会"是"社会"的特殊历史形态。

在马克思看来，资产阶级社会作为现代社会的开端，其鲜明特征就是劳动分工与社会分化。随着资本主义的发展，劳动分工越来越专业化、细化，并直接产生了双重效应：一方面，极大地促进了社会生产力的发展和社会效率的提高；另一方面，使劳动分工产生了职业痴呆，加剧了社会的分化甚至社会分裂。于是，原生形态的

---

① 《马克思恩格斯选集》第 1 卷，人民出版社，1995，第 344 页。
② 《马克思恩格斯全集》第 30 卷，人民出版社，1995，第 221 页。

社会"共同体"开始从人与社会的"休戚与共、同甘共苦"走向人与社会的对抗、分裂。

　　社会是如何从一个与人休戚相关的"共同体"而走向与人对抗的"社会"的呢？对此，当代许多思想家给予了高度关注。德国社会学家滕尼斯强调共同体与社会之间"断裂性"的事实；法国社会学家涂尔干虽然基于人的历史性而看重二者之间的"连贯性"，但他发现个人与社会的关系具有"道德模糊性"，因而希望通过"道德整合"来弥合人与社会的鸿沟，促进社会的"有机团结"。基于对现代社会及其问题的深入思考，我们再一次把目光投向了置身于资本主义社会且最深切地感受着现代社会的脉动及矛盾的马克思。1856 年，马克思在《"人民报"创刊纪念会上的演讲》中就敏锐地洞察到，"在我们这个时代，每一种事物好像都包含有自己的反面。……我们的一切发现和进步，似乎结果是使物质力量成为有智慧的生命，而人的生命则化为愚钝的物质力量。现代工业和科学为一方与现代贫困和衰颓为另一方的这种对抗，我们时代的生产力与社会关系之间的这种对抗，是显而易见的、不可避免的和无庸争辩的事实"①。基于对资本主义"异化"事实的现实批判和及时诊断，马克思认为造成这种事实的现实原因就在于现实的劳动分工以及由此推动的社会分化。

　　早在《1844 年经济学哲学手稿》中，马克思就指出分工具有两重性。尽管分工给劳动提供了无限的生产能力，但是分工也在不断恶化工人的生存处境，"使工人越来越片面化和越来越有依赖性；分工不仅导致人的竞争，而且导致机器的竞争。因为工人被贬低为机器，所以机器就能作为竞争者与他相对抗"②。马克思引用李嘉图的话揭示了工人这种异化的生存状态，"人是微不足道的，而产品则是一切"③。换句话说，分工表现为"人的活动和本质力量——作为类

---

① 《马克思恩格斯选集》第 1 卷，人民出版社，1995，第 775 页。
② 《马克思恩格斯文集》第 1 卷，人民出版社，2009，第 121 页。
③ 《马克思恩格斯文集》第 1 卷，人民出版社，2009，第 139 页。

的活动和本质力量——的明显外化",表现为私有财产的形式。"一方面人的生命为了本身的实现曾经需要私有财产;另一方面人的生命现在需要消灭私有财产。"① "需要私有财产"是因为它是人的本质复归的中介和过渡阶段,正如马克思所说,共产主义也具有经济的性质,也是在"以往发展的全部财富的范围内生成的"②。"需要消灭私有财产"是因为只有积极扬弃私有财产才能最终实现共产主义。

  实际上,劳动分工与社会分化都与人的生存本性有着密切的联系。马克思指出,人的活动本质上是一种社会的活动,这种社会的依赖性决定了劳动必然要参与到社会分工的环节中去。"不仅我的活动所需的材料——甚至思想家用来进行活动的语言——是作为社会的产品给予我的,而且我本身的存在是社会的活动;因此,我从自身所做出的东西,是我从自身为社会做出的,并且意识到我自己是社会存在物。"③ 也就是说,即使当个人作为私人进行活动或生产时,他的劳动也表现为社会性的劳动,这种社会性就表现为"他的劳动的内容由社会联系所决定,他只是作为社会联系的一环而劳动,即为满足所有其他人的需要而劳动,——因而对他来说存在着社会的依赖性"④。这种依赖性在资产阶级社会表现为对货币的依赖,因为货币"直接是现实的共同体,因为它是一切人赖以生存的一般实体;同时又是一切人的共同产物"⑤。这种货币共同体完全不同于古代的共同体,而只是一种抽象、一种手段,对个人来说是偶然的、外在的东西,货币的社会化必然导致古代共同体的最终解体。在这里,正如马克思所言:"社会关系,个人和个人彼此之间的一定关系,表现为一种金属,一种矿石,一种处在个人之外的、本身可以在自然界找到的纯物体,在这种物体上,形式规定和物体的自然存

---

  ① 《马克思恩格斯文集》第1卷,人民出版社,2009,第241页。
  ② 《马克思恩格斯全集》第3卷,人民出版社,2002,第297页。
  ③ 《马克思恩格斯全集》第3卷,人民出版社,2002,第301~302页。
  ④ 《马克思恩格斯全集》第31卷,人民出版社,1998,第356~357页。
  ⑤ 《马克思恩格斯全集》第30卷,人民出版社,1995,第178页。

在再也区分不开了。"① 也就是说，在货币的完成形态上，其社会规定与天然的金属存在形式直接合而为一了。借用马克思的话来说，即"金银天然不是货币，但货币天然是金银"，我们也可以说，人天然不是社会的人，而社会天然是人的社会。这表明社会本身是历史的产物，而人与社会的对抗也是在历史中形成的。

诚然，生产的分工和社会的分化固然表明了社会历史的进步，但这只是问题的一个方面，与此同时，分工、分化本身的二重性效应也体现出来了："一方面是活劳动的比较低级形式的解体，另一方面对直接生产者来说是比较幸福的关系的解体。"②可见，随着分工的扩大，当低级的社会关系瓦解以后，原始的田园般的幸福关系也难以维系了。这种以"天人合一"自然状态的打破为前提的分工本身蕴含着异化的可能性，而这种可能性在资本主义社会中必然成为历史性现实。马克思指出："在资本对雇佣劳动的关系中，劳动即生产活动对它本身的条件和对它本身的产品的关系所表现出来的极端异化形式，是一个必然的过渡点。"③吉登斯将马克思的异化进一步区分为"技术性异化"和"市场性异化"，前者是工人在生产活动和劳动过程中的异化；后者是工人与其生产的产品的异化，他指出，"这两种异化都源于资本主义生产中的分工"④。

那么，源于分工的异化形式在人与社会的资本主义对抗中有什么样的体现呢？马克思说，"如果把整个社会看成是一个人，那么，必要劳动就是由于分工而独立化的一切特殊劳动职能的总和。这个人，比如说，就必须花费若干时间从事农业，若干时间从事工业，若干时间从事商业，若干时间制造工具"⑤等。在这里，从事农业、工业、商业等的时间划分是基于社会分工的要求，但是，它在为人

---

① 《马克思恩格斯全集》第30卷，人民出版社，1995，第193页。
② 《马克思恩格斯全集》第48卷，人民出版社，1985，第101页。
③ 《马克思恩格斯全集》第30卷，人民出版社，1995，第511~512页。
④ 〔英〕吉登斯：《资本主义与现代社会理论——对马克思、涂尔干和韦伯著作的分析》，郭忠华、潘华凌译，上海译文出版社，2007，第258页。
⑤ 《马克思恩格斯全集》第30卷，人民出版社，1995，第523页。

的发展开辟可能性空间的同时，也为人的发展造成了更大的障碍，因此它本身是人的"发展的对立形式"①。如果从个人的角度来看，这种分工"要求每一个人把他的劳动时间只用在必要的特殊职能上"②。吉登斯把这种人的社会特质特殊化称为"职业类型化"③，它直接限制了人的活动范围，因此，个人被固定、封闭在一个独立的、特定的范围，只有一种"特殊劳动职能"或特殊职业。这种职能或职业的专门化在资本主义社会导致了人与社会的对抗，最终，整个社会分化为对立的两极，而完全受制于"资本的逻辑"。不仅工人要受资本的奴役，而且，作为资本人格化的"资本家完全同工人一样地处于资本关系的奴役下，尽管是在另一方面，在对立的一极上"④。

在此，有必要对资本的本性和发展予以补充性考察。马克思指出，"资本一开始就表现为集体力量，社会力量，表现为分散性的扬弃，先是扬弃同工人交换的分散性，然后是扬弃工人本身的分散性"，从而使"工人完全依赖于资本"。⑤但是，在实体和形式上都作为社会力量、社会存在物的资本，并不仅仅局限于"资本社会地同工人交换，而工人则单个地同资本交换"⑥ 这一目的和狭隘本性的实现。因此，"尽管按照资本的本性来说，它本身是狭隘的，但它力求全面地发展生产力"的"这种趋势是资本所具有的，但同时又是同资本这种狭隘的生产形式相矛盾的，因而把资本推向解体，……资本不过表现为过渡点"，因为"生产力的自由的、无阻碍的、不断进步的和全面的发展本身就是社会的前提，因而是社会再生产的前提；在这里唯一的前提是超越出发点"。⑦这是社会本身的要求，事实上，随着财富的积累或生产力的发展，资本主义以前的一切社会

---

① 《马克思恩格斯全集》第 26 卷（Ⅲ），人民出版社，1974，第 287 页。
② 《马克思恩格斯全集》第 30 卷，人民出版社，1995，第 524 页。
③ 〔英〕吉登斯：《资本主义与现代社会理论——对马克思、涂尔干和韦伯著作的分析》，郭忠华、潘华凌译，上海译文出版社，2007，第 259 页。
④ 《马克思恩格斯全集》第 49 卷，人民出版社，1982，第 49 页。
⑤ 《马克思恩格斯全集》第 30 卷，人民出版社，1995，第 592 页。
⑥ 《马克思恩格斯全集》第 30 卷，人民出版社，1995，第 590 页。
⑦ 《马克思恩格斯全集》第 30 卷，人民出版社，1995，第 539 页。

形式都走向了没落。所以"在意识到这一点的古代人那里，财富被直接当作使共同体解体的东西加以抨击。封建制度也由于城市工业、商业、现代农业（甚至由于个别的发明，如火药和印刷机）而没落了"①。可见，资本自身的矛盾要求其不断进行革命，资本的本性也要求"全面地发展生产力"，从而在客观上要求资本主义社会从片面走向全面、从分化走向整合。

事实上，社会的高度分化必然要求社会的高度整合，这是个人自由全面发展的现实要求。马克思指出："个人的全面性不是想象的或设想的全面性，而是他的现实联系和观念联系的全面性。"② 而人的全面、丰富的发展是以生产力的高度发展和交往的普遍化为基础的。"结果就是：生产力——财富一般——从趋势和可能性来看的普遍发展成了基础，同样，交往的普遍性，从而世界市场成了基础。这种基础是个人全面发展的可能性，而个人从这个基础出发的实际发展是对这一发展的限制的不断扬弃，这种限制被意识到是限制，而不是被当作神圣的界限。"③这个阻碍人的全面发展的"限制"是什么呢？用马克思在《德意志意识形态》中的话来说，就是哲学家所指的"异化"。要消灭阻碍人的全面发展的"异化"，就必须消灭导致异化的社会分工。马克思认为，必须具备两个实际前提："生产力的巨大增长和高度发展"与"普遍交往"的建立。④那么，通向人的自由全面发展的现实路径在哪里呢？马克思认为，个性要得到自由发展就必须"把社会必要劳动缩减到最低限度，那时，与此相适应，由于给所有的人腾出了时间和创造了手段，个人会在艺术、科学等等方面得到发展"⑤。因此，个性要得到全面发展就要"创造可以自由支配的时间，也就是创造产生科学、艺术等等的时间"⑥。可

---

① 《马克思恩格斯全集》第 30 卷，人民出版社，1995，第 539 页。
② 《马克思恩格斯全集》第 30 卷，人民出版社，1995，第 541 页。
③ 《马克思恩格斯全集》第 30 卷，人民出版社，1995，第 541 页。
④ 马克思、恩格斯：《德意志意识形态》（节选本），人民出版社，2003，第 30 页。
⑤ 《马克思恩格斯全集》第 31 卷，人民出版社，1998，第 101 页。
⑥ 《马克思恩格斯全集》第 30 卷，人民出版社，1995，第 379 页。

见，只有真正了解现代社会的"限制"所在，找到通向自由全面发展的现实路径，才能克服人与社会分裂、对抗的矛盾、冲突，为"自由人联合体"的实现铺平道路。

三 "自由人联合体"：人与社会的"真正共同体"

拉布里奥拉说："对社会的真正批判是社会本身。社会由于建立在对抗的基础上，在本身内部就产生矛盾，然后通过向新的形式过渡来克服矛盾。"[1]马克思基于对资本主义的全面批判，通过对社会分化和社会整合的分析，为消除人与社会的冲突、对抗、分裂指明了通向未来的共产主义这一新的社会形态的道路。

实际上，立足于资本主义并深植于资本主义社会的马克思学说，其理论核心和宗旨就是"必须推翻那些使人成为受屈辱、被奴役、被遗弃和被蔑视的东西的一切关系"[2]，这种关系如同束缚人的枷锁，使人与社会走向敌对状态，而枷锁的打破、敌对的和解必将出现在一种真正属人的社会中，也就是马克思所设想的未来的共产主义社会所达到的"自由人联合体"，从而把人的关系和世界还给人自身。这看似是向社会的原初或本真形态即"共同体"的回归，实际上却是经历了人在社会之外才是人的"资产阶级社会"之后，人与社会关系的真正自觉和在更高阶段上的复归。只有在这样的联合体中，人才真正成为社会的人，社会也才真正成为人的社会。

在马克思看来，"自由人联合体"是人与社会的"真正的共同体"中，而过去的一切共同体都是"虚假的共同体"。事实上，正如马克思所说，只有在人与社会的"真正的共同体"中，只有在"自由人联合体"中，"个人才能获得全面发展其才能的手段，也就

---

[1] 〔意〕拉布里奥拉：《关于历史唯物主义》，杨启潾、孙魁、朱中龙译，人民出版社，1984，第99页。
[2] 《马克思恩格斯选集》第1卷，人民出版社，1995，第461页。

是说,只有在共同体中才可能有个人自由"①。但必须要清楚的是,"从前各个人联合而成的虚假的共同体,总是相对于各个人而独立的;由于这种共同体是一个阶级反对另一个阶级的联合,因此对于被统治的阶级来说,它不仅是完全虚幻的共同体,而且是新的桎梏。在真正的共同体的条件下,各个人在自己的联合中并通过这种联合获得自己的自由"②。马克思据此批评了那种"把自由竞争视为人类自由的终极发展"的荒谬看法,他指出这种自由只不过是"在资本基础上的自由发展",是一定社会条件下的有一定局限性的自由,"因此,这种个人自由同时也是最彻底地取消任何个人自由,而使个性完全屈从于这样的社会条件,这些社会条件采取物的权力的形式,而且是极其强大的物,离开彼此发生关系的个人本身而独立的物"。③这最终必然导致个性和社会的互相对立。

只有到了共产主义社会,基于生产力的高度发展和私有制的消灭,才能实现所有人的自由。如恩格斯所说,共产主义者的目的就是"把社会组织成这样,使社会的每一个成员都能完全自由地发展和发挥他的全部才能和力量,并且不会因此而危及这个社会的基本条件"④。因此,马克思、恩格斯在《共产党宣言》中指出,社会发展的第三形态将是"这样一个联合体,在那里,每个人的自由发展是一切人的自由发展的条件"⑤。原来,我们习惯性地认为马克思主义把共同体放在个人之上,而忘记了马克思所说的真正的共同体应该是个人之间的联合体,是"自由人联合体"。在这个人与社会的"真正的共同体"当中,自由人联合体与每个人的自由发展将不再是外在的、对立的,而是相辅相成、相互依存、相互生成的,个人与社会的发展高度契合,二者同生共存、共生共荣。

当然,在马克思的视野中,人类社会的发展并不是要完全终结

---

① 《马克思恩格斯选集》第1卷,人民出版社,2012,第199页。
② 《马克思恩格斯选集》第1卷,人民出版社,2012,第199页。
③ 《马克思恩格斯全集》第31卷,人民出版社,1998,第43页。
④ 《马克思恩格斯全集》第42卷,人民出版社,1979,第373页。
⑤ 《马克思恩格斯选集》第1卷,人民出版社,2012,第422页。

于共产主义,这种理想图景也并非绝对的"太平盛世"。事实上,人与社会的对抗、冲突是可以消解的,但矛盾是永存的。正如马克思所说的,共产主义不是现实应当与之相适应的理想,而是要消灭现实矛盾的现实的运动。这样的社会形态必将是理想与现实、目标与过程双重互动的无限过程,用马克思的话来说,即共产主义结束的是一切"史前史",而开启的是一部真正自觉自由地创造自己历史的"人类史"。

实质上,"共同体"、"资产阶级社会"与"自由人联合体"的依次更替与嬗变轨迹,与马克思关于人与社会发展"三形态"[①]的论述是内在相通和高度一致的。"共同体"是"最初的社会形式",表现为"人的依赖关系";"资产阶级社会"是"以物的依赖性为基础的人的独立性"社会形态;而"自由人联合体"是建立在"自由个性"基础上的社会的第三个阶段。因此,从人与社会关系的嬗变来看,"共同体""资产阶级社会""自由人联合体"正是对马克思关于社会发展"三形态"理论的重新诠释和理论表达。

---

① 《马克思恩格斯全集》第30卷,人民出版社,1995,第107~108页。

下篇　价值性与文化性

"历史向世界历史转变"的内在逻辑与价值启示

在日益全球化的今天,"历史向世界历史的转变"已不再是预言,而成为我们身边的经验和事实。如果将分工与世界历史内在地勾连起来进行考察就会发现,"历史向世界历史转变"使马克思得以在更加宽广的视域中审视分工进而开显其世界历史话语,而且,"历史向世界历史转变"的内在逻辑及其当代意义也因分工的介入而向我们敞开了。"实行最广泛分工"的大工业首先开创了世界历史,并确立了世界历史的资本主导逻辑。分裂是分工向全球扩展的"现代性"后果,合作是分工发展的"全球化"效应,人的解放是世界历史性的事业。

随着全球化时代的到来和世界一体化进程的加剧,置身于现代社会的人们越来越惊叹于马克思的深刻洞见并再次将目光投向了马克思的世界历史理论。

一

早在170多年前,马克思就明确断言历史将向世界历史转变。如果说这一论断最初是一种预言,那么今天它已成为一种经验和事实,马克思早已认识到这一点并将其清楚地揭示出来。因此,正确理解这一论断在今天仍然具有十分重要的意义。

马克思曾指出:"世界史不是过去一直存在的,作为世界史的历史是结果。"① 也就是说,世界历史是人类进入一定发展阶段的特定产物,但是,在这里,世界历史不应该从纯粹的年代学、地理学意义上去考察,而应该从哲学、历史观的意义上去理解,如此看来,世界历史就是对各个国家、民族日益进入一个相互作用、相互影响、相互制约、相互依存的历史阶段,越来越成为一个共损共荣、荣辱与共的统一体的生动描写与真实写照。总之,"过去那种地方的和民族的自给自足和闭关自守状态,被各民族的各方面的互相往来和各方面的互相依赖所代替了。物质的生产是如此,精神的生产也是如此"②。列宁曾指出:"世界历史发展的一般规律,不仅丝毫不排斥个别发展阶段在发展的形式或顺序上表现出特殊性,反而是以此为前提的。"③ 因此,应该辩证地看待世界历史的运动、发展,而以世界历史的名义去否定民族个性是荒谬的,或者"主张每个民族自身都经历这种发展,正象主张每个民族都必须经历法国的政治发展或德国的哲学发展一样,是荒谬的观点。凡是民族作为民族所做的事情,都是他们为人类社会而做的事情,他们的全部价值仅仅在于:每个民族都为其他民族完成了人类从中经历了自己发展的一个主要的使命(主要的方面)。因此,在英国的工业,法国的政治和德国的哲学制定出来之后,它们就是为全世界制定的了,而它们的世界历史意义,也象这些民族的世界历史意义一样,便以此而告结束"④。

在马克思看来,"历史向世界历史的转变"不是空谈、臆想,而是一种可经验、可证明的社会现实运动。与此相反,德国"真正的社会主义"却完全忽视了历史的现实基础,它不是在"可经验的社会现实"的基础上建立起来的,而是以思辨理念形而上地建构起来

---

① 《马克思恩格斯选集》第1卷,人民出版社,1995,第68页。
② 《马克思恩格斯选集》第1卷,人民出版社,1995,第276页。
③ 《列宁选集》第4卷,人民出版社,1995,第776页。
④ 《马克思恩格斯全集》第42卷,人民出版社,1979,第257页。

的。马克思揭露了其"思辨"本性并嘲讽性地指出:"德国的社会主义者给自己的那几条干瘪的'永恒真理'披上一件用思辨的蛛丝织成的、绣满华丽辞藻的花朵和浸透甜情蜜意的甘露的外衣,这件光彩夺目的外衣只是使他们的货物在这些顾客中间增加销路罢了。"① 而且,所谓"真正的社会主义"只不过是"这样把法国人的思想翻译成德国思想家的语言,这样任意捏造共产主义和德意志意识形态之间的联系",只不过是"无产阶级的共产主义和英国法国那些或多或少同它相近的党派在德国人的精神太空和德国人的心灵太空中的变形而已"。② 在马克思看来,这些理论都只不过是一种"无谓的思辨",仅仅存在于云雾弥漫的哲学幻想的太空中而已,这些流行的著作都属于"卑鄙龌龊的、令人委靡的"③ 一类文献。于是,历史就被看成与"可经验的社会现实"毫无联系、处于现实世界之外的抽象的东西。

在批判这种完全为思辨之网所淹没、遨游于幻想太空的历史观的同时,马克思也阐明了自己的看法:"历史向世界历史的转变","不是'自我意识'、宇宙精神或者某个形而上学怪影的某种纯粹的抽象行动,而是完全物质的、可以通过经验证明的行动,每一个过着实际生活的需要吃、喝、穿的个人都可以证明这种行动"。④ 也就是说,每一个有生命的、从事物质生产的"现实的个人"都可以成为这一历史行动的见证人。因此,从一开始,这一行动就取决于每一个国家、民族内部的生产力、分工和交往的程度,而且取决于各个国家、民族之间的生产方式、分工和交往程度,换言之,生产方式越是完善,分工越是细化,交往越是密切,各个民族原始的、狭隘的封闭状态就越能被打破,因而,历史也就越能成为世界历史。

---

① 《马克思恩格斯选集》第1卷,人民出版社,1995,第300页。
② 《马克思恩格斯全集》第3卷,人民出版社,1960,第536~537页。
③ 《马克思恩格斯选集》第1卷,人民出版社,1995,第301页。
④ 《马克思恩格斯选集》第1卷,人民出版社,1995,第89页。

二

"历史向世界历史的转变"既使马克思在世界历史的宽广视域中审视分工得以可能,也为开显分工的世界历史话语敞开了崭新地平。难怪,马克思曾指出,蒲鲁东在谈及分工时竟丝毫没有感到"必须谈世界市场"①,也没有注意到世界市场的开辟使一切民族、国家的生产和消费都成为世界性的了。在这里,我们将分工与世界历史联系起来考察,首先要阐明分工在开创世界历史进程中的地位及其主导逻辑。

大工业首先开创了世界历史。大工业突飞猛进的时期实际上也是"实行最广泛的分工"的阶段。换句话说,分工作为大工业的内在要素积极参与了消灭狭隘的地域历史、开启世界历史大幕的活动。大工业"首次开创了世界历史,因为它使每个文明国家以及这些国家中的每一个人的需要的满足都依赖于整个世界,因为它消灭了各国以往自然形成的闭关自守的状态"②。而且,作为世界历史的始作俑者,大工业消灭了一切自然形成的性质,它"使分工丧失了自己自然形成的性质的最后一点假象"③。如果联系《1844年经济学哲学手稿》中的著名论断,即"工业的历史和工业的已经生成的对象性的存在,是一本打开了的关于人的本质力量的书"④,我们就会清楚地发现,开创了世界历史的大工业又何尝不是展现人的本质力量的一本大"书"呢?只不过它是在更大的空间和范围内,确切地说,是人的本质力量的世界历史性展示,是人的全面性、丰富性、深刻性的世界历史性实现。正是由于大工业开创了世界历史,资产阶级社会也以一种完全不同于此前所有社会组织的全新面目和独特创举出场了,具体表现为:地方共同体的解体、异质文化群体的融合、

---

① 《马克思恩格斯选集》第4卷,人民出版社,1995,第534页。
② 《马克思恩格斯选集》第1卷,人民出版社,2012,第194页。
③ 《马克思恩格斯选集》第1卷,人民出版社,2012,第194页。
④ 《马克思恩格斯文集》第1卷,人民出版社,2009,第192页。

文化传说和传统的革新,它"在人类历史上第一次将整个人类带入到一个单一社会秩序的范围之内",吉登斯称其是"世界历史性"的创举。① 此外,大工业创造并开拓了便利的交通工具和现代的世界市场,大大"推动了产业革命,产业革命同时又引起了市民社会中的全面改革,而它的世界历史意义只是在现在才开始被认识清楚"②。可见,只是到了资本主义社会阶段,大工业所具有的超凡创新性和空前革命性才被清楚地认识到,正如马克思所言,"与这个社会阶段相比,以前的一切社会阶段都只表现为人类的地方性发展和对自然的崇拜"③。大工业开创了世界历史,随之而来的是"过去那种地方的和民族的自给自足和闭关自守状态,被各民族的各方面的互相往来和各方面的互相依赖所代替了。物质的生产是如此,精神的生产也是如此"④。实际上,正是深深切中历史脉搏,从世界历史大潮中走来的马克思使人们获得了对社会历史的科学认识。毛泽东曾这样写道:"在很长的历史时期内,大家对于社会的历史只能限于片面的了解,这一方面是由于剥削阶级的偏见经常歪曲社会的历史,另一方面,则由于生产规模的狭小,限制了人们的眼界。人们能够对社会历史的发展进行全面的历史的了解,把对于社会的认识变成了科学,这只是到了伴随巨大生产力——大工业而出现近代无产阶级的时候,这就是马克思主义的科学。"⑤

资本构成了世界历史的主导逻辑。大工业创造世界市场、开创世界历史之日,也即资本主义生产方式开始取得并占据主导地位之时。历史向世界历史的转变是资本主义生产方式合乎逻辑发展的必然结果,因为"创造世界市场的趋势已经直接包含在资本的概念本身中"⑥。资

---

① 〔英〕吉登斯:《资本主义与现代社会理论——对马克思、涂尔干和韦伯著作的分析》,郭忠华、潘华凌译,上海译文出版社,2007,第73页。
② 《马克思恩格斯全集》第2卷,人民出版社,1957,第281页。
③ 《马克思恩格斯全集》第46卷(上),人民出版社,1979,第393页。
④ 《马克思恩格斯选集》第1卷,人民出版社,1995,第276页。
⑤ 《毛泽东选集》第1卷,人民出版社,1991,第260页。
⑥ 《马克思恩格斯全集》第46卷(下),人民出版社,1980,第391页。

本追求价值增值的固有本性，驱使资本家奔走于全球各地，到处扩张，建立市场，而且，"由于一切生产工具的迅速改进，由于交通的极其便利，把一切民族甚至最野蛮的民族都卷到文明中来了"，更准确地说，是卷入"资本文明"中来了；同时，"它迫使一切民族——如果它们不想灭亡的话——采用资产阶级的生产方式；它迫使它们在自己那里推行所谓的文明，即变成资产者。一句话，它按照自己的面貌为自己创造出一个世界"。① 因此，可以说世界历史的形成乃是资本主义社会关系及其矛盾向全球不断扩张的过程。资本越是发展"就越是力求在空间上更加扩大市场，力求用时间去更多地消灭空间"②。由此可见，资本构成了世界历史的主导逻辑和强势话语，这是由资本的本性所决定的。从现代社会经济全球化的总体发展态势来看，我们发现：历史向世界历史的转变内在地包含并指向资本主义叙事的全球化，资本主义开创了"全球资本主义时代"。正如德里克所说，"在资本主义的历史上，资本主义生产方式第一次脱离了它在欧洲的历史起源，表现为真正全球性的抽象观念。资本主义叙事再也不是欧洲的历史叙事了；现在非欧洲资本主义国家在要求建构它们自己的资本主义历史"③。众所周知，现代化的源头在西欧，而现代化的"全球化"乃是西方现代文明模式向世界扩散的过程，借用罗兰·罗伯逊的话来说，即全球化的"文明标准"不过是西方"特殊主义的普世化"④。实际上，在 20 世纪的诸多现代化理论中，把现代化视为单线演化的全球性现象的理论倾向深受美国社会学家帕森斯的影响。他认为现代社会只有"一个源头"，他相信导致西欧走向现代的"理性化"发展过程具有"普世性"意义，他也相信这

---

① 《马克思恩格斯选集》第 1 卷，人民出版社，1995，第 276 页。
② 《马克思恩格斯全集》第 46 卷（上），人民出版社，1979，第 33 页。
③ 〔法〕德里克：《后殖民气息：全球资本主义时代的第三世界批评》，载汪晖、陈燕谷主编《文化与公共性》，生活·读书·新知三联书店，1998，第 468 页。
④ Roland Roberston, "After Nostalgia? Wilful Nostalgia and the Phase of Gobalization," in B. S. Turner, ed. , *Theories of Modernity and Post-Modernity*. London：Sage Publications, 1990, p. 51.

一发展过程并不是随意的，而必然是具有"方向性"的，而且这一发展过程将指向所谓的现代社会的最终实现。① 在这里，还要提及的一个人就是因主张"文明冲突论"而名噪一时的美国学者亨廷顿，尽管他深刻地指出西方文明是"独特的而不是普遍的"，但在其理论深处的西方中心主义立场仍然清晰可见，他指出："在一个现代性开始占压倒优势和高度相互依赖的世界里，完全拒绝现代化和西方化几乎是不可能的。"② 尽管亨廷顿正确地揭示了现代社会走向全球化、现代化是不可避免的历史趋势，但他又错误地将现代化等同于或简单化为西方化，实在是不足取的。因此，尽管资本是世界历史的主导逻辑，世界历史的进程是资本主义叙事的全球化，但是如果在西方化与现代化、全球化之间画等号却是值得深思的。

三

在阐明分工在开创世界历史进程中的地位及其主导逻辑的基础上，我们有必要进一步揭示分工向全球扩展的"现代性"后果和"全球化"效应，同时指出人的解放是一项世界历史性的事业。

分裂是分工向全球扩展的"现代性"后果。诚然，随着分工向全球的延伸和拓展，全球一体化的历史进程逐渐加快，世界变得越来越小，越来越成为一个整体。"资产阶级日甚一日地消灭生产资料、财产和人口的分散状态。它使人口密集起来，使生产资料集中起来，使财产聚集在少数人的手里。由此必然产生的结果就是政治的集中。各自独立的、几乎只有同盟关系的、各有不同利益、不同法律、不同政府、不同关税的各个地区，现在已经结合为一个拥有统一的政府、统一的法律、统一的民族阶级利益和统一的关税的统

---

① C. F. Parsons, *The System of Modern Societies*. Englewood Cliff, N. J. Prentice-Hall, 1971, pp. 138–143.
② 〔美〕亨廷顿：《文明的冲突与世界秩序的重建》，周琪等译，新华出版社，1998，第64页。

一的民族"①。特别是由于机器和蒸汽的应用,"分工的规模已使大工业脱离了本国基地,完全依赖于世界市场、国际交换和国际分工"②。到18世纪后半期,随着第一次国际分工的大规模完成,"世界正在成为一个经济单位"③。可以说,这也是分工日益跨越民族壁垒向全球进军,进而使历史向世界历史加速转变的一大明证。但是,正如马克思所说,历史一直都是在对抗中前行的,世界历史的形成亦是如此。随着分工向全球范围的扩展,它使全球一分为二,具体而言,即"使地球的一部分成为主要从事农业的生产地区、以服务于另一部分主要从事工业的生产地区"④。而且,"正像它使农村从属于城市一样,它使未开化和半开化的国家从属于文明的国家,使农民的民族从属于资产阶级的民族,使东方从属于西方"⑤,使不发达国家从属于发达国家。威廉姆·格莱德形象地指出:"当发展中国家向具有动物血性的全球资本开放时,它们就开始应对魔鬼了。"⑥在这一过程中,全世界大多数人必然被边缘化,尽管世界也会被重新建构,"但是这种重构将发生在资本主义制度下,这一制度将继续在新的环境中以新的形式产生出构成其世界结构的不平等现象"⑦。的确,在这场应对魔鬼的战争中,世界范围内的不平等现象增多,东西方之间的矛盾升级,并越来越呈现出两极分化的格局。鲍曼分析指出:"由于技术因素而导致的时间/空间距离的消失并没有使人类状况向单一化发展,反而使之趋向两极分化。它把一些人从地域束缚中解放出来,使某些社区生成的意义延伸到疆界以外——而同时剥夺了继续限制另外一些人的领土的意义和赋予同一

---

① 《马克思恩格斯选集》第1卷,人民出版社,1995,第277页。
② 《马克思恩格斯全集》第4卷,人民出版社,1958,第169页。
③ 〔美〕L. S. 斯塔夫里亚诺斯:《全球通史》,吴象婴等译,上海社会科学院出版社,1992,第221页。
④ 《马克思恩格斯全集》第23卷,人民出版社,1972,第494~495页。
⑤ 《马克思恩格斯选集》第1卷,人民出版社,1995,第276~277页。
⑥ 转引自〔德〕格罗·詹纳《资本主义的未来:一种经济制度的胜利还是失败?》,宋玮等译,社会科学文献出版社,2004,第11页。
⑦ 王宁等编《全球化与后殖民批评》,中央编译出版社,1998,第4页。

性的能力。"① 在一本名为《全球分裂》的书中，作者斯塔夫里亚诺斯进一步指出了伴随着经济全球化、一体化而出现且在不断加剧的全球分裂现象。为了符合全球性经济的扩张要求，传统社会中的文化或经济都遭到了前所未有的"深刻的扭曲和重新塑造"，不仅如此，对第三世界而言，"由于追随以西方国家为先驱的工业化进程而追赶不上"，进而使全球分裂为"发达与不发达"的两极格局。如前所述，不发达从属于发达、发达主导不发达，因此不发达的第三世界的国家和地区就只能"在经济上依附并从属于发达的第一世界的国家和地区"。斯塔夫里亚诺斯敏锐地指出，在这种形势下，"发展，不是依靠投入资本就能解决的经济问题，而是一个政治问题"②。

合作是分工发展的"全球化"效应。在《资本主义的未来：一种经济制度的胜利还是失败？》一书中，詹纳感叹道："世界变得越来越小，没有和平合作人类未来的生存就不可能。"问题是，从全球分裂走向全球合作、人类和平何以可能？在詹纳看来，"自亚当·斯密以来，经济学家都将劳动分工视为在世界范围内引导进步的重要一环，同样也是对和平的一种贡献，因为通过劳动的国际分工在国与国之间产生了多样化的合作"③。结合前面的论述，我们就可以清楚地看到劳动的国际分工所具有的内在两重性：一方面，分工是导致全球分裂的"元凶"；另一方面，分工是谋求全球合作的"功臣"。因为只要存在分工，就存在诸如分裂与合作、冲突与协调等成对出现且相反相成的可能性力量，因此，问题的关键在于如何通过分工实现分裂、冲突的最小化，实现合作、协调的最大化。以研究技术创新理论而著称的经济学家弗里曼和卢桑共同指出："马克思已经预见到'资本主义作为整体'的协调过程的重要性，并把协调解释为各种基本趋

---

① 〔英〕齐格蒙特·鲍曼：《全球化——人类的后果》，郭国良、徐建华译，商务印书馆，2001，第17页。
② 参见〔美〕L. S. 斯塔夫里亚诺斯《全球分裂——第三世界的历史进程》（上），迟越等译，商务印书馆，1993，第8~14页。
③ 〔德〕格罗·詹纳：《资本主义的未来：一种经济制度的胜利还是失败？》，宋玮等译，社会科学文献出版社，2004，第50页。

势和反趋势——也就是冲突——的结果。"① 詹纳也指出："在我们的时代，斗争或合作的原则从来就在一种不可知的程度上主导着国与国之间的关系。这可以通过劳动分工使国与国和平地联系在一起并相互依赖。"② 而且，通过对国内分工与国际分工的比较研究，詹纳将我们引向了对分工问题的深层认识。如果说"一种真正的国际分工是基于特定领域的专业化、技术差别和设计的不同模式而展开的"③，那么，将国与国之间的劳动分工与国内的劳动分工相提并论就是草率的。尽管"分工的原则对于一国的进步和富裕而言是很本质的因素"④。但是，在现实的社会经济生活中，各国却很少真正地促进劳动分工的深化，也就是说，一种真正的国际分工至今仍很难实现，最为显著的原因就在于对专业化的担忧。"当一个国家担心通过专业化而造成自己对其他国家的依赖时，没有哪个国家愿意实行全面的专业化。"⑤ 这就涉及一个深层的理论问题，分工不再是一个经济问题，而是一个社会政治问题，它需要一定的政治、社会前提。詹纳强调指出："劳动分工一定要得到社会的赞同。因为劳动分工将经济与社会紧密地联系起来，当一个人只会生产大头针，另外一个人只会生产南瓜籽而第三个人只会生产汽车轮胎时，他们每个人都会变得非常强大，但同时也变得非常弱小，因为他离开了其他人就不能生存。劳动分工对社会而言意味着优势，但当这个系统由于某一个链条的破坏而断裂时，劳动分工相对于个人而言就成为了劣势。"⑥ 当然，詹纳

---

① Freeman and F. Louca, *As Time Goes By—from Industrial Revolution to Information Revolution*, p. 121. 转引自孟捷《产品创新与马克思的分工理论》，《当代经济研究》2004年第9期。
② 〔德〕格罗·詹纳：《资本主义的未来：一种经济制度的胜利还是失败？》，宋玮等译，社会科学文献出版社，2004，第55页。
③ 〔德〕格罗·詹纳：《资本主义的未来：一种经济制度的胜利还是失败？》，宋玮等译，社会科学文献出版社，2004，第87页。
④ 〔德〕格罗·詹纳：《资本主义的未来：一种经济制度的胜利还是失败？》，宋玮等译，社会科学文献出版社，2004，第64页。
⑤ 〔德〕格罗·詹纳：《资本主义的未来：一种经济制度的胜利还是失败？》，宋玮等译，社会科学文献出版社，2004，第61页。
⑥ 〔德〕格罗·詹纳：《资本主义的未来：一种经济制度的胜利还是失败？》，宋玮等译，社会科学文献出版社，2004，第68页。

也充分肯定了劳动分工在谋求全球合作、人类和平中的积极作用，实际上，在现实的国际交往中乃至未来的全球合作中，分工都扮演着重要的角色，正如詹纳所言："劳动分工意味着合作""劳动分工源于合作"①。

人的解放是一项世界历史性的事业。马克思不仅具有世界历史的眼光，还将人的解放这一最高使命纳入世界历史的现实运动中来考察。他指出："随着资产阶级的发展，随着贸易自由的实现和世界市场的建立，随着工业生产以及与之相适应的生活条件的趋于一致，各国人民之间的民族分隔和对立日益消失。"② 只有这样，历史才越能成为世界历史，单个人也才能彻底摆脱种种民族局限和地域局限，在世界历史的意义上同整个世界发生全面的联系，在全球范围内进行全面的生产，进而实现从"地域性的个人"向"世界历史性的、经验上普遍的个人"的转变。如前所述，世界市场的开辟、世界历史的开启都是个人本质力量的世界历史性展现，因此，这种世界历史性的活动本身就可以看作人的共同活动的力量的展示。问题是，"单个人随着自己的活动扩大为世界历史性的活动，越来越受到对他们来说是异己的力量的支配（他们把这种压迫想象为所谓宇宙精神等等的圈套），受到日益扩大的、归根结底表现为世界市场的力量的支配，这种情况在迄今为止的历史中当然也是经验事实"③。实际上，在分工的条件下，人所创造的这种世界历史性活动越来越不能成为属人的力量，相反，它却成了支配、奴役个人的外在力量。"各个人的全面的依存关系、他们的这种自然形成的世界历史性的共同活动的最初形式，……这些力量本来是由人们的相互作用产生的，但是迄今为止对他们来说都作为完全异己的力量威慑和驾驭着他们。"④ 诚如马克思所说，人的本质就在于人的真正的社会联系，因

---

① 〔德〕格罗·詹纳：《资本主义的未来：一种经济制度的胜利还是失败？》，宋玮等译，社会科学文献出版社，2004，第55、65页。
② 《马克思恩格斯选集》第1卷，人民出版社，1995，第291页。
③ 《马克思恩格斯选集》第1卷，人民出版社，1995，第89页。
④ 《马克思恩格斯选集》第1卷，人民出版社，1995，第89~90页。

此，要实现人的真正解放，就"必须推翻那些使人成为受屈辱、被奴役、被遗弃和被蔑视的东西的一切关系"①。共产主义革命的意义就在于让人重新回到自己的世界，控制自己的一切关系，自觉驾驭这些外在的、异己的力量，实现人的真正解放。正如马克思所说，"任何一种解放都是把人的世界和人的关系还给人自己"②。

实际上，人的解放是一项世界历史性的事业，因而只有在世界历史意义上才能实现这项事业。马克思指出，在世界历史的现实运动中，每一个国家、民族的发展都离不开整个世界，每一个人需要的满足都依赖于整个世界，而且，"各个人的世界历史性的存在，也就是与世界历史直接相联系的各个人的存在"③。也就是说，个人的世界历史性存在就是个人的人的存在，因此，"每一个单个人的解放的程度是与历史完全转变为世界历史的程度一致的"④。这时候，每一个"个体都可能成为人类群体的代表，而每一个群体的作用又取决于世界的标准。在这一点上，历史已经准备好从自己的'史前史'中走出来"⑤，于是，历史的新纪元——真正的人类史开始了。而这一切之所以可能，就因为世界历史的形成与发展，不仅为人的解放提供了"大量的生产力"作为客体力量和坚实的物质基础，而且为人的解放和共产主义的实现锻造出一个新生的主体力量，即无产阶级。这是"一个真正同整个旧世界脱离而同时又与之对立的阶级"，也是一个"只有在世界历史意义上才能存在"的阶级。⑥ 从某种意义上讲，"工人没有祖国"⑦ 这一平实的判断似乎已经表明人的解放只有在世界历史意义的范围内才能实现。

---

① 《马克思恩格斯全集》第 1 卷，人民出版社，1956，第 461 页。
② 《马克思恩格斯全集》第 1 卷，人民出版社，1956，第 443 页。
③ 《马克思恩格斯选集》第 1 卷，人民出版社，1995，第 87 页。
④ 《马克思恩格斯选集》第 1 卷，人民出版社，1995，第 89 页。
⑤ 〔法〕埃蒂安·巴里巴尔:《马克思的哲学》，王吉会译，中国人民大学出版社，2007，第 58 页。
⑥ 《马克思恩格斯选集》第 1 卷，人民出版社，第 87、115 页。
⑦ 《马克思恩格斯选集》第 1 卷，人民出版社，1995，第 291 页。

全球化进程中的"文化自觉"

随着"历史向世界历史的转变",人类已不可逆转地进入了一个相互依存、相互影响的全球化时代。今天,全球化已不仅是经济、政治的全球化,还是文化的全球化。在新的历史起点上,当代中国在文化全球化进程中必须要有充分的"文化自觉"。

一 从经济全球化到文化全球化

诚然,全球化首先表现为由"资本逻辑"所主导的经济全球化,但是全球化进程并不仅仅发生并局限于经济领域,还影响了人类社会生活的方方面面,特别是对人类的文化发展进程和人类文明格局产生了意义深远的影响。诚如马克思所指出的:"过去那种地方的和民族的自给自足和闭关自守状态,被各民族的各方面的互相往来和各方面的互相依赖所代替了。物质的生产是如此,精神的生产也是如此。各民族的精神产品成了公共的财产。民族的片面性和局限性日益成为不可能,于是由许多种民族的和地方的文学形成了一种世界的文学。"[①] 显而易见,经济全球化极大地推动了文化全球化。特别是随着网络等新媒体的发展,全球层面的文化交流、对话在深度、广度、强度、速度等方面都大大超过以往,可以说,现代传媒特别

---

① 《马克思恩格斯选集》第1卷,人民出版社,2012,第404页。

是新媒体的崛起正在深刻地影响并改变着多元、异质文化间的交流传播方式，并极大地推进了文化全球化的进程，世界正越来越成为一个"你中有我、我中有你"的"文化村"。

正如我们享受经济全球化成就的同时也必然面临全球化的挑战一样，在文化全球化的进程中，我们必须要有充分的"文化自觉"。

一方面，文化正越来越成为全球化的中心和焦点，文化在综合国力竞争中的地位越来越突出。著名文化学者汤姆林森指出："全球化处于现代文化的中心地位；文化实践处于全球化的中心地位。"[1] 有学者认为："全球资本主义既促进文化同质性，又促进文化的异质性，而且既受到文化同质性的制约，又受到文化异质性制约。"[2] 可见，全球化特别是文化全球化实际上是同质性与异质性同时进行的双向过程，也是全球性与地方性不断互动的过程。文化是民族的血脉，人民的精神家园，"任何社会没有文化就建设不起来"[3]。在一个国家的历史发展中，文化是不可少的、须臾不可或缺的要素。20世纪90年代末期，在亚洲金融危机中遭受经济重创的韩国顺势提出"文化立国"发展战略，才有当今"韩流"的强劲势头，极大地提升了韩国文化的影响力。

另一方面，文化已成为政治和意识形态交锋的舞台，在"西强我弱"的国际文化格局下，文化渗透、文化侵略无孔不入。在历史走向世界历史，文化走向世界文化的进程中，由资本主义率先开启的全球扩张必将造成这样一种"文明制度"。对此，马克思明确指出："正像它使农村从属于城市一样，它使未开化和半开化的国家从属于文明的国家，使农民的民族从属于资产阶级的民族，使东方从属于西方。"[4] 很显然，东西方在世界文化发展和文明格局中处于不对等的地位，而这种地位决定了在当今世界中，东方与西方、国家

---

[1] 〔英〕约翰·汤姆林森：《全球化与文化》，郭英剑译，南京大学出版社，2002，第1页。
[2] 〔美〕罗兰·罗伯森：《全球化：社会理论和全球文化》，梁光严译，上海人民出版社，2000，第249页。
[3] 《毛泽东文集》第3卷，人民出版社，1996，第108页。
[4] 《马克思恩格斯选集》第1卷，人民出版社，2012，第405页。

与国家之间硬实力的较量与软实力的较量必然形成强—弱、优—劣、中心—外围等基本格局。很显然，文化全球化是发达资本主义国家文化占主导地位的文化全球化，而并非完全对等的文化全球化。因此，在文化全球化进程中，总是强势文化主动向弱势文化出击的单向流动，后者总是处于十分不利的被动地位。于是，文化交流直接变异为文化渗透、文化侵略。

总体上看，"西强我弱"的国际文化和舆论格局尚未也很难在短期内根本改变。随着全球化进程的加速，文化交流更加频繁、交融更加深入、交锋更加激烈，由于文化发展的不平衡性、不对等性，强势文化对弱势文化的渗透，导致文化侵略或文化霸权出现，这已成为民族文化交往中的世界性难题。如果说军事侵略属于"硬"侵略，那么，文化侵略无疑属于"软"侵略。"文化侵略"的提法源于文化上的危机感。1923年7月，瞿秋白在《帝国主义侵略中国之各种方式》一文中首次明确提出"文化侵略"的概念，并指出："'文化侵略'可谓帝国主义最新的形式，比军事侵略狠毒的多。"[①] 改革开放初期，邓小平同志曾指出："西方国家正在打一场没有硝烟的第三次世界大战。所谓没有硝烟，就是要社会主义国家和平演变。"[②] 事实上，国际敌对势力对我国实施"和平演变"的战略从未改变，也从未停止过。掌握全球舆论主导权的美国等西方大国，正是利用文化全球化这个机会对发展中国家实行文化渗透、文化侵略。在文化全球化的今天，在文化渗透、文化侵略这场没有硝烟的战争中，我们更应清醒地看到并时刻警惕西方的"和平演变"，不说别的，单从美国对华的"三步走"战略和"十条诫令"中，就可以窥斑知豹。

二 从"武器的批判"到"批判的武器"

诚如马克思所说，战争实际上是人类社会发展初期最主要的交

---

① 《瞿秋白文集》，人民出版社，1988，第80页。
② 《邓小平文选》第3卷，人民出版社，1993，第344页。

往方式。在和平、发展、合作、共赢的新时代，以军备竞赛为基本内容的"冷战"虽已结束，但我们正面临着一场没有硝烟的文化"热战"。这是一个从"武器批判"走向"非武器批判"的新时代。托夫勒曾在《权力的转移》中明确指出："世界已经离开了暴力和金钱控制的时代，而未来世界的魔方将控制在拥有信息强权人的手里，他们会使用手中掌握的网络制作权、信息发布权，利用英语这种强大的文化语言优势，达到暴力金钱无法征服的目的。"① 在文化全球化的时代，强势文化正是通过语言、信息、网络等媒介对外推行或输出其生活方式、价值观念，目的是让全世界都"西方化""美国化"。关于这一点，美国政府的重要智囊团直言不讳地宣称："美国应该确保：如果世界向统一语言方向发展，那么这种语言就应该是英语；如果世界向统一的电信、安全和质量标准发展，那么这些标准就应该是美国的标准；如果世界逐渐被电视、广播和音乐联系在一起，那么节目的编排就应该是美国的；如果世界正形成共同的价值观，那么这些价值观就应该是符合美国人意愿的价值观。"这就是一种典型的唯我独尊式的文化渗透或文化侵略。"它意味着侵略者的'优势'和被侵略者的'劣势'，以及前者占有后者又担心失掉他们而强行灌输自己的观念准则。"② 因此，"那些作为'支配者'的西方诸国的文化正在伴随着科技的出口而出口，而那些作为'被支配者'的发展中国家（包括中国）的文化则在不断的被压缩、被压制和被抽空化"③。

谈起战争，总让人想起血肉飞溅、炮火连绵、硝烟四起的场景。当然，较之于短兵相接、刀光剑影的军事侵略，文化侵略呈现出鲜明的新特点。总体上看，文化侵略的形式和内容都更加多样化且更具隐蔽性，它并不单单体现在文化领域和文化活动之中，而是贯穿

---

① 〔美〕阿尔温·托夫勒：《权力的转移》，刘红等译，中共中央党校出版社，1990，第287页。
② 覃光广等主编《文化学辞典》，中央民族学院出版社，1988，第120~121页。
③ 邓正来：《中国法学向何处去——建构中国法学"理想图景"时代论纲》，商务印书馆，2006，第15页。

于军事、政治、经济、科技、教育等一切可能涉外的领域和活动之中。曾负责美国东亚和太平洋事务的魏德曼指出，贸易不只是创造财富的手段，还是美国思想和理想借以渗透到所有中国人意识中的渠道；从长远来看，它为美国的意识形态产业（诸如电影、激光唱片、软件、电视）和使国际交流更为便利的产品（诸如传真机和互联网计算机）开辟市场。托马斯·麦克菲尔将新形势下的传媒文化侵略称为"电子殖民主义"，其目的是通过眼睛、耳朵来影响那些消费了进口媒介节目的人的态度、欲望和信念、生活形态、消费意愿或购买形式。观众在无意中学会了西方的价值观和生活方式，并导致了某种心智状态。好莱坞、麦当劳等传播的已不仅仅是文化产品，还有文化产品所隐含的生活方式、思维方式、价值观念，它们悄无声息地影响着中国人的头脑和生活，这必须引起我们的高度重视。对此，加拿大学者马修·弗雷修在其《大规模烦心武器：软实力与美国帝国》中曾明确指出，好莱坞永远负有传播使命，即向世界传播美国的核心价值观和信仰。因此，不像赤裸裸的、疾风骤雨式的军事侵略容易被人察觉，文化侵略形式更加隐蔽，它总是打着文化交流的幌子，以无声的、静悄悄的、和风细雨般的文化输出俘获"人心"。诚如摩根索所言，文化侵略不在于攻占他国领土或控制其经济生活，而在于制服和控制人的头脑。① 实际上，文化侵略通过这种没有宣传却胜似宣传的传播形式，使人丧失警惕性，从而达到强势文化的"非领土扩张化"。在这个过程中，"人们体验到的并不是典型的、富有戏剧性的暴动，恰恰相反，它们都被同化到了正常状态，而且被理解成是——尽管很不稳定——'生活就是这样的方式'，而不是被当作在人们由来已久的或是理当如此的生活方式上出现了一系列的偏差"②。

---

① 〔美〕汉斯·摩根索：《国际纵横策论——争强权，求和平》，卢明华等译，上海译文出版社，1995，第90页。
② 〔英〕约翰·汤姆林森：《全球化与文化》，郭英剑译，南京大学出版社，2002，第187页。

如果说军事侵略是一场充满血腥、炮火的"明战",那么文化侵略无疑是一场杀人不见血、没有硝烟的"暗战"。同样是战争,但战争的战场、武器、手段、目的都各不相同、各有特点。就战场而言,军事侵略的战场是有形的、显性的、前方的、实体的、看得见的,文化侵略的战场是无形的、隐性的、后方的、虚拟的、看不见的,但却无时不在、无处不在;就武器而言,军事侵略的武器是刀、剑、枪、炮,而文化侵略的武器是"糖衣炮弹"、网络、信息、价值、文化、学术、思潮、贸易、投资、援助等;就手段和方式而言,军事侵略是硬碰硬的暴力、对决、角斗,面对面的肉搏、厮杀、流血甚至牺牲,文化侵略则是"豆腐嘴、刀子心"、口蜜腹剑,常常以炫人耳目的文化、文明、学术、思潮之外衣处处掩盖"不战而屈人之兵"的政治和意识形态"陷阱",且总是以自由、民主、人权之名行文化渗透、文化霸权、文化侵略之实;就目的而言,军事侵略旨在杀人夺命、攻城略地,文化侵略则是从根本上淡化信念、动摇信心、消磨斗志、分化思想、离间情感,从根基处扰乱人心、瓦解精神支柱,摧毁一个国家、民族和社会共同的思想基础。

就其实质而言,文化侵略早已超出一般意义上的文化交流活动,而越来越暴露出其意识形态口号背后真实的政治和经济意图。亨廷顿坦言,要"千方百计吸引其他国家的人民采取西方有关民主和人权的概念",要在以实力"威慑"迫使别人就范的同时,利用文化手段实现其利用军事、政治和经济手段难以达到的战略目的。① 事实上,"冷战"结束后,"历史终结论""意识形态终结论""文明冲突论"等西方思潮甚嚣尘上,其提出的诸如"人权高于主权""捍卫人类普遍的价值观"等口号,貌似有理实际上只不过是西方文化霸权的辩护词而已。因此,在文化全球化进程中,我们决不能为西方的思潮、文化外衣所迷惑,对于这种混淆视听的华丽言辞必须高度警惕。

---

① 〔美〕萨缪尔·亨廷顿:《文明的冲突与世界秩序的重建》,周琪等译,新华出版社,1998,第74页。

三 维护国家"文化安全"之路径

在文化全球化的进程中,随着文化渗透、文化侵略的加剧,世界各国"文化安全"意识日益增强。就连一些西方国家的人士对美国的强势文化冲击也深感震惊和担忧,他们说:"美国电影就像恐龙一般,正把它的利爪伸向'世界公园',要是欧洲国家再不联合行动,欧洲文化就濒临灭绝。"① 明白了这一点,也就不难理解习近平总书记提醒我们"必须准备进行具有许多新的历史特点的伟大斗争"的深意所在了。因此,在这场没有硝烟的"文化战"中,面对来势汹汹的文化渗透、文化侵略,作为正在从文化大国向文化强国迈进的社会主义大国,中国必须有所作为,积极应对,切实维护国家文化安全。

首先,必须坚持"发展是硬道理"的重大战略不动摇。马克思主义认为"物质生活的生产方式制约着整个社会生活、政治生活和精神生活的过程"②,文化生活的根基在于经济,抵御文化渗透、文化侵略首先必须筑牢文化发展的经济基础。近代以来的中国历史也以血的事实告诉我们,落后就要挨打,只有发展才能自强。同样,对当代中国而言,发展是硬道理,是中国解决所有问题的关键,也是中国在文化全球化进程中掌握主动权、立于不败之地的法宝。"增强综合国力,改善人民生活;巩固和完善社会主义制度,保持稳定局面;顶住霸权主义和强权政治的压力,维护国家主权和独立;从根本上摆脱经济落后状况,跻身于世界现代化国家之林,都离不开发展。"③ 必须看到,在文化全球化进程中,强势文化之所以"强"是以其背后的经济和科技实力为支撑的,弱势文化之所以"弱"也与其落后、不发达的经济状况紧密相关。比如美国,若离开其强大的经济后盾和科技先导,就会失去在国际文化舞台上的裁判、领导

---

① 刘伟胜:《文化霸权概论》,河北人民出版社,2002,第58页。
② 《马克思恩格斯选集》第2卷,人民出版社,1995,第32页。
③ 《江泽民文选》第1卷,人民出版社,2006,第461页。

地位。正是在这个意义上，基辛格曾经说道："美国必须小心，在它执行全球外交政策的财务、军事资源都被削减之时，不要去增加道德承诺。皇皇大言，没有能力或者意愿做后盾，会使美国在其他所有事务上的影响力消退。"① 同样，尽管弱势文化在全球化进程中处于下风的原因有很多，但最致命的一点在于经济不发达。因此，在文化全球化的进程中，当代中国要想成功突围西方文化外衣下的"政治陷阱"，维护国家文化和意识形态安全，就必须坚持发展是硬道理的重大战略，坚持以经济建设为中心不动摇。

其次，倡导多元文化间的平等交流与对话。尽管文化侵略是在文化交流、交融、交锋中形成的，但是，反对并抵制文化侵略，不应该也不能阻断文化交流与对话，中国应该成为文化平等交流与对话的积极倡导者和实践者。我们知道，文化从来都是在自由平等的交流中不断向前发展进而推动人类文明不断进步的。对此，罗素曾十分中肯地指出："在往昔，不同文化的接触是人类进步的路标。希腊曾经向埃及学习，罗马曾经向希腊学习，阿拉伯也曾经向罗马帝国学习，中世纪的欧洲曾经向阿拉伯学习，文艺复兴时期的欧洲曾经向拜占庭学习。在那些情形之下，常常是青出于蓝而胜于蓝的。"② 因此，在积极抵御文化侵略的过程中，我们必须积极倡导多元文化之间的平等对话与交流，尊重差异，包容多样。事实上，人类文明本没有高低优劣之分，"各种文化无所谓谁好谁坏；它们是多样的，它们的多样性是至关重要的"③。因为多样性的存在和自由平等的交流而使文化世界变得丰富多彩，正所谓"五色交辉，相得益彰；八音合奏，终和且平"④。由此可见，"各美其美、美人之美、

---

① 〔美〕亨利·基辛格：《大外交》，顾淑馨、林添贵译，海南出版社，1998，第752~753页。
② 〔英〕罗素：《中西文化之比较》，时代文艺出版社，1988，第7页。
③ 《多种文化的星球：联合国教科文组织国际专家小组的报告》，戴侃、辛未译，社会科学文献出版社，2001，第9页。
④ 冯友兰：《国立西南联合大学纪念碑文》，参见《习近平在中阿合作论坛第六届部长级会议开幕式上的讲话》，新华网，http://www.gov.cn/xinwen/2014-06/05/content_2694830.htm 最后访问日期：2014年6月5日。

美美与共、天下大同"的文化理念是值得大力倡导的。此外，倡导文化之间的平等对话与交流，就要学会欣赏异质文化，取长补短、兼收并蓄，为我所用。具体而言，"我国文化的发展，不能离开人类文明的共同成果。要坚持以我为主，为我所用的原则，开展多种形式的对外文化交流，坚决抵制各种腐朽文化的侵蚀"，同时，"在建设有中国特色社会主义文化的过程中，必须坚持社会主义性质，坚持以我为主，为我所用的原则，开展多种形式的对外文化交流，博采各国文化之长"①。

第三，大力建设社会主义核心价值体系。毋庸讳言，任何国家、社会和民族的长久稳定与和谐发展都离不开作为其内在精神和文化核心的价值观。古人云：山不在高，有仙则名；水不在深，有龙则灵。从这个意义上讲，在价值体系中居于中心地位、发挥主导功能的核心价值观，应该成为一个国家、社会和民族的"立国价值"，犹如名山之"仙"、灵水之"龙"一样。套用伟大的哲学家黑格尔的话来说就是，一个没有核心价值观的国家、社会和民族，就犹如一个装潢得富丽堂皇的庙堂缺少一个至圣的神一样，是没有精神和灵魂的，是病态的、不健全的。社会主义核心价值体系是兴国之魂、文化之髓，决定着中国特色社会主义的发展方向。对当代中国而言，抵御西方文化侵略，维护国家文化安全，必须牢牢掌握文化的话语权和领导权，关键在于大力建设社会主义核心价值体系，筑牢全党和全国各族人民团结奋斗的共同思想基础，坚持和巩固马克思主义的指导地位是社会主义核心价值体系的灵魂，也是全党和全国各族人民始终沿着正确方向前进的根本思想保证。马克思曾说："理论一经掌握群众，也会变成物质力量。"② 当前，要积极培育、弘扬和践行社会主义核心价值观，关键要使其内化为人们的精神追求，外化为人们的自觉行动。建设社会主义核心价值体系，必须科学地对待传统，不忘根脉，大力弘扬中华民族优秀文化。有学者指出："如果

---

① 《中国共产党第十五次全国代表大会上的报告》，《人民日报》1997年9月22日。
② 《马克思恩格斯全集》第3卷，人民出版社，2002，第207页。

你对传统是粗暴的,你对西方所引进的价值也只会是肤浅的。假如你对传统有深刻的理解,对它的阴暗面进行了长期的批判,同时对它的智慧进行一种开发、一种沉积,那么你对西方价值就有更深刻的比较,对西方价值所带来的阴暗面也可以有更彻底的了解。"① 在文化全球化的进程中,抵御文化侵略的有力武器就是大力弘扬中华民族优秀文化,我们应该持有这样的文化自觉,也应该坚定这样的文化自信。正如汤因比所言:"就中国人来说,几千年来,比世界任何民族都成功地把几亿民众,从政治文化上团结起来。他们显示出这种在政治、文化上统一的本领,具有无与伦比的成功经验。这样的统一是今天世界的绝对要求。"② 就此而论,积极实现传统文化的"创造性转化"和创新性发展,中华文化必将发挥其全球性的世界历史意义。

---

① 杜维明:《文明的冲突与对话》,湖南大学出版社,2001,第27页。
② 〔英〕A. J. 汤因比、〔日〕池田大作:《展望二十一世纪:汤因比与池田大作对话录》,荀春生、朱继征、陈国栋译,国际文化出版公司,1995,第294页。

多元社会的价值重建

——论社会主义核心价值体系的历史生成与自觉建构

现代社会最为显著的特征就是分化,但社会过度分化的背后隐藏的深层问题是由利益分化、贫富分化所导致的价值共识危机,问题的消解应该诉诸"社会主义"价值共识的重塑。社会主义核心价值体系是社会主义"价值"在意识形态层面的展开,在西方"意识形态终结"的思潮背后潜藏着意识形态领域的危机,建构社会主义核心价值体系是对社会主义意识形态建设的真正自觉。社会主义核心价值体系既是对世界性挑战和全球性问题的积极回应,也具有十分深厚的中国语境,"中国特色"社会主义核心价值体系必然是在中西古今各种价值观念的碰撞与融合、冲突与消解、传承与超越的历史生成过程中自觉建构起来的。

一 社会分化与"社会主义"价值共识的重塑

毋庸置疑,我们正处于一个越来越多元化的现代社会之中,美国著名社会理论大师亚历山大深刻地揭示了现代社会生活的显著特征——分化,他说:"对于确定现代社会生活的实际特征、它所面临的紧迫威胁,以及它的现实前景而言,分化概念比当代的任何其他概念都更为贴切。"① 实际上，社会分化不仅意味着社会领域从合一走向相对分离，而且也体现在深层的价值领域的分化上。② 价值多元、价值分化乃至价值冲突已然成为现时代不争的事实，借用马克斯·韦伯的隐喻来说就是，我们正处于一个祛魅之后诸神不和的时代。

当代中国正处在这样一个思想观念大碰撞、文化价值大交融的历史时期，特别是随着改革开放的不断深入和社会主义市场经济的逐步确立和完善，社会经济成分、组织形式、就业方式、分配方式和利益关系等日趋多样化，人们的思想意识空前活跃，价值观念也呈现出多样化的发展趋势，与此相伴而生的问题在于：价值领域乱象丛生，价值观的相对化、庸俗化、物欲化、虚无化等现象严重地影响了中国公民文明素质的提升和整个社会的和谐发展。此外，公民在全面享受市场经济所带来的种种便利以及平等、自由等价值观念的同时，也真真切切地感受到了市场经济优胜劣汰法则的残酷无情。实际上，市场经济本身就是一把双刃剑，市场竞争自身固有的盲目性、逐利性、不确定性，给公民社会进程中每个主体的价值选择带来了严峻的挑战。从某种意义上说，"我们生活的世界……是一个我们要在同样终极、同样自称为绝对的价值之间作出选择的世界。其中一些价值的实现，不可避免的要牺牲另一些价值……因此，在不同的绝对要求之间作出选择的必要性，是人类状况中一个无可逃避的特征"③。于是，在价值选择过程中，一部分人由于选择错失而陷于主体迷茫的飘忽不定的状态；一部分人因价值偏执而迷失了自己的精神家园，价值观发生了极度扭曲。社会上屡见不鲜的道德失范、诚信缺失、假冒伪劣、欺诈活动猖獗等问题都是明证。

在这样一种社会情势下，提出并建立一种更加合理、更具包容性和统摄性的价值立场，对于价值多元在现代化过程中对公民个人

---

① 〔美〕亚历山大：《分化理论：问题及其前景》，《国外社会学》1992年第1期。
② 参见王虎学、万资姿《分化与整合：现代社会的哲学诠释》，《山西师范大学学报》2009年第4期。
③ Berlin, *Four Essays on Liberty*. London: Oxford University Press, 1969, pp. 168–169.

以及整个社会所造成的负面影响进行矫正和治理,实属必要。正如斯莫茨所说,"治理"的唯一前提和出发点就是"现代社会愈来愈复杂、愈来愈分裂,是一张由大量相互差别、各自独立的社会子系统组成的网。诸多社会部门(消费者、运输用户、狩猎者、店主等协会)有能力组织起来,保护自己的资源,却无需考虑它们的活动在总体上将对社会造成什么后果"①。可以说,社会主义核心价值体系正是在这样一种社会多元的大背景下,针对价值多元、价值混乱、价值冲突和价值缺失等问题而提出来的。

实际上,社会主义核心价值体系的提出不仅具有极强的现实针对性,而且凸显了中国的实践逻辑。众所周知,中国社会正在经历着一场总体的、全面的社会转型。特别是改革开放以来,中国开始了大规模的社会转型和体制转轨,中国在由传统社会转向现代社会、由计划体制转向市场体制的过程中,人们的生活方式和思维方式也在发生着深刻的变化。事实上,在改革开放和发展市场经济的环境中进行社会主义现代化建设,人们的精神世界必然会发生深刻变化,而精神世界、价值观念的变化与转型时期社会各阶层的利益分化、利益冲突是有必然联系的。

随着社会主义市场经济在当代中国的确立和发展,社会分化越来越明显,社会分层也越来越细。早在2001年,我国社会学家陆学艺根据职业分化和资源占有的状况就将社会成员分成"十大阶层"。当前,新的职业还在不断涌现,人们日益分化为更多的阶层和更多的利益群体,形象地说,既有传统的"蓝领"和"白领",也有新出现的"金领"——在外企或大公司工作的高收入员工,还有大量的"无领"——没有工作。因此,社会的分化与分层使社会呈现出一种利益多元的态势。诚然,适度的社会分化会使社会保持活力与生机,但是过度的社会分化必然危及社会的稳定与和谐。社会转型不可避免地带来不同程度的利益"异化"问题,主要体现在社会价

---

① 〔法〕玛丽-克劳德·斯莫茨:《治理在国际关系中的正确应用》,《国际社会科学》1999年第1期。

值资源配置的不均衡、贫富差距明显、"收入分配的扭曲、既得利益集团的形成、腐败现象的蔓延、竞争秩序的混乱"等方面。① 在我国，社会过度分化最突出地表现在贫富差距过大这一问题上。有数据表明，自 2000 年以来，我国基尼系数开始越过 0.4 的国际警戒线，并连续几年直线上升。② 借用贝克的话来说，当代中国社会因巨大的变迁正步入"风险社会"，甚至可能进入"高风险社会"，而风险分配历史表明，"财富在上层聚集，而风险在下层聚集"③。这一现实不仅进一步拉大了贫富差距，还酝酿着社会两极分化的发展态势。事实上，由于贫富悬殊而产生的社会紧张关系已逐渐成为一个突出的社会问题，引起了诸多学者的关注和思考。李培林等指出，如果这种贫富悬殊的问题不能得到及时、有效的解决，中国就会形成一种两极社会，而这种社会的直接后果是社会冲突和对抗的发生，特别是底层社会对上层社会的敌视和反抗。④陆学艺也认为："工人阶层目前正在适应现实，同时也在刚刚失落后的茫然中忍耐。他们当前的'悄然无息'并不意味着社会太平。"⑤

从根本上来看，现代社会过度分化的背后隐藏的深层问题是由利益分化、贫富分化所导致的价值共识危机。在马克思之前，黑格尔早就认识到了现代社会关系的必然性及其内在的伦理缺陷，他指出，现代社会中的价值共识危机根源于市场交换关系的伦理不完善。这种社会关系极度张扬个人的特殊性价值，为个人的特殊需要和个性的自由发展提供了条件，就此而言，它是符合社会发展的现代性要求的。问题是由于市场交换领域中的特殊性原则而无法制约自己，这种无限度扩展必然导致伦理生活的颓废和衰败。黑格尔深

---

① 成思危、吴敬琏、厉以宁等：《中国改革的全球价值》，《新华文摘》2008 年第 7 期。
② 何娅：《基尼系数：城乡历史政策的解构》，《中国国情国力》2007 年第 4 期。
③ 谢友倩：《风险社会中的风险关系与阶级关系——贝克〈风险社会〉批判》，《南京政治学院学报》2007 年第 2 期。
④ 参见李培林、李强、孙立平等《中国社会分层》，社会科学文献出版社，2004，第 56~59 页。
⑤ 陆学艺：《当代中国社会阶层研究报告》，社会科学文献出版社，2002，第 158 页。

刻地指出:"特殊性本身既然尽量在一切方面满足了它的需要,它的偶然任性和主观偏好,它就在它的这些享受中破坏本身,破坏自己实体性的概念……市民社会在这些对立中以及它们错综复杂的关系中,既提供了荒淫和贫困的景象,也提供了为两者所共同的生理上和伦理上蜕化的景象。"① 根据马克思的理解,"人们是自己的观念、思想等等的生产者",一个社会以怎样的方式进行生产,这个社会中的人们便以怎样的方式进行交往,人们便在交往中形成怎样的价值观念。"但这里所说的人们是现实的、从事活动的人们,他们受自己的生产力和与之相适应的交往的一定发展——直到它的最遥远的形态——所制约。"② 在此基础上,哈贝马斯进一步明确指出,现代社会的价值共识危机根源于社会的高度分化,准确地说,根源于进行物质再生产的"系统世界"和进行文化再生产的"生活世界"的分离。但是,强行的社会整合却只能进一步加剧这一危机,原因是:当系统世界借助于"权力"和"金钱"而对文化生产进行规范时,就必然产生"系统对生活世界的殖民化"。

很显然,价值共识危机的消解不能依靠一种刚性的"强"的社会整合,而必须诉诸一种柔性的"软"的价值整合,后者实质上是在对社会核心价值理念达成共识基础上的一种认同性整合,这就必然要求一个社会拥有能够为其成员共同认可并具有强大凝聚力的核心价值体系。事实上,社会主义核心价值体系正是在应对转型时期中国社会所面临的一系列重大问题特别是价值共识危机的基础上而提出的凝聚与引导社会各阶级、各阶层团结奋进的价值力量。"由于尊重人的自由、尊重人的自主意志之原则,构成了人类一切规范的基础,因此现代社会的道德便表现为一种与传统的在强制性条件下形成的道德完全不同的弱化的道德,即有人将之称为'不伤害'的道德。对这种最基本的道德的自觉认同,是一个多元化社会、一个由拥有着纷繁复杂的价值观念的成员们所构成的共同体得以持存的

---

① 〔德〕黑格尔:《法哲学原理》,商务印书馆,1961,第199页。
② 《马克思恩格斯选集》第1卷,人民出版社,2012,第152页。

前提条件。"①可以说，建构社会主义核心价值体系旨在实现多元价值观的整合，达至一种新的价值共识或重建一种"社会共同意识"。只要存在一种能够统摄社会成员信念、信仰的"社会共同意识"，那么，在人们的行动中就能够产生共同的方向和共同的理想，一个社会也就会保持相对稳定的基本的活动方式与正常的社会秩序。托克维尔明确指出："一个社会要是没有这样的信仰，就不会欣欣向荣；甚至可以说，一个没有共同信仰的社会，就根本无法存在，因为没有共同的思想，就不会有共同的行动，这时虽然有人存在，但构不成社会。因此，为了使社会成立，尤其是为了使社会欣欣向荣，就必须用某种主要的思想把全体公民的精神经常集中起来，并保持其整体性。"②实际上，"社会主义"本身所蕴含的价值、理想一旦被人们感知和掌握，就会变成强大的精神力量，引导人们按照它所指引的方向去自觉地构建社会、创造历史。

　　社会主义核心价值体系是对"社会主义"价值共识的重塑，它不仅为人们在社会生活中判断是非得失、进行价值选择提供了一个相对统一、比较可靠的价值准则，也有利于引领多样化的社会思潮、最大限度地形成社会共识。实际上，一个社会要达到健康、和谐的状态，必须实现"四个共识"③：社会成员的利益认同共识、秩序认同共识、政治认同共识和共同理想目标认同共识。利益认同反映了人们对所选择的社会制度下利益结构和利益分配制度的满足感；秩序认同反映了人们对国家法律制度和社会运行程序的适应和习惯，是对社会活动和社会生活的满足感；政治认同反映了全体社会成员对政治体系和政治过程所达成的共识；共同理想目标认同，反映了人民群众愿意接受社会共同体所确立的奋斗目标并自觉为实现这一目标而奋斗，而共同的价值观正是形成这种认同共识的基础。当前，

---

① 甘绍平：《公民社会是一个什么样的社会？》，《学习时报》2003 年 9 月 1 日。
② 〔法〕托克维尔：《论美国的民主》，董果良译，商务印书馆，2002，第 525 页。
③ 参见韩震、郑立心《社会主义核心价值体系是构建和谐社会的思想道德基础》，《新视野》2007 年第 6 期。

构建社会主义核心价值体系，就必须做到"四个坚持"、形成"四个共同"，即坚持马克思主义指导思想，形成共同信念；坚持中国特色社会主义道路，形成共同理想；坚持爱国主义和改革创新，形成共同精神；坚持社会主义荣辱观，形成共同规范。①

二 "意识形态终结"与社会主义"精神的太阳"

社会主义核心价值体系是社会主义"价值"在共产党的指导思想和社会主义国家意识形态层面上的展开。从这个意义上讲，社会主义核心价值体系实质上就是社会主义国家"制度化的思想体系"和"观念形态的国家机器"，是社会主义制度的内在精神和生命之魂。社会主义核心价值体系是"社会主义意识形态的本质体现"，从学理上讲，西方的特拉西最早提出了"意识形态"（关于观念的科学）这一概念，后因拿破仑对意识形态的批判（耽于幻想、空洞的学说），意识形态是一种虚假观念、意识形态家是一些空想家等偏见"成了欧洲人家喻户晓的常识"②。在马克思看来，意识形态作为"被意识到了的存在"，是"与物质前提相联系的物质生活过程的必然升华物"③。正是在这个意义上，列宁认为任何思想体系都是受历史条件制约的，因此，当意识形态被理解为建立在一定经济基础之上的"科学的思想体系"④ 的时候，列宁已经确认了意识形态的科学性。而意识形态的重要功能就是辩护，"没有意识形态的辩护，或者说意识形态的辩护功能失去效力，统治就变成赤裸裸的暴力强制，无法长期维持；社会也会因此而四分五裂，不得安宁"⑤。

---

① 袁贵仁：《建设社会主义核心价值体系》，《中国社会科学》2008 年第 1 期。
② 俞吾金：《从意识形态的科学性到科学技术的意识形态性》，《马克思主义与现实》2007 年第 3 期。
③ 《马克思恩格斯全集》第 3 卷，人民出版社，1960，第 29、30 页。
④ 《列宁选集》第 2 卷，人民出版社，1995，第 96 页。
⑤ 童世骏：《意识形态新论·序言》，上海人民出版社，2006，第 6 页。

但是，自 20 世纪五六十年代，特别是 80 年代末、90 年代初以来，西方学术界普遍流行着"意识形态终结"的社会思潮。持这种观点的学者置身于晚期资本主义的视域中，将马克思主义（社会主义）和意识形态视为同义词，认为随着东欧剧变、苏联解体，"意识形态"已经堕落为无可救药的词语，反过来又将资本主义视为最好、最民主的社会制度，认为资本主义制度达到了人类社会制度的制高点，代表着人类最好的社会意识形态。在《历史的终结及最后之人》一书中，福山明确声称人类历史已终结于西方的自由民主制度。他认为："共产主义不是比自由民主制度更高级的社会形态，他与自由民主同属一个历史阶段，都是在全世界实现自由和平等这个过程中的一个历史阶段。"①

实际上，在"意识形态终结"的社会思潮背后潜藏着意识形态领域的危机。诚然，自"冷战"结束以后，整个世界形势发生了很大的改变，但是种种迹象表明，以美国为首的西方国家对社会主义国家推行和平演变的战略不会改变，"西方敌对势力把中国作为意识形态的主要对手，对我实施西化、分化的图谋不会改变"②。美国智囊库兰德公司于 1999 年 6 月向美国政府提出的建议报告称，美国的对华战略应该分三步走，其中第一步就是"西化、分化中国，使中国的意识形态西方化，从而失去与美国对抗的可能性"③。对此，中国共产党人一贯保持着清醒的认识，胡锦涛同志强调指出："敌对势力要搞乱一个社会，颠覆一个政权，往往总是先从意识形态领域打开突破口，先从搞乱人们的思想下手。"④

建设社会主义核心价值体系是加强社会主义意识形态建设的真

---

① 〔美〕弗朗西斯·福山：《历史的终结及最后之人》，黄胜强、许铭原译，中国社会科学出版社，2003，第 75 页。
② 中共中央文献研究室：《十六大以来重要文献选编》（中），中央文献出版社，2006，第 49 页。
③ 转引自祝灵君《国外建立社会核心价值的经验及对我国的启示》，《中国党政干部论坛》2007 年第 4 期。
④ 中共中央文献研究室：《十六大以来重要文献选编》（中），中央文献出版社，2006，第 318 页。

正自觉。当然，意识形态的建设不可能一劳永逸，因此必须不断地培育、维系和调整意识形态与价值体系，使其始终对变化着的现实有着适应性与前瞻性的阐释，体现灵活性和吸引力。这样的意识形态和价值体系才能持久地影响和塑造广大民众的社会价值观，获得民众的价值认同。作为中国社会转型时期的"主流意识形态"，社会主义核心价值体系既是对社会主义意识形态建设的自觉反思，也是人们认同社会主义制度的理论根据，更是引领多样化社会思潮的"精神的太阳"。当然，社会主义核心价值体系作为社会主义意识形态的本质体现，不同于马克思所批判的资本主义意识形态这个"精神的太阳"，因为后者无论"照耀着什么事物，却只准产生一种色彩，就是官方的色彩"，相反，社会主义核心价值体系作为社会主义意识形态的"精神的太阳"必然会"闪耀着无穷无尽的色彩"，因为它是在尊重差异、包容多样的基础上最大限度地形成的社会共识。① 事实上，只有尊重差异，包容多样，才能扩大社会认同、增进思想共识，才能凝聚人心，团结一切可以团结的力量，齐心协力地建设中国特色社会主义。

三 "中国特色"社会主义核心价值的生成与建构

事实上，任何一个社会、国家和民族，都有其价值体系。在社会主义思想史上，就曾出现过社会主义价值体系的各种流派，如空想社会主义的价值体系、民主社会主义的价值体系、西方马克思主义的社会主义价值体系、生态社会主义的价值体系、后工业社会主义的价值体系等。② 在诸多价值体系中，社会主义核心价值观念是社会主义相对稳定且需要普遍遵循的基本价值准则，构成了社会主义核心价值体系。

---

① 《马克思恩格斯全集》第1卷，人民出版社，1956，第7页。
② 参见余文烈《当代国外社会主义流派》，安徽人民出版社，2000，第597页。

社会主义核心价值体系是对世界性挑战与全球性问题的积极回应，具有普遍的人类意义。自"冷战"结束以来，随着世界经济格局的新变化，国际力量对比出现新的态势，全球思想文化交流交融交锋呈现出新的特点，传统"政治思维"迅速转变为价值观的竞争。价值观问题日益成为各个国家、民族所面临的重大时代和现实问题。实际上，在应对资本主义"现代性危机""全球化浪潮"和现代社会发展困境的过程中，社会主义以其广泛的影响力、感召力和强大的凝聚力、整合力凸显了"社会主义"的"世界历史性"意义，也就是说，"社会主义"的核心价值必然是在空间上"可普遍"、时间上"可持续"并具有普遍的人类意义的一种价值目标和价值选择。因此，从社会主义核心价值体系建设的理念层面来看，必须保持其普世性，注重其普适性，保证在一个全球化的时代，社会主义核心价值观必须建立在人类基本价值理念的基础上。同时，又必须注意吸收和借鉴全人类包括资本主义所创造的一切文明成果和价值理念。正如列宁所说，"马克思主义这革命—无产阶级的思想体系赢得了世界历史性的意义，是因为它并没有抛弃资产阶级时代最宝贵的成就，相反却吸收和改造了两千多年来人类思想和文化发展中一切有价值的东西"①。

社会主义核心价值体系除了具有普世的价值因子之外，还应具有"中国特色"。事实上，当代中国所建设的社会主义核心价值体系必然是"中国特色社会主义"核心价值体系，它既坚持了科学社会主义的基本原则，又具有鲜明的"中国特色"。例如，科学社会主义的最终社会理想即共产主义与中国传统文化中的"大同理想"就具有内在契合性与相通之处，当然，这也是中国人接受马克思主义的思想基础之一。一般而言，我们可以将"中国特色"理解为中国的"国家特色"、"民族特色"和"传统特色"三类，分别属于国家倡导的、民族奉行的、传统沿袭的价值观念。为了避免"中国特色"

---

① 《列宁选集》第 4 卷，人民出版社，1995，第 299 页。

的口号化、形式化及其可能产生的负面影响，就必须使中国特色从属于现代价值观念，以现代价值观念的根本原则为标准和尺度来衡量"中国特色"，只有不与之相冲突的价值观念才有可能被看作有中国特色的价值观念。在这里，所谓"特色"，并不是指不同的事物，而是指同一事物在不同情境中的不同表征。现代价值观念的国家特色、民族特色和传统特色，所指的就是现代价值观念在不同国家、民族、传统中的不同表征。从这个意义上看，价值观念的国家、民族、传统特色是人类价值观念趋同化或一体化后才出现的新现象，是人类的基本价值观念走向一体化而国家、民族仍然多元化的必然结果。①

须知，"中国特色"社会主义核心价值体系的生成必然是一个中西古今的价值文化观念不断碰撞与融合、冲突与消解、传承与超越的历史过程，不可能一蹴而就。因此，具有中国特色的价值观念绝不是自发形成的，而是在这一历史过程中自觉建构起来的。从社会主义核心价值体系的生成逻辑和建构方向来看，它本身就意味着一种现代价值观念的生成。有学者指出："现代价值观念在一定的国家、民族的传统中生成，但并不是自然生成的，而总是与传统的和现行的价值观念相冲突、相斗争中生成的。这样一种生成过程实际上是一种观念上的革命。"② 但是，"相对于世界的存在、现实、事物的既有状态而言，价值现象具有某种超越的性质，它是产生于现实和实践，又高于现实的现象。要准确地把握价值现象的本质和特征，就必须深入全面地理解人类的生活实践，实事求是地考察人类生活实践的表现和逻辑，才能得出科学有效的结论"③。也就是说，价值观念的革命不会凭空产生，而是遵循着社会实践的路径，社会实践依然是现代价值观念生成的现实途径。中国改革开放40年的历

---

① 参见江畅《论价值观念现代化的中国特色——从现代价值观念的国家特色、民族特色和传统特色说起》，《人文杂志》2004年第2期。
② 参见江畅《论价值观念现代化的中国特色——从现代价值观念的国家特色、民族特色和传统特色说起》，《人文杂志》2004年第2期。
③ 李德顺：《价值论》，中国人民大学出版社，2007，第25页。

史，既是一部致力于解放思想、更新观念的历史，也是探寻并建设"中国特色"社会主义核心价值的光辉历程。实际上，"在中国致力于价值观念现代化的一开始就强调中国的价值观念现代化要有中国特色，这种指导思想是十分正确的。我们要实现价值观念的现代化，但不能照搬别的国家的模式，而必须形成自己的现代价值观念的形态，形成自己独特的个性"①。

在新的历史时期，党的十六届六中全会第一次明确提出了"社会主义核心价值体系"这一科学命题。"马克思主义指导思想，中国特色社会主义共同理想，以爱国主义为核心的民族精神和以改革创新为核心的时代精神，社会主义荣辱观，构成社会主义核心价值体系的基本内容。"②这四个方面的内容构成了一个结构完整、内涵丰富、意蕴深厚的有机整体。在这一逻辑严整的价值体系中，"每个价值观念都要有一定的社会合理性，否则这种价值观念缺少存在的根据；每个价值观念都要表达一定的社会合理性，否则这样的价值观念不能指明行动的方向"③。也就是说，社会主义核心价值观决定着整个价值体系的基本特征和方向，为整个价值体系提供了合理性依据。实际上，"在我国科学社会主义的基本价值理念中，只有那些以马克思主义指导思想为灵魂、以中国特色社会主义共同理想为主题、以民族精神和时代精神为精髓、以社会主义荣辱观为基础的价值观，才能称为社会主义核心价值观"④。

作为社会主义中国的"软实力"和中华民族的"主心骨"，社会主义核心价值体系与当代中国的社会主义基本制度和根本性质密切相关，集中体现了中国特色社会主义经济、政治、文化和社会发

---

① 江畅：《论价值观念现代化的中国特色——从现代价值观念的国家特色、民族特色和传统特色说起》，《人文杂志》2004 年第 2 期。
② 《中共中央关于构建社会主义和谐社会若干重大问题的决定》，人民出版社，2006，第 22 页。
③ 兰久富：《社会转型时期的价值观念》，北京师范大学出版社，1999，第 294 页。
④ 戴木才、田海舰：《论社会主义核心价值体系与核心价值观》，《中国党政干部论坛》2007 年第 2 期。

展的内在规定、要求和目标取向。因此，在价值本质上，社会主义核心价值应该是中国特色社会主义经济、政治、文化、社会实践生活发展的必然结果。依此看来，"富强""民主""文明""和谐"的价值理念构成了"四位一体"的"社会主义"核心价值。"富强"是社会主义核心价值的经济维度，也是社会主义永葆生机的根本保障和基础。这一目标表明中国不仅要实现国家的现代化，而且要达到人民的共同富裕，即民富国强；"民主"是社会主义的本质规定，是社会主义核心价值的政治维度，社会主义民主政治建设的根本在于把坚持党的领导、人民当家做主和依法治国有机统一起来；"文明"是社会主义核心价值的文化维度，文明总体上是指人类改造世界的物质成果和精神成果的总和，这里的文明主要是指精神文明。"和谐"是社会主义核心价值的社会维度，是社会主义社会的本质属性，也是社会主义社会的总特征。

"分化—整合"：现代社会的价值学诠释

现代社会是社会的现代性存在样式，其鲜明的理论特质就在于不断地分化与整合。社会分化体现为社会领域分化和价值领域分化，它所指认的是社会各领域及其价值原则相互独立、获取各自合法性的历史进程，分化构成了现代社会的历史境遇；但是，当社会分化导致社会分裂、价值冲突的时候，价值危机的加剧凸显出社会整合与价值整合的重要性，整合必将成为现代社会的普遍诉求和价值指向。从哲学上反思并阐明现代社会的这一理论特质，对于准确理解当代中国社会的问题与矛盾具有重大的理论和现实意义。

如马克思所言，任何真正的哲学都是"时代精神的精华"。诚然，哲学离不开其得以萌生、成长的时代，具有强烈的时代性与现实性，但哲学绝非时代的"应声虫"，也绝非对时代亦步亦趋的"拙劣模仿"。真正伟大的哲学产生于特定的时代而不囿于时代的阈限，必将超出时代的束缚而具有人类的意义，成为人类共同的思想财富；真正的哲学是对时代的自觉把握和理论提升，是人民最珍贵、最精致的思想结晶。毋庸讳言，反思并真正地理解现代社会，在回应现时代问题和挑战的过程中发展自身，是当代哲学所面临的一个不可回避且应该给予解答的重大理论和实践问题。事实上，我们都可以深切地感受到我们正生活在一个高速运转、不断分化与整合的现代社会中，而且我们都自指为现代人，这似乎就是众人皆知的常识，然而，"熟知非真知"。当我们将现代社会视为反思对象并进一步追问的时候，我们就会发现：何谓现代社会？现代社会何以成为"现代"的？现代社会的鲜明特质是什么？其实，这些问题并非完全自明、无蔽的。哲学是"思想中的时代"，要在哲学上真正把握现代社会并对上述问题给予具有说服力的回答，就必须从理论上进行分辨和省思。

何谓现代社会？这似乎是一个再简单不过的问题了，现代社会不就是我们身处其中的社会吗？我们固然生活在现代社会之中，但事情远非如此简单，现代社会绝不是一个单纯的历史时间概念，如果单从时间流或年代学意义来考察的话，每一个时代的人都可以自称为现代人，其实真正意义上的现代人是以现代社会为基础的人的现代生存样式。必须指出的是，现代社会与现代人二者相互指认、内在相关，遵循着"解释学循环"的原则。因此在这里，我们所理解并指涉的现代社会是具有现代品格和现代精神气质的崭新的社会形态，根据历史唯物主义的观点，现代社会应该是以生产的高度发达和交往的普遍发展为现实前提、以"历史向世界历史转变"为显著标志的社会的现代存在样式。从这个意义上讲，现代人则直接关涉着"世界历史性的个人"，并具有世界历史性的现代品格。如果从历史社会学的角度来考察现代社会，我们就会发现，现代人是现代社会的历史产物，现代人的出现是以社会分化的扩展为前提的。[①] 无疑，社会分化是现代社会的历史事实，分化已成为现代社会的历史境遇，而分化与整合总是如影随形、相伴而生的，特别是随着从分化到分裂的演变，整合已经成为现代社会的普遍诉求和价值指向。

一 分化：现代社会的历史境遇

美国著名社会理论大师亚历山大指出："对于确定现代社会生活

[①] 参见张文喜《马克思论"大写的人"》，社会科学文献出版社，2004，第253～254页。

的实际特征、它所面临的紧迫威胁，以及它的现实前景而言，分化概念比当代的任何其他概念都更为贴切。"① 何谓分化（differentiation）？分化首先意味着事物由同一性、同质性向多样性、异质性演化的过程，而社会分化所指认的就是"从领域合一到领域分离"的社会流变轨迹，意味着社会各领域向着不同方向发展且指向不同价值的历史演进历程，简言之，社会分化是指社会领域及其价值分离与独立的过程，标志着重大的社会转型与社会变迁。

从传统社会向现代社会的演进与转换，堪称人类社会有史以来最为壮丽而恢宏的一次社会变迁。许多思想家特别是社会理论大师都从不同视角给予充分关注和深刻描述。马克思的"前资本主义社会"与"资产阶级社会"；斯宾塞的"尚武社会"与"工业社会"；梅因的"身份社会"与"契约社会"；滕尼斯的"共同体"与"社会"；涂尔干的"机械团结"与"有机社会"等，不一而足。在这里，后者都是对现代社会的形象刻画与典型概括，尽管有人强调传统社会与现代社会之间的断裂性（如滕尼斯），有人坚持二者之间的连续性（如涂尔干），但他们都捕捉到了现代社会不同于传统社会的个性特质即异质性和分化性。总体而言，分化构成了现代社会的典型特征和历史境遇。

分化是事物发展的内在动力和社会进步与繁荣的显著标志。没有分化的事物是不存在的，有了分化，才会有生机盎然、多姿多彩的大千世界。事实上，完全"自我封闭""自给自足"的存在物只能存在于人们的头脑和想象中，换言之，分化是事物本身的内在规定性，分化的停止必将意味着生命的终结。马克思虽然未曾专门论述分化，但是他关于人的本质力量的对象化、异化以及人是对象性的存在物等思想深刻地揭示了人的生命活动的自我分化。② 与动物的生命活动不同，有意识的人的生命活动不是人与之直接融为一体的那种规定性，而当人的生命活动成为人的意识的对象时，这已经表

---

① 〔美〕亚历山大：《分化理论：问题及其前景》，《国外社会学》1992年第1期。
② 参见张曙光《人的世界与世界的人》，河南人民出版社，1994，第260~263页。

明了人的生命的自我分化亦即人的生命机能的分化，这种分化是通过生命的意识而对生命自身加以显示并为意识所整合着的①。事实上，离开了分化的社会也就意味着矛盾和张力的消失，这样的社会不仅难以维系，而且也谈不上生机与活力了。现代社会正是一个以分化为鲜明特征和时代个性的社会形态，这里的分化可以从多个学科、不同角度、不同侧面进行层次有别、深浅各异的描述和理解，在此，我们主要从社会领域分化与价值领域分化两个密切相关的方面来讨论现代社会的分化，前者是社会分化的外在表征，后者是社会分化的内在肌理，二者相互交织、互为因果，共同形成并描绘了现代社会分化的"显—隐"机制和完整图景。

就社会领域分化而言，现代社会意味着原来一体化的社会领域的打破，这是一个从领域整合统一走向各领域相对分离的自然历史过程。社会是人的社会，社会领域的分离与人类本性及其基本需求的多样化密切相关。一般而言，人的生物性决定了人必须从事物质资料的生产，人的社会性决定了人要追求社会秩序，而人的精神性直接指向人的生活意义问题。② 就此而论，人类活动的领域一般可以三分为：经济领域、政治领域与文化领域。对于作为社会存在物的人来说，社会领域的分离表明人所追求的目的的实现、人类日益丰瞻的需要的满足必须诉诸一种社会力量，这种社会力量源于"许多个人的合作"即分工，分工在现代社会的地位日益凸显，事实上，现代社会正是在作为人类劳动的社会化存在形式的分工的基础上不断分化和前进的。事实上，社会领域的"三分"已成为时代共识。丹尼尔·贝尔极具洞察力地指出："与社会统一观相反，我认为较有益的方法是把现代社会（我此刻不管它与以往社会的继承联系）看作由三个特殊领域组成，每个领域都服从于不同的轴心原则。我把整个社会分解成经济-技术体系、政治与文化。它们之间并不相互一致，变化节奏亦不相同。它们各有自己的独特模

---

① 张曙光：《个体生命与现代历史》，山东人民出版社，2007，第311页。
② 参见王南湜《从领域合一到领域分离》，山西教育出版社，1998，第11~23页。

式,并依此形成大相径庭的行为方式。正是这种领域间的冲突决定了社会的各种矛盾。"① 社会领域的"三分"是现代社会分化的鲜明标志,而分化既是现代社会的动力之源,也是现代社会的矛盾所在。

与社会领域分化直接相关且内在相通的是价值领域分化。随着社会诸领域的日渐分离,各领域所获得的诸价值原则也不可避免地要相互离异,各司其职。至此,"诸价值原则便必然趋于一种'本色化'状态,即各领域的价值原则退回到本己的领域,只在本领域发生作用,不再存在某种特别优越的价值原则要求其他价值原则从属于它。这种情况表明,原来以政治价值为中心统合为一的价值体系变成了一种疏离性、多维性的价值体系"②。一般而言,人类活动的基本领域及其基本价值原则可以概括为:经济领域的效率原则;政治领域的公平原则;文化领域的自由原则。当代著名哲学家哈贝马斯也指出,社会领域的分化伴随着价值领域的分化。他认为,科学、道德和艺术是具有各自"自律性"的三个不同领域或者具有各自"合法性"的三种话语,与此相对应,表现为真理、公正、趣味的三分,形成了三种不同的理性结构:认知—工具理性结构、道德—实践理性结构、审美—表现理性结构。同时,在解读韦伯的基础上,哈贝马斯从韦伯那里借用了有关价值领域分化的观点。他认为,价值领域分化意味着传统社会宗教世界观的统一性的瓦解和各价值领域特殊规律性的获得。"人们通过特殊文化价值领域的划分,也意识到了特殊文化价值领域的特殊规律性。正如韦伯所认为的,这种状况导致了分歧的结论。一方面,因此可能按照一种抽象的价值标准(如真实性、规范和正确性、美和实在性)确立一种象征体系的合理化;另一方面,因此可能分裂形而上学宗教世界观确立意义的统一性,就是说,在独立化的价值领域之间出现竞争,而这些竞

---

① 〔美〕丹尼尔·贝尔:《资本主义文化矛盾》,赵一凡等译,生活·读书·新知三联书店,1987,第56页。
② 王南湜:《从领域合一到领域分离》,山西教育出版社,1998,第168~169页。

争不再能按照一种神的或宇宙的起源学的世界秩序的超组织的观念加以调解。"① 因此，现代社会必须从自身中生发、建构并发展出其应有的价值标准和根据，来建构现代文明秩序，而不能再求助于传统社会的价值标准和原来的"世界秩序"。进一步而言，随着传统的统一性价值体系的崩溃和衰落，随着分化开来且互相独立的各领域"特殊规律性"的获得，诸多价值领域必然会确立各自的"内在价值"。正如斯温杰伍德所概括指出的："确切地说，现代性始于体制和文化的不断合理化，始于统一的、支配性的世界观和价值体系的崩溃，始于一个区分性的'诸价值领域'的多元结构的出现，包括政治的、经济的、思想的和科学的以及审美的和性爱的（个人领域）诸多价值领域。因此现代社会的特征统一的意识形态，而是一个由诸多自主的'领域'和彼此竞争的价值所构成的网络。现代世界的这种'去中心化'意味着每个领域及其活动都是依据它的内在价值来评判的（比如，一书作品依据来自美学领域而非经济或政治领域的标准来评判）。"②

事实上，无论是社会领域分化，还是价值领域分化，其中都蕴藏着一个深层的矛盾和问题：价值领域的疏离以及各自自主价值标准的获得潜藏着价值危机。特别是随着"个体主体性"在现代社会的确立，必然会导致价值个体主义的兴起和价值共识的危机，从而使社会统一性失去所必需的精神基础。而价值个体主义取向必然引发价值共识与价值规范的危机，最终导致不同价值信念的争斗。因此，社会赖以维系的精神基础、价值信念、"集体意识"面临着空前的挑战和非难，用韦伯的话来讲就是，"不同的神在相互争斗……那些古老的神，魔力已逝，于是以非人格力量的形式，又从坟墓中站了起来，既对我们的生活施威，同时他们之间也再度陷入了无休止的争

---

① 〔德〕哈贝马斯：《交往行动理论》第1卷，洪佩郁、蔺青译，重庆出版社，1994，第311～312页。
② Alan Swingewood, *Culture Theory and the Problem of Modernity*. London: Macmillan, 1997, p.25. 转引自周宪《现代性：从分化到冲突——一种社会理论的描述》，载《社会理论论丛》（第二辑），南京大学出版社，2004，第5～6页。

斗之中"①。这是一个众声喧哗、价值多元与价值冲突并存的社会历史阶段。哲学作为"思想中的时代",只有真正切中时代脉搏才会获得长足发展。因此,当代哲学所面对并要回答的一个重大历史课题就是"寻求弥合社会分裂、实现社会团结和社会统一性的新途径"。而当代哲学本身的一种可能性出路和建设性思路就在于:超越形而上学的思维方式和理论逻辑,在"交互主体性"的理论视域里,以"相互承认"为价值规范,对社会团结和社会统一性的精神基础进行了新的理论论证。②

如果说一开始社会领域的分化直接促使了价值领域的分化,那么,后来的价值领域分化则从根本上巩固并自觉成为社会领域分化的内在原则,二者互为表里、互为因果,联袂构筑了现代社会分化的历史境遇。诚然,分化是社会进步所不可或缺的一个重要环节,但是,当社会领域及其价值原则从分化走向分裂、敌对、冲突的时候,当社会矛盾、价值危机愈演愈烈的时候,社会整合、价值共识的诉求则愈来愈强。于是,社会整合的诉求愈来愈在其深层的价值层面凸显出来,可以说,整合已成为现代社会的价值指向。

二 整合:现代社会的价值指向

从理论常识来看,分化意味着差异,差异导致矛盾。于是,社会整合的同一性、同质性自然而然要为多元的差异性和异质性让路,并日益为后者所取代,这是由现代社会的特质所决定的。因此,基于充分的分化及其矛盾之上的社会整合绝非折中调和一锅煮,而是经过斗争的统一,并且在社会统一体内部的各因素各方面之间往往要保持必要的张力。③

---

① 〔德〕马克斯·韦伯:《学术与政治》,冯克利译,生活·读书·新知三联书店,1998,第40~41页。
② 参见贺来《社会团结与社会统一性的哲学论证:对当代哲学中一个重大课题的考察》,《天津社会科学》2007年第5期。
③ 参见张曙光《个体生命与现代历史》,山东人民出版社,2007,第387页。

从分化到冲突,从分离到对抗,这是现代社会运动轨迹的真实写照,也是现代社会内在矛盾运动的必然结果,引起了诸多思想家的密切关注和剖析。马克思以"资产阶级社会"为典型个案,深刻地揭示了资本主义条件下的阶级对抗和激烈冲突,特别是劳动与资本之间的冲突,从而觉解了人类自我异化又扬弃异化的历史命运。特别是随着"真正的分工"即物质劳动与精神劳动的分离,各领域之间的矛盾日益凸现,"资本主义生产就同某些精神生产部门如艺术和诗歌相敌对"①。齐美尔以生命与形式的二元对立来审视现代社会时指出,货币经济的出现,加剧了现代性的矛盾冲突,即客观的物质文化压制主体的精神文化。而且,包括文化在内的一切东西都必须服从并接受货币的检验,齐美尔认为这是"文化的悲剧",也是文化"最深刻的危险"之所在。"对于成熟与过分成熟的文化来说,这就是最深刻的危险之所在了:首先,生活的目的臣服于其手段,从而不可避免地使许多不过是手段的事物被人们认为是目的;其次,文化的客观产品独立发展,服从于纯粹的客观规则,二者都游离于主体文化之外,而且他们发展的速度已经将后者远远地甩在了后面。"② 如前所述,贝尔在其名著《资本主义文化矛盾》中指出,经济、政治和文化遵循着各自的原则,分别是"效率原则"、"平等原则"与"自我实现原则",各领域及其原则之间存在明显的冲突。贝尔写道:"我发现今天的社会结构(技术-经济体系)同文化之间有着明显的对立。前者受制于一种有效益、功能理性和生产组织(它强调秩序,把人当作物件)之类术语表达的经济原则。后者则趋向于糜费和混杂,深受反理性和反智情绪影响,这种主宰性情绪将自我视为文化评价的试金石,并把自我感受当作是衡量经验的美学尺度。"③ 此外,贝尔特别揭示了现代社会中经济与文化之间久远而

---

① 杨柄编《马克思恩格斯论文艺和美学》,文化艺术出版社,1982,第511页。
② 〔德〕西美尔:《时尚的哲学》,费勇等译,文化艺术出版社,2001,第173页。
③ 〔美〕丹尼尔·贝尔:《资本主义文化矛盾》,赵一凡等译,生活·读书·新知三联书店,1989,第83页。

深刻的矛盾与对立。"资本主义经济冲动与现代文化冲动一开始就有着共同根源，即有关自由和解放的思想。它在经济活动中体现为'粗犷朴实型个人主义'，在文化体现为'不受约束的自我'。两者尽管在批判传统和权威方面同出一辙，他们之间却迅速生成了一种敌对关系。……较为符合历史的解答似乎是这样：资产阶级精打细算、严谨敬业的自我约束逐渐同他们对名望和激动的孜孜追求发生了冲突。当工作与生产组织日益官僚化，个人被贬低到角色位置时，这种敌对性冲突更加深化了。工作场所的严格规范和自我发展、自我满足原则风马牛不相及，难以和平共处。"① 而当这种敌对和冲突关系日益尖锐化、白热化，其后果将直接危及整个社会制度的精神基础。"当新教伦理被资产阶级社会抛弃之后，剩下的便只是享乐主义。资本主义制度也因此去了它的超验道德观。……一旦社会失去了超验纽带的维系，或者说当它不能继续为它的品格构造、工作和文化提供某种'终极意义'时，这个制度就会发生动荡。"②

诚然，分化的社会呈现出异质性、多样性，差异、矛盾必然长存，但是分裂、对抗必须克服。实际上，社会分化在价值观层面必然体现为价值的分化和多元化。但是，如果社会诸领域之间的矛盾、冲突激化，进而导致"领域的断裂"时，诸领域之间的价值冲突必将日益加剧。通过"对于西方社会变化着的价值观念所作的研究"③，宾克莱的《理想的冲突》一书，极为贴切地描述了现代社会各价值领域和价值原则之间的矛盾状况。

基于对现代社会的审慎判断，无论是上述提到的"领域断裂"抑或"理想冲突"，还是"文明冲突与世界秩序的重建"，都表明问题的合理解决必须诉诸价值重建和新的文明秩序的建构。需要指出

---

① 〔美〕丹尼尔·贝尔：《资本主义文化矛盾》，赵一凡等译，生活·读书·新知三联书店，1989，第67页。
② 〔美〕丹尼尔·贝尔：《资本主义文化矛盾》，赵一凡等译，生活·读书·新知三联书店，1989，第34页。
③ 〔美〕宾克莱：《理想的冲突——西方社会中变化着的价值观念》，马之德等译，商务印书馆，1983，第2页。

的是，价值重建绝不是权宜之计，而是在对现代社会基本性状的深刻理解和对人类社会发展基本趋势的总体把握的基础上，提出的一项时代性和战略性课题。韦伯指出，现代社会是一个价值多神的时代，"生命意义的释义在现代社会已个体化"了，这是现代社会的宿命；西美尔也认为，现代社会缺乏综合的、共同的文化理想；在马克思看来，价值多神、众神狂欢的现代社会只不过表明"自由竞争在信仰的领域里占统治地位罢了"[①]。由此导致的问题就是汉斯·昆所宣称的"我们正处于一个价值观全面危机的时代"。因此，现代社会渴望一个根本的方向，渴望有一套根本的价值体系。如果说汉斯·昆论的论断表明了社会整合与价值重建的必然性和紧迫性的话，那么，如何进行价值重建，特别是建构能够代表人类发展未来的现代文明秩序就自然成为一项值得深入研究的时代性课题。米德明确指出："对冲突的合理解决需要重建各种习惯和价值，而这包含着对社区秩序的超越。……用逻辑术语来讲，这里存在一个已经建立的话语宇宙……它超越特定的秩序，而在这种秩序中，社区成员们在特定的冲突中可能使自己置于现存社区秩序之外，并且同意已经变更的行动习惯和对各种价值的重新陈述。因此，合理化程序建立一种思想在其中起作用的秩序……它的要求就是理性的要求。它是一种把任何合理性存在都包容在内的社会秩序，在这种情况下，这些合理性存在在任何方面都是或可能是被包含的。"[②]

事实上，价值重建旨在重塑现代社会团结与社会统一性的精神基础，它内在地蕴含着一种超越并扬弃特殊主义的普遍主义价值诉求。正如鲍曼所指出的：哈贝马斯所指认的分化实际包含两种不同的分化，一种是三个价值领域或三种话语体系的分化；另一种是"具有传统的共同体背景的诸话语的多元主义化，它要求重新回到真

---

① 《马克思恩格斯选集》第1卷，人民出版社，1995，第292页。
② 〔美〕米德：《从伦理学观点看博爱》，载《乔治·赫伯特·米德著作选》，转引自苏国勋、刘小枫主编《二十世纪西方社会理论文选》第4卷，上海三联书店，2005，第115页。

实性、判断力和趣味的地方化，这种地方化是现代性所否认并在实践中努力克服的"①。也就是说，社会分化内含着这样的矛盾和张力，即一方面导致了地方化，一方面又克服并消灭地方化，用帕森斯的话来讲即这是一个逐步摆脱地方主义和特殊主义，走向普遍主义的历史进程。

如果从人自身来考察的话，人是一种生成性的存在物，不可能最终完成，人永远处于二重性的自我分化与自我整合不断转换的过程中。这也是马克思对人类命运的深切把握，"从一定意义上说，马克思毕生所从事的就是从人的存在的矛盾中发现它如何走向分裂又如何扬弃分裂的历史运动之道，——因为这就是人类的命运所在"②。基于人类命运的价值重建必须指向现代文明秩序的建构，这是经典作家给予我们的当代启示。而关于未来社会秩序理想状态的描绘，正如恩格斯所说，除了从《共产党宣言》中摘出下列一段话外，再也找不出更合适的话了："代替那存在着阶级和阶级对立的资产阶级旧社会的，将是这样一个联合体，在那里，每个人的自由发展是一切人的自由发展的条件。"③

三　余论

总体而言，分化与整合是现代社会最为鲜明的理论特质，对现代社会的哲学诠释是一项复杂而艰巨的时代课题。就中国社会发展的个案来讲，改革开放 40 多年的伟大实践，就是以思想解放为先导的社会不断分化的 40 多年，随着社会领域的分化和价值领域的分化，中国社会焕发出前所未有的生机与活力，沉睡了几千年的文明古国开始腾飞，并傲然挺立于世界民族之林。但同样不能忽视的是，

---

① 〔英〕齐格蒙·鲍曼：《立法者与阐释者：论现代性、后现代性与知识分子》，洪涛译，上海人民出版社，2000，第169页。
② 张曙光：《个体生命与现代历史》，山东人民出版社，2007，第396页。
③ 《马克思恩格斯选集》第4卷，人民出版社，2012，第647页。

随着社会分化的加剧，中国已经进入矛盾和问题的凸现期，贫富分化、生态恶化、价值多元化等一系列危及社会稳定与发展的问题接踵而至。正是在这样的社会历史情境下，"和谐社会""共享发展""社会主义核心价值体系"等重大理论应运而生，凸现了社会整合、价值重建在当代中国社会历史境遇中的重要性。当然，中国社会本身的复杂性和问题的交错性决定了思考中国社会必须超越非此即彼的思维逻辑，从而在理论和实践上予以深刻省察和认真对待。

在不断分化与整合的现代社会中反思现代社会，也许会面临着"不识庐山真面目，只缘身在此山中"的认识尴尬和理论困境，因此需要立足于新的起点，以一种更高的代表人类社会发展方向的价值标准来审视现代社会。"分"是对现代社会的现状描述，是现在时；"合"是现代社会的价值指向，是将来时。从分化到整合，意味着多种规定性的统一、多重视域的融合；一种合乎逻辑的理解应该是"和而不同"。因此，思入现代社会，一种可能性的思路也许就是：从分工的角度出发，深刻理解现代社会与现代人的生存状态和历史命运，透视现代社会分化的历史事实，开显现代社会整合的价值诉求，为现代人的生存与发展提供新的思维方式和价值坐标，建构属于现代人且具有现代价值的文明秩序。

苏格拉底曾说："未经思考的人生是不值得过的。"因此，从哲学的高度来审视我们置身其中的现代社会，从而使我们的现代生活成为值得我们拥有的生活，进而在对现代社会或现时代的鲜明理论特质和实践动向的理解和把握中，发现并提炼出真正属于现代社会本身和现代人自身的哲学问题，这也是本文的旨趣所在。

社会主义的价值意蕴
与民族国家的价值本性

社会主义作为一种社会理想、社会运动和社会制度,具有"价值"意蕴。社会主义核心价值体系不仅旨在开显"社会主义"的价值意蕴,而且要凸显中国社会发展的实践逻辑、彰显"中国特色"。在中国社会发展的实践进程中,作为现代民族国家的中国的历史生成既是社会主义现代化建设合乎逻辑发展的产物,也是中国实现政治现代化的必要条件。如何在经济全球化的过程中保持民族国家的价值本性,发挥民族国家的认同功能,将是每个国家都要面临的时代课题。

一 社会主义的价值意蕴与"中国特色"

实际上,"社会主义"既是一种社会理想、社会运动,也是一种社会制度,具有"价值"意蕴,因为无论是从理想、运动,还是从制度层面来看,"社会主义"本身所表征的正是一种与无产阶级和广大劳动人民的自由解放息息相关的价值诉求,一种有别于资本主义的价值选择,有着自己独特的核心价值体系和核心价值观。[①]

毋庸置疑,社会主义核心价值的前提是"社会主义",而关于

---

① 参见戴木才、田海舰《论社会主义核心价值体系与核心价值观》,《中国党政干部论坛》2007 年第 2 期。

"什么是社会主义"的答案,既蕴含在马克思和恩格斯所创立的科学社会主义理论中,蕴含在国际共产主义运动的经验教训中,又须特别参照"中国特色"的社会主义,参照社会主义新中国诞生、建设和改革的实践经验。当然,基于当代中国的特定历史语境而提出并倡导的社会主义核心价值,首先要解决的是中国在社会主义现代化建设进程中所面临的现实问题,因而它就不仅仅是"有"中国特色,而必然是"中国特色社会主义"。

总的来看,"中国特色社会主义"这一命题的提出与全球化的时代特征和当代中国的现实语境都是密不可分的。中国特色社会主义虽然坚持了科学社会主义的基本原则,但它不同于马克思、恩格斯当年所设想的社会主义;中国特色社会主义虽然借鉴了发达资本主义国家的文明成果,但它不等于资本主义或别的什么主义;可以说,中国特色社会主义正是科学社会主义基本原理与中国具体实际相结合的产物,是社会主义的一种特殊的存在形态。质言之,中国特色社会主义是对经典作家所设想的社会主义和"传统社会主义"无法完全回答当今时代和中国实践提出的问题的一种理论反映,是总结社会主义实践发展的经验教训而得出的一种历史启示,是深刻揭示科学社会主义基本原则的"中国"实现方式及其当代意义的逻辑必然,是结合当代中国实际推进社会主义创新的一种现实要求,是从返本与开新的有机统一中对中国社会主义发展道路的一种探索,是我们对"传统社会主义"的一种创新。①

党的十七大报告总结指出,改革开放以来我们取得一切成绩和进步的根本原因,归结起来就是:开辟了中国特色社会主义道路,形成了中国特色社会主义理论体系。在庆祝中国共产党成立90周年大会上的讲话中,胡锦涛同志进一步将中国特色社会主义道路、中国特色社会主义理论体系与中国特色社会主义制度并称为中国共产党成立90年来所取得的"三大成就",并特别指出:"中国特色社

---

① 韩庆祥:《从哲学解读"中国特色"》,《理论视野》2008年第2期。

主义道路，是实现社会主义现代化的必由之路，是创造人民美好生活的必由之路。"①中国特色社会主义道路之所以完全正确、之所以能够成为引领中国发展进步的"必由之路"，关键在于我们既坚持了科学社会主义的基本原则，又根据我国实际和时代特征赋予其鲜明的"中国特色"。而作为中国特色社会主义理论体系的重要组成部分，社会主义核心价值体系的提出不仅旨在开显"社会主义"的价值意蕴，而且力图凸显中国社会发展的实践逻辑、彰显"中国特色"。需要指明的是，"特色"实际上是一个十分含混的概念，以"中国特色"为例，我们就会发现，人们事实上是从各种不同的角度来理解"中国特色"这一概念的。有的人认为，"中国特色"是指"中国的社会主义"，其基本规定性是"四项基本原则"；有人认为"中国特色"是指"中国传统文化"，其基本规定性通常是儒家思想；有人认为"中国特色"更多地指中国的国情，如中国人口多、底子薄、贫穷落后、国民素质差等。②

如果说"社会主义"是中国人民的历史性选择，那么，"社会主义"在中国生根、发芽、茁壮成长会不可避免地被打上"中国特色"即国家特色、民族特色和传统特色的烙印。从根本上说，近代以来的中国历史和现实，特别是社会主义现代化建设的实践任务、市场化的发展取向等都决定了"社会主义"的"中国特色"。与此同时，在应对资本主义"现代性危机"、回应"全球化浪潮"和现代社会发展困境的过程中，"社会主义"以其广泛的影响力、感召力和强大的整合力、引领力凸显了"社会主义"的"世界历史性"意义，也就是说，"社会主义"的核心价值必然是在空间上"可普遍"、时间上"可持续"且具有普遍的人类意义的一种价值目标和价值选择。社会主义核心价值体系的提出，无疑是中国实现文化

---

① 胡锦涛：《在庆祝中国共产党成立 90 周年大会上的讲话》，人民出版社，2011，第 7 页。
② 参见江畅《论价值观念现代化的中国特色——从现代价值观念的国家特色、民族特色和传统特色说起》，《人文杂志》2004 年第 2 期。

"软实力"、走向现代化的重要一环。事实上,在社会主义现代化建设的伟大实践中,作为现代民族国家的中国的形成既是中国社会发展特别是社会主义现代化建设合乎逻辑发展的直接产物,又是解决现代化建设所面临问题的必要条件。

二 社会主义与作为现代民族国家的中国的历史生成

中国人民对"社会主义"的选择与已经开辟的"中国特色的社会主义道路"、形成的"中国特色的社会主义理论体系"和确立的"中国特色社会主义制度",都离不开科学社会主义的指导,离不开国际共产主义运动的影响。但直接而言,这是中国共产党领导中国人民,经历了近一个世纪的民族自救和社会改造,使一个有着五千年灿烂文明而近代却沦为半封建半殖民的东方大国,重新和平崛起的奋斗历程的结晶。

近代以来,中国人民的价值观念在"救亡图存"的历史主题下发生了复杂的变化,无论是民族意识的觉醒、现代文明意识的形成还是社会主义价值取向的选择都在很大程度上代表着中国社会当时的核心价值观。马克思主义和社会主义虽然在20世纪初即被介绍到国内,但它的巨大影响却源自俄国十月革命的胜利,中国的先进知识分子在英美的资本主义模式之外看到了真正能够"平等待我"(俄国苏维埃社会主义国家一建立,即宣布废除沙俄与中国签订的不平等条约)的社会制度和理念,从而服膺马克思主义和社会主义,之后,他们在马克思主义的指导下展开了新民主主义的革命。1938年,毛泽东在党的六届六中全会上提出"马克思主义中国化"这一命题,为创立新民主主义理论提供了思想依据和新的话语形式。

1949年10月1日,新中国的诞生实现了真正意义上的民族独立,标志着社会主义制度在中国的真正确立。但是社会主义在中国的发展艰难而曲折,在对社会主义道路的探索中出现了对社会主义发展模式教条化、僵化的理解，以阶级斗争为纲最终使社会主义背上了沉重的包袱。诚然，在改革开放之前，中国共产党所领导的新民主主义革命与社会主义革命和建设使民族和国家获得了独立、解放，但因为种种原因而未能实现和完成中国社会从传统的专制政治、集权政治和人治政治形态，向现代的民主政治、公民政治和法治政治形态转型的历史使命。在很大程度上正是这个原因，致使新中国的经济、社会和政治建设与发展经历了曲折，付出了沉重代价，十年"文革"的浩劫，几乎使中国的经济、政治和社会走到了崩溃的边缘。造成这种状况和结果并非中国共产党人进行革命和建设的初衷与宗旨。后来，以计划经济和高度集权为特征的社会主义模式已走到短暂历史的尽头，一场史无前例的巨大而深刻的变革成为中国共产党和中国人民的必然选择。

  1978年底，随着改革开放政策的实施，"什么是社会主义、怎样建设社会主义"这一关系中国前途和命运的基本问题又被提上了议事日程。尽管改革开放的总设计师邓小平没有直接论述社会主义的基本价值，但是他对这一基本问题的重新认识、思考、探索与回答中，实际上已经包含着关于"社会主义"非常深刻的价值论思想。譬如说，邓小平从不同角度出发反复强调：只有社会主义才能救中国，只有社会主义才能发展中国。实际上，这就是肯定社会主义对于中国的价值。在总结我国社会主义建设经验教训的过程中，邓小平从不同角度指出贫穷不是社会主义，发展太慢也不是社会主义；僵化封闭不能发展社会主义，照搬外国模式也不能发展社会主义；平均主义不是社会主义，两极分化也不是社会主义；没有民主就没有社会主义，没有法制也没有社会主义；不重视物质文明搞不好社会主义，不重视精神文明也搞不好社会主义。虽然这些论断采用的都是排除法，但排除的结果恰恰从正面确立了社会主义的内容，也揭示了社会主义的基本价值。[①]而且，随着社会主义改革的深入，为

[①] 参见《构建中国特色社会主义核心价值观——访李忠杰教授》，《科学社会主义》2005年第2期。

了进一步廓清改革进程中的障碍,邓小平同志又强调"社会主义也可以搞市场经济",从而结束了计划等于社会主义,市场就是资本主义的神话,也真正叙写了"社会主义"制度与"市场经济"对接、互动的新篇章;"效率优先,兼顾公平"这一原则的确立更使社会主义获得了前所未有的生机与活力。历史已经并将继续证明,中国共产党的社会主义选择是伟大而正确的,没有这一选择也就没有我们今天的幸福生活和富强、民主、文明、和谐的社会主义中国。

如果说民族独立和国家富强构成了近代以来中国历史的两大主题,那么,中国人民正是为了追求民族独立、实现民族解放和国家富强而坚定地选择了社会主义道路。社会主义的历史选择和社会主义制度在中国的确立,既实现了中华民族"民族独立""人民当家做主"的伟大梦想,也标志着作为现代民族国家的中国的诞生。可以说,中国近代百余年来的历史,就是一个从传统帝制的中国走向作为现代民族国家的中国的历程。新中国的成立向全世界宣告了一个旧的、四分五裂的国家的死亡和一个新的、独立的现代民族国家的诞生。

三 现代民族国家及其"价值本性"的凸显

民族国家是"民族"与"国家"历史的统一,是民族共同体与国家共同体不断融合的结果。何谓民族?斯大林将民族定义为一个稳定的共同体,"民族是人们在历史上形成的一个有共同语言、共同地域、共同经济生活以及表现于共同文化上的共同心理素质的稳定的共同体"[①]。法国人厄内斯特·勒南在《民族是什么》一文中进一步揭示出民族共同体的"精神"和"灵魂",他认为:"一个民族就是一个灵魂,一种精神原则","共同受苦,共同欢乐和共同希望,这些是构成民族的东西"。[②]就民族的成长而言,民族无疑是历史的

---

① 《斯大林全集》第 2 卷,人民出版社,1953,第 294 页。
② Ernest Renan, "What is A Nation?" In John Hutchinson & Anthony D. Smith, eds., *Nationalism*. Oxford: Oxford University Press, 1994, pp. 17 – 18.

产物，正如达意奇所言，"民族即是一个民族或若干血缘因素，在社会动员中递嬗的结果"①。事实上，只有当一个民族完成了从经济民族向政治民族的转型之后，这个民族才称得上是一个成熟的现代民族。同样，对于国家而言，只有当一个国家完成了从"人种共同体"向"法律共同体"的转变之后，才标志着真正意义上的现代国家的诞生。何谓国家？康德曾指出："国家是许多人依据法律组织起来的联合体"，"是由所有生活在一个法律联合体中的具有公共利益的人们所组成的"公民联合体。② 实际上，在一个以人民权利为中心的共同体中，国家的利益与公民的利益是一致的，国家保障公民的自由、平等和幸福。这样，公民与祖国在更高层次上，在更为实际的内容上统一为一个整体，公民比以往任何时候都热爱和忠诚于自己的祖国。③而在近现代所构建起来的现代民族国家，正是现代民族共同体与现代国家共同体融合而成的一种新型的共同体。当作为文化意义上的血缘民族共同体将要加入政治法律意义上的国家共同体时，一种新型的共同体——民族国家——诞生了，这时，"民族"与"国家"开始统一起来。④

从民族国家的形式来看，作为一种新型的共同体，民族国家首先是一个法律共同体。事实上，"民族国家"作为一种宏大的人间叙事，是晚近人类无可选择的生活场景，它本身就是一个法律概念，是一种经由法律拟制而获得的法律存在，构成了晚近人间秩序中的基本政治单元与基本法律单元，同时也是一种基本的文化单元和族群标签。⑤而且，历史上任何一部伟大的法典都是特定民族生存条件的浓缩，它承载着民族国家的当下存在。正如埃尔曼所说，伟大的

---

① 达意奇：《民族的成长：一些反复的政治与社会整合模式》，《世界政治》1953 年第 2 期。
② 〔德〕康德：《法的形而上学原理——权利的科学》，沈叔平译，林荣远校，商务印书馆，1991，第 137、139 页。
③ 王联：《世界民族主义论》，北京大学出版社，2002，第 63 页。
④ 参见李宏图《民族与民族主义概论》，《欧洲研究》1994 年第 1 期，第 18 页。
⑤ 许章润：《论现代民族国家是一个法律共同体》，《政法论坛》2008 年第 3 期。

法典都"负有统一杂乱的法律制度并以此帮助形成一个坚如磐石的民族国家的任务"①。也正是在这个意义上，我们可以说，现代民族国家首先是一个法律共同体。

从民族国家的实质来看，作为国际社会中合法的行为主体，民族国家拥有至高无上的主权。美国学者艾恺指出："所谓民族国家，要求在固定的疆域内享有至高无上的主权，建立一个可以把政令有效地贯彻至全国境内各个角落和社会各个阶层的行政体系，……还要求国民对国家整体必须有忠贞不渝的认同感。"②实际上，"民族国家"一词一直以来都用以指称国际社会中拥有主权身份的行为主体，从某种意义上讲，民族国家就是主权国家，具体而言，民族国家就是"建立起统一的中央集权政府的，具有统一的民族阶级利益及同质的国民文化的，由本国的统治阶级治理并在法律上代表全体国民的主权国家"③。

随着经济全球化的发展，民族国家在政治、意识形态上的对立，将逐渐被各民族历史、文化上的对立所代替。黑格尔曾指出，民族国家是政治实体的最高形式，是民族精神的政治外壳，是民族意识和命运的物质体现。④哈贝马斯也承认："政治-意识形态共同体"是"以拥有对一块领土的主权统治为特征的、在调控能力上胜过传统政治形式（如古老帝国或城市国家）的国家"⑤。诚然，但哈贝马斯并没有忽视而是专门讨论了现代民族国家所具有的内在两重性，即由政治法律共同体和民族文化共同体双重性质所带来的双重归属感。问题是，现代民族国家到底应该属于法律政治共同体，还是属

---

① 〔美〕H. W. 埃尔曼：《比较法律文化》，贺卫方、高鸿钧译，清华大学出版社，2002，第33页。
② 〔美〕艾恺：《世界范围内的反现代化思潮：论文化守成主义》，颜超凡译，贵州人民出版社，1991，第213页。
③ 宁骚：《民族与国家》，北京大学出版社，1995，第269页。
④ 参见〔美〕萨拜因《政治学说史》（上），盛葵阳译，商务印书馆，1986，第306页。
⑤ 〔德〕哈贝马斯：《超越民族国家》，载《全球化与政治》，中央编译出版社，2000，第78页。

于历史文化共同体呢？不可否认，民族国家的双重性质之间存在内在的紧张关系，但是二者又并非完全水火不容。可以说，现代民族国家既是法律政治共同体，又是历史文化共同体。原因很简单，因为"现代民族国家本身就是一个文化与政治的结合，是在民族的基础上形成的国家共同体"。在此基础上，许纪霖先生进一步指出，这个曾经为知识分子争议且今天继续考验着我们的智慧与实践的问题就是："民主的政治共同体如何与民族文化传统接轨？在理想的社会政治秩序背后，还需要有相应的核心价值作为其公共文化平台吗？这一核心价值究竟是罗尔斯式的政治自由主义，即承认文化多元主义，在德性问题上保持中立，只是在正义问题上形成重叠共识，从而建立公共理性；还是像亨廷顿和麦金泰尔那样，民族国家的核心价值必须是一种整全性的、渊源于原初居民的历史文化传统，不仅在'正当'而且在'好'的问题上也形成社会共识？"①也许，这些才是我们需要深入思考的真正问题。

众所周知，全球化不仅是资本的载体，而且是观念、文化、价值的载体。因此，在应对经济全球化这一时代挑战的过程中，如何保持民族国家的价值本性，发挥民族国家在增强民族认同感、凝聚力、向心力等方面的重要功能，将是摆在许多国家和人民面前的一个重大问题。福山曾分析指出："对于许多社会来说，需要面对的问题就是让自己在这个过程中是沦为一个纯粹的失败者还是变成一个获益者，也就是说，是让全球化毫无保留地摧毁传统的文化社区，还是让它只是破除那些功能失调的传统和社会群体，从而成为自己进入现代性的一个契机。"② 既然全球化是不可阻挡的历史趋势，那么，搭乘全球化的列车进入现代性的轨道，进而谋求新的经济规则和价值秩序，可谓现代民族国家顺时而动的不二选择。

诚然，经济全球化的过程是在全球范围内建立新经济秩序的过

---

① 许纪霖：《现代中国的民族国家认同》，《世界经济与政治论坛》2005 年第 6 期。
② 〔美〕弗朗西斯·福山：《社会资本、公民社会与发展》，曹义炟编译，《马克思主义与现实》2003 年第 2 期。

程，但是正如吉登斯所深刻揭示的，在现实的全球化过程中，"美国深刻而突出地影响了新的全球秩序的形成。从某些方面看，与其说它代表着均势学说的延续，毋宁说它企图把美国宪法条款推及全球"；虽然联合国对于维护国际安全无济于事，但人们对于联合国的关切"这个事实本身就是基于对单个国家主权的深切许诺"，"它推进了而不是削弱了民族－国家作为当代普遍的政治形式的首要地位"。① 如此看来，民族国家在经济全球化的今天仍然占有不可替代的地位。吉登斯分析指出，在西方，随着现代民族国家的形成和发展，社会领域开始分化，经济与政治相对分离，经济、政治与国家暴力工具相对分离，从而降低了暴力程度，缓和了阶级冲突。②

因此，在经济全球化的过程中，民族国家自身的"价值本性"必然成为人们所关心和思考的重要问题。既然民族国家自身本体在经济全球化过程中仍然作为一种事实而存在，因此，一个民族—国家若放弃价值的自身本体性，那这个民族—国家在经济全球化过程中不仅会受到本民族内部的强烈反对，还会在世界竞争中处于极为不利的位置。事实上，只要实行市场经济体制，经济行为主体价值基点的自身本体性就是必然的。那些以经济全球化中应遵守市场经济交往规则而否定价值自身本体性者，不是理论上的幼稚，就是实践上的别有用心。③可见，经济全球化并不意味着民族主义的式微或民族国家认同话语的削弱，正如有学者所言："民族主义和民族认同话语在这个愈益全球化的世界上看来仍然会保持其重要性"。④

实际上，自近代以来，严格意义上的民族国家一直都是为人类社会所公认且普遍接受的政治形式。这一政治形式担负着管理人们

---

① 〔英〕安东尼·吉登斯：《民族－国家与暴力》，生活·读书·新知三联书店，1998，第308页。
② 〔英〕安东尼·吉登斯：《民族－国家与暴力》，生活·读书·新知三联书店，1998，第372页。
③ 参见高兆明《论经济全球化中的价值原点——来自民族－国家维度的诘问》，《哲学研究》2001年第7期。
④ 邓正来：《国家与市民社会》，中央编译出版社，1999，第346页。

社会生活，整合人们社会关系，维系正常的生存环境和社会秩序的基本功能。相反，如果没有制度化和法律化，统治阶级的利益和意志就失去了民族的外观，政治行为就失去了国民公认的规则，就很难形成全民族的共识和内聚力。①可见，现代民族国家在增强民族认同、民族共识和民族凝聚力方面发挥着不可替代的重要作用。而且，从国外建立社会核心价值的经验来看，当现代民族国家形成以后，国家力量（往往是政党）取代了宗教力量成为社会核心价值体系的主要推动者，这成为一个普遍趋势。②因此，就我国而言，建设社会主义核心价值体系，离不开中国政治的现代化，具体而言，有赖于作为现代民族国家的中国的形成。原因就在于，民族国家的建立不仅是一个国家政治现代化的标志，还是加速其政治现代化的助推器。"没有民族国家，现代化就不会进行得那么快速"，美国学者艾恺以法国为例分析指出，"法国国内强大的原因之一是因为她的政治现代化——建立了现代民族国家"。③可以说，在政治现代化方面，后发现代化国家总是将现代民族国家作为其首要目标。因此，作为现代民族国家的中国的建立，既是中国实现政治现代化的客观要求，也是实现社会主义现代化建设的重要条件。

需要指出的是，在西方，随着民族国家的兴起，公民社会随之逐渐兴起。也就是说，与民族国家相伴而生的西欧君主专制统治不但没有削弱公民社会的发展势头，反而为公民社会的发展提供了新的契机。历史地看，公民社会——无论是它的私人领域还是它的公共领域——都只是在16世纪以后，随着民族国家的兴起和中央集权的君主专制政府的形成而获得了实质性发展。具体而言，从早期的城市公社，到资产阶级共和国，经历了一个漫长的发展演变历程。民族国家的形成打破了早期自治城市公社的封闭狭隘和地方主义特

---

① 参见宁骚《民族与国家》，北京大学出版社，1995，第275页。
② 祝灵君：《国外建立社会核心价值的经验及对我国的启示》，《中国党政干部论坛》2007年第4期。
③ 〔美〕艾恺：《世界范围内的反现代化思潮：论文化守成主义》，颜超凡译，贵州人民出版社，1991，第213页。

征，城市的市民（bourgeois）变成了国王的臣民（subject）；资产阶级革命完成后，国王的臣民又变成了共和国（republic）公民。[①]而公民之所以成为公民，是以统一的政治共同体——民族国家的形成为前提的，不仅公民的政治权利是相对于国家而言的，而且公民的其他一切权利如财产权利和社会活动自由都是在统一的政治国家中通过公民大会的立法得到确认和保障的。因此，民族国家的人民不再是只有义务没有权利的臣民或子民，而成为依靠法律规定既承担义务又享有政治权利的公民。

---

① 方朝晖：《市民社会的两个传统及其在现代的汇合》，《中国社会科学》1994 年第 5 期。

"共产主义"的多维价值意涵

——基于《1844年经济学哲学手稿》的解读

在《1844年经济学哲学手稿》这部马克思早期的代表性著作中，青年马克思通过对当时各种共产主义错误思潮的集中批判，第一次明确且全面地阐述了他对共产主义的基本理解和看法。今天，重温这部经典，我们可以清楚地看到，马克思的共产主义观集中地体现在其中一系列创造性的论断和创新性观点之中：共产主义意味着人本身的解放；共产主义意味着对人的本质的真正占有；共产主义意味着对人类所创造的一切财富的保存；共产主义意味着自然主义和人道主义的和解；共产主义意味着历史之谜的解答和自觉；共产主义意味着一种客观的历史运动。

众所周知，《1844年经济学哲学手稿》（以下简称《手稿》）是青年马克思的一部早期文献，是马克思主义形成起点上的一部经典著作。借用马克思对黑格尔《精神现象学》的评价，我们把《手稿》视为马克思学说的"秘密和诞生地"。尤为重要的是，马克思在《手稿》中明确提出并借助于异化劳动理论，首次从哲学上阐明了消灭异化劳动、扬弃私有财产进而把人失去的人的关系、人的世界还给人自身，最终实现人的解放也即实现共产主义的历史必然性。诚然，"共产主义"概念好像并不陌生，似乎已为我们所熟知，但是这个概念被任意使用，正如涂尔干所深刻指出的那样，共产主义实际上"在我们心中唤起的只是含混不清的概念,模糊的印象、偏见和情绪交织在一起"①。

诚如大哲学家黑格尔所言:熟知并真知。因此,本着正本清源、返本开新的原则,我们重读经典,尝试考察并梳理马克思的共产主义观。我们都知道,在《手稿》笔记本 III 的"私有财产和共产主义"部分,马克思对共产主义既有"破"又有"立",在批判地考察了粗陋的共产主义等错误思潮之后,马克思对自己的共产主义观进行了比较细致而全面的阐述:"共产主义是私有财产即人的自我异化的积极的扬弃,因而是通过人并且为了人而对人的本质的真正占有;因此,它是人向自身、向社会的(即人的)人的复归,这种复归是完全的、自觉的而且保存了以往发展的全部财富的。这种共产主义,作为完成了的自然主义,等于人道主义,而作为完成了的人道主义,等于自然主义,它是人和自然界之间、人和人之间的矛盾的真正解决,是存在和本质、对象化和自我确证、自由和必然、个体和类之间的斗争的真正解决。它是历史之谜的解答,而且知道自己就是这种解答。"②为了更好更准确地把握和理解马克思的共产主义观,我们可以从上述引文中概括、提炼出如下观点,以求教于方家。

一 共产主义意味着人本身的解放

在马克思看来,共产主义是对私有财产的积极扬弃,而所谓"对私有财产的积极的扬弃,就是说,为了人并且通过人对人的本质和人的生命、对象性的人和人的作品的感性的占有"③。这里的私有财产实际上就是人的自我异化的一种物质的、感性的表现而已,所

---

① 〔法〕涂尔干:《社会学方法的准则》,第 22 页,转引自吉登斯《资本主义与现代社会理论——对马克思、涂尔干和韦伯著作的分析》,郭忠华、潘华凌译,上海译文出版社,2007,第 104 页。
② 《马克思恩格斯全集》第 42 卷,人民出版社,1979,第 120 页。
③ 《马克思恩格斯全集》第 3 卷,人民出版社,2002,第 303 页。

以，马克思认为，对私有财产积极扬弃的共产主义，意味着"人的一切感觉和特性的彻底解放"①。

人的一切感觉和特性的彻底解放意味着人本身的解放。在这里，人的一切感觉包括人的五官感觉、精神感觉和实践感觉，进一步而言，人的一切个体的器官，人对世界的任何一种人应该具有的关系，也就是说，人的感觉、愿望、直观、思维，人的活动、爱，等等，这一切人的关系都将不再受到异化劳动的奴役和约束，也不再受到私有财产的束缚和限制，人正是在自身与对象的这种真正的人的关系的意义上而占有对象、肯定自身。譬如说，人的能感受形式美的眼睛、人的具有音乐感的耳朵等。总之，人的规定性，人同对象的关系，不再使人失去现实性，不再使人自身的劳动及其成果变成反对他自己的异己的力量，而是人的现实性的实现。关于这一点，马克思进一步指出，对私有财产的积极扬弃之所以意味着人的一切感觉与特性的全面彻底解放，"正是因为这些感觉和特性无论在主体上还是在客体上都成为人的"②。也只有这时候，眼睛才真正成为人的眼睛，耳朵才真正成为人的耳朵。在马克思看来，"不言而喻，人的眼睛与野性的、非人的眼睛得到的享受不同，人的耳朵与野性的耳朵得到的享受不同，如此等等"③。

人的一切感觉和特性的彻底解放，不仅使对象成为人的对象，而且使人成为对象化的人。这时候，对象对人的意义的生成，就不仅仅取决于对象本身的性质，还取决于作为主体的人的感觉及其特性所及的程度。所以，"从主体方面来看：只有音乐才激起人的音乐感；对于没有音乐感的耳朵来说，最美的音乐毫无意义，不是对象，因为我的对象只能是我的一种本质力量的确证"④。同样的道理，对于没有形式美的眼睛来说，最美的图画恐怕也是毫无意义的；对一

---

① 《马克思恩格斯文集》第 1 卷，人民出版社，2009，第 190 页。
② 《马克思恩格斯全集》第 3 卷，人民出版社，2002，第 304 页。
③ 《马克思恩格斯全集》第 3 卷，人民出版社，2002，第 304 页。
④ 《马克思恩格斯全集》第 3 卷，人民出版社，2002，第 305 页。

个饥肠辘辘、忧心忡忡、贫穷的人来说，即使面对最美的风景恐怕也毫无感觉；对以经营矿物为生的商人而言，恐怕也没法真正感觉到矿物独特的美，在他眼里，恐怕只有矿物的商业价值了。

从人的存在及其解放的角度看，"品位"意识意味着人的生命意义的彰显，意味着人对精神生活的自觉的认同和追求。如果说"没有音乐感的耳朵"是与没有品位的精神生活直接联系在一起的话，那么，"有音乐感的耳朵"则是与有品位的精神生活直接联系在一起的，是人之为人的重要维度之一。实际上，人不同于其他动物并高于其他动物的地方就在于，人的生命不是一个维度，而是两个维度。诚然，人与其他动物一样，也要吃、喝、拉、撒、睡，但对其他动物而言，这是其生命活动的全部，对人而言，则只是人的生命活动的一个向度，而且是最低层次的向度，远非人活着的最高目的，人的生命的第二个维度也即更高层次就是向精神世界的延伸，追求有品位的生活，这里所说的"品位"主要不在吃、喝、拉、撒、睡上，而在丰富的精神生活上。

二 共产主义意味着对人的本质的真正占有

共产主义是对人的本质的真正占有，这与马克思对异化劳动的规定有着密切的关系，应该说，马克思的共产主义理论是其异化劳动理论自然的合乎逻辑的展开。在马克思看来，共产主义是通过人并且为了人而对人的本质的真正占有。在这里，我们必须首先搞清楚什么是"通过人"、什么是"为了人"、什么是"对人的本质的真正占有"。所谓"通过人"，是指共产主义的实现并不是单纯通过对"物"特别是对私有财产这种"物"的异化的扬弃就可以获得的，而是要通过对人的异化或对异化了的人的异化性质的真正扬弃才能获得，因为异化了的"物"只是外观、表现而已，被这种外观所掩盖的真正的异化是"人"的异化。所谓"为了人"，就是说共产主义的实现绝不是单纯为了占有物或占有对象形态的财富，而是为了人的获得感、安全感、幸福感的提升和增强，一言以蔽之，是为了人本身的解放。而所谓的"对人的本质的真正占有"，马克思不仅明确了"两个不应当"，即"不应当仅仅被理解为直接的、片面的享受，不应当仅仅被理解为占有、拥有"，而且他进一步强调："人以一种全面的方式，就是说，作为一个总体的人，占有自己的全面的本质。"① 这段论述可以看作青年马克思对"人的全面发展"这一概念比较明确且经典的界定，因为在这个定义中，主体与客体、人与人、人与自然都达到了完美的统一。从主体的角度来看，共产主义超越了使人越来越狭隘的私有制，使人从片面的占有观和狭隘的拥有观中解放出来了，因此，这时候的人不再是不被当作人看的一种异己的存在物，而是真正成为一个全面占有自己丰富的本质规定的完整的人、全面发展的人。正如马克思所说，只有共产主义社会才"创造着具有人的本质的这种全部丰富性的人，创造着具有丰富的、全面而深刻的感觉的人作为这个社会的恒久的现实"②。值得一提的是，波兰著名哲学家 A. 沙夫关于马克思"人的全面发展"的深刻洞见具有重要启示，根据复旦大学陈学明等学者的转述，在沙夫看来，"马克思人的全面发展理论是正确理解马克思主义的人道主义与异化理论、马克思主义哲学，乃至整个马克思主义的真正钥匙。他认为马克思主义关于人的全面发展的观点，既是一种观念，更是一种观察分析人与社会的方法，这种观念和方法在当今世界具有特别重要的意义：一是可以用它来评判现代资本主义；二是可以用它来重新界定社会主义的本质；三是可以用它来作为社会发展目标来赢得人民的支持"③。

共产主义对人的本质的占有是全面的、彻底的，是人的本质向人自身的全面复归。共产主义不是片面地从物的占有或拥有即不是

---

① 《马克思恩格斯全集》第 3 卷，人民出版社，2002，第 303 页。
② 《马克思恩格斯全集》第 3 卷，人民出版社，2002，第 306 页。
③ 参见陈学明、马拥军《走进马克思——苏东剧变后西方四大思想家的思想轨迹》，东方出版社，2002，第 495 页。

物的纯粹的有用性上理解人的本质，因为这实际上是一种利己主义，是人的本质的丧失和对人的本质的歪曲。相反，共产主义意味着从人的原则高度来理解和把握人与物的关系，在这种人与物的关系中，共产主义把物的属性与人的需要和人的本性联系起来看待，然后通过人的实践，按照人本身的需要和人的本性，从而实际地占有并掌握物，使之真正符合人的本性、人的需要，体现人的本质。也就是说，共产主义的目的是人本身。在马克思看来，共产主义消灭私有财产将使人的丰富本质得到实现。社会性是人的本质特征，私有财产的存在使其丧失，共产主义则是人的社会性的复归，即人向自身、向社会的（即人的）人的复归。吉登斯分析指出，"复归人类生存的社会性质是马克思共产主义信念中不可或缺的部分"，未来的共产主义社会就"建立在个人与社会共同体之间相互依存关系的清醒认识基础之上"，这种相互依存关系就体现为"只有在社会共同体中，通过使用集体生产的劳动成果，人才能实现其个性化的存在"。① 对此，中国人民大学的安启念教授也明确指出，在《手稿》中，马克思关于人的本质从异化到复归的历史观称得上是马克思一个真正经典的思想，不仅"集中反映了马克思恩格斯对共产主义的理解，堪称经典，其中的思想贯穿马克思恩格斯的一生"，而且指明了"共产主义最主要的特征是人的本质向人自身的复归，这是异化的扬弃，是人道主义的实现，它的目的是人"。②

在马克思看来，共产主义本来是人展示并占有自己的全面本质的，但是，私有财产的存在使人的本质的全面性、丰富性丧失了。正如马克思所分析指出的那样，"私有制使我们变得如此愚蠢而片面，以致一个对象，只有当它为我们拥有的时候，就是说，当它对我们来说作为资本而存在，或者它被我们直接占有，被我们吃、喝、

---

① 〔英〕吉登斯：《资本主义与现代社会理论——对马克思、涂尔干和韦伯著作的分析》，郭忠华、潘华凌译，上海译文出版社，2007，第21页。
② 安启念：《和谐马克思主义：一个被长期遮蔽的视域》，《中国人民大学学报》2006年第3期。

穿、住等的时候，才是我们的"①。很显然，在人对物的这种占有、拥有、使用、支配关系中，人把物作为可利用可计算的客体对象来对待，这样看起来人是具有主体性的，但是由于主客关系固有的辩证法，人以这样的方式对待物，反过来导致物对人的统治，把人贬低为客体和物。因此在这种情况下，人对物的占有或拥有，反而意味着人的自我丧失，也就是自我异化。

毫无疑问，马克思所批判的正是一种现代性的物化生存方式，这对于今天我们反思自身的生存状况仍具有重要启示意义。人生在世，当我们的生活被一种狭隘的、片面的对物的占有欲所充斥的时候，人的"动物机能"就会吞噬"人的机能"，我们的生存在本质上就异化了。当处于喧嚣急躁的社会中时，我们更多的是对金钱、财富、权力的追逐，并用以确证自身的存在与价值，甚至已经忘记了对人自身的个性、能力、修养、内心的培育和观照，而后者对人来说是更为重要的。

三　共产主义意味着对人类所创造的一切财富的保存

共产主义是对人类所创造的全部财富的保存，强调这一点旨在说明共产主义的实现本身是有其经济基础的，是以人类的全部财富为支撑的，而不是虚无缥缈的海市蜃楼。马克思明确指出，共产主义"是人向自身、向社会的即合乎人性的人的复归，这种复归是完全的、自觉的和在以往发展的全部财富的范围内生成的"②。换言之，共产主义不是也不能理解为对整个人类文明的否定，而应该看作对人类全部财富的保存。共产主义向人类自身的复归，是一种人类自身的辩证发展，是对以往全部成就的保留，并为人类文明的丰富发展开辟了广阔道路，从而实现人类的彻底解放。因此，在马克

---

① 〔德〕马克思：《1844年经济学哲学手稿》，人民出版社，2000，第85页。
② 《马克思恩格斯全集》第3卷，人民出版社，2002，第297页。

思看来,"共产主义决不是人所创造的对象世界的消逝、舍弃和丧失,即决不是人的采取对象形式的本质力量的消逝、舍弃和丧失,决不是返回到非自然的、不发达的简单状态去的贫困"①。这里的"两个决不是"已经清楚地表明,共产主义不是取消而是保存,不是抛弃而是继承以往人类社会发展所取得的一切积极成果,包括在私有制条件下创造的文明成果。正如马克思指出的那样,"不难看到,整个革命运动必然在私有财产的运动中,即在经济的运动中,为自己既找到经验的基础,也找到理论的基础"②。事实上,共产主义社会本身也是以资本主义所创造的一切物质条件为基础的,是对资本主义的辩证性超越。在马克思看来,资本主义的扬弃必将为未来的共产主义社会创造条件,二者之间并非断裂的,而是具有一定连续性的。对此,吉登斯曾分析指出,为了区别于"乌托邦"主义的立场,"马克思拒绝为未来的社会提供明晰的蓝图。作为对资本主义的辩证性超越,新的社会秩序将依据生活在当前社会中的人们只能模糊地把握的那些原则组织起来"③。因此,新社会并不是横空出世,与旧社会彻底断裂,尤其是在新社会的最初阶段,往往带有它脱胎而来的那个旧社会的痕迹。简言之,"社会主义社会是建立在资本主义历史发展基础之上的"④。

四 共产主义意味着自然主义与人道主义的和解

从理论形态上讲,共产主义是完成了的自然主义与完成了的人道主义的统一,意味着自然主义和人道主义的和解,这讲的是共产主义的哲学基础。在这里,所谓"完成了的",就是"完善的""完

---

① 《马克思恩格斯全集》第3卷,人民出版社,2002,第331页。
② 《马克思恩格斯全集》第3卷,人民出版社,2002,第298页。
③ 〔英〕吉登斯:《资本主义与现代社会理论——对马克思、涂尔干和韦伯著作的分析》,郭忠华、潘华凌译,上海译文出版社,2007,第69页。
④ 〔英〕吉登斯:《资本主义与现代社会理论——对马克思、涂尔干和韦伯著作的分析》,郭忠华、潘华凌译,上海译文出版社,2007,第73页。

备的""全部实现了的"的意思。自然主义强调自然，人道主义推崇人，本都无可厚非，但是，自然主义在强调自然先于人的存在这一自然事实的基础上，却把自然界视为世界唯一的绝无仅有的真正的本体，没有看到或者忽视了人是历史的主体这一历史事实。反过来，人道主义推崇人，强调人才是世界真正的主人，人才是一切创造物主体本质的过程中，又完全忘记或者故意忽视自然界先于人的存在的事实，所以，马克思指出，共产主义是"自然主义"和"人道主义"真正和解，追求的是人与自然的和谐共生。

从根本上而言，虽然自然主义和人道主义都有各自的价值与合理之处，但是，问题在于，过去二者一直是彼此分离的，人道主义脱离自然主义走向唯心主义，自然主义脱离人的作用成为机械论。因此，只有二者的统一才是真理。在马克思看来，"自然界，就它自身不是人的身体而言，是人的无机的身体，所谓人的肉体生活和精神生活同自然界相联系，不外是说自然界同自身相联系，因为人是自然界的一部分"[①]。实际上，马克思当时也曾明确宣称自己就是这样一种完成了的人道主义者，自己的学说就是实践的人道主义学说。马克思写道："正象无神论作为神的扬弃就是理论的人道主义的生成，而共产主义作为私有财产的扬弃就是要求归还真正人的生命即人的财产，就是实践的人道主义的生成一样；或者说，无神论是以扬弃宗教作为自己的中介的人道主义。"[②]

五 共产主义意味着历史之谜的解答和自觉

根据马克思的论述，共产主义是对"六对矛盾"的解答和自觉。具体而言，共产主义"是人和自然界之间、人和人之间的矛盾的真正解决，是存在和本质、对象化和自我确证、自由和必然、个体和类之间的斗争的真正解决。它是历史之谜的解答，而且知道自己就

[①] 《马克思恩格斯全集》第3卷，人民出版社，2002，第272页。
[②] 《马克思恩格斯全集》第3卷，人民出版社，2002，第331页。

是这种解答"①。

由于私有财产的存在，人与自然、人与人之间存在矛盾甚至对抗。共产主义扬弃了人与人、人与自然相对立的异化，实现了统一，并且是高度发展的统一，因而成为包括了以往自然主义和人道主义发展的全部成果的唯物主义，因而是"历史之谜的解答"。同样，由于私有财产的存在，人现实地存在着，但丧失了自己的本质；人的劳动使自己的意识对象化，但人们只从中看到了财富的增加，却看不到这是人的本质与特征的自我确证；人的本质是自由，但具体的个人是被各种必然性支配的，是不自由的，诚如卢梭所言，人人生而自由却无不在枷锁之中，也就是说，在人身上存在人的自由本质与限制这一本质的必然的斗争；人的个体的有限性、有死性与类的无限性、永恒性之间也是处于矛盾和斗争之中。而一旦私有财产被共产主义消灭，上述斗争或矛盾也将随之消失。共产主义因揭示了历史发展规律而解答了历史之谜，而且知道共产主义自身就是历史发展规律的必然产物，也即"知道自己就是这种解答"。因为，"不难看到，整个革命运动必然在私有财产的运动中，即在经济的运动中，为自己既找到经验的基础，也找到理论的基础"②。

六 共产主义意味着一种客观的历史运动

在马克思看来，历史的全部运动，既是现实中共产主义的诞生活动，又是在思维中被理解和被认识到的共产主义的生成运动。这表明，马克思在论及共产主义的时候，总是非常清晰地区分了思想上的共产主义运动和现实的共产主义运动，他还特别强调："我们在思想中已经认识到的那正在进行自我扬弃的运动，在现实中将经历一个极其艰难而漫长的过程。"③ 换言之，理论上的共产主义和现实

---

① 《马克思恩格斯全集》第3卷，人民出版社，2002，第297页。
② 《马克思恩格斯全集》第3卷，人民出版社，2002，第298页。
③ 《马克思恩格斯文集》第1卷，人民出版社，2009，第232页。

的共产主义不是一回事，二者不能简单地直接地画等号，也不能胡子眉毛一把抓，而是要具体问题具体分析。

客观地讲，当马克思认为"共产主义是对私有财产即人的自我异化的积极的扬弃"的时候，这本身就已经清楚地表明：对于资本主义时代的以"劳动"和"资本"的形式出现的"私有财产"，共产主义不是单纯地去进行"批判"和"消灭"意义上消极的扬弃，而是力图用某种新的东西去取代它。这样一来，马克思从一开始就划清了"共产主义"与那些单纯地"否定"私有财产（例如，蒲鲁东等人的所谓"财产就是盗窃"等）、单纯地要求"砸烂旧世界"式的破坏性地"扬弃私有财产的消极表现"之间的界限，从而肯定了作为一种"现实运动"的共产主义对于推动人类社会发展和前进的积极意义。马克思明确指出："从工人阶级运动成为现实运动的时刻起，各种幻想的乌托邦消逝了——这不是因为工人阶级放弃了这些乌托邦主义者所追求的目的，而是因为他们找到了实现这一目的的现实手段——取代乌托邦的，是对运动的历史条件的真正理解，以及工人阶级战斗组织的力量的日益积聚。但是，乌托邦主义者在前面宣布的运动的两个最后目的，也是巴黎革命和国际所宣布的最后目的。只是手段不同，运动的现实条件也不再为乌托邦寓言的云雾所掩盖。"① 在著名的《法兰西内战》中，马克思在总结巴黎公社工人阶级革命的基础上，已经更加明确地指出了这一点，即"工人阶级不是要实现什么理想，而只是要解放那些由旧的正在崩溃的资产阶级社会本身孕育着的新社会因素"②。

事实上，正是基于对工人运动实际状况的深入了解，恩格斯早就深刻地认识到：共产主义本身作为一种客观的现实的运动，正是要通过无产阶级的解放来最终实现全人类的解放。这一深刻转变表明了恩格斯对共产主义认识的深化。我们知道，恩格斯在其早期的《英国工人阶级状况》一文中，就曾明确表达了这样一种观点和看

---

① 《马克思恩格斯选集》第4卷，人民出版社，1995，第108页。
② 《马克思恩格斯选集》第4卷，人民出版社，1995，第60页。

法，即共产主义绝不是一种单纯的所谓工人阶级的党派性的学说，而是一种社会解放理论，它的最终目的就是要把包括资本家在内的整个社会从资本主义现有的、狭小的范围中真正解放出来。后来，恩格斯在这部著作的德文第二版序言中进行了自我批评，他说道："这在抽象的意义上是正确的，然而在实践中在大多数情况下，不仅是无益的，甚至还要更坏。只要有产阶级不但自己不感到有任何解放的需要，而且还全力反对工人阶级的自我解放，工人阶级就应当单独地准备和实现社会革命。"① 否则，关于共产主义的认识以及人的解放的认识必然成为一厢情愿、自作多情的空话。

其实，马克思在《手稿》也曾意味深长地强调："共产主义是作为否定的否定的肯定，因此，它是人的解放和复原的一个现实的、对下一段历史发展来说是必然的环节。共产主义是最近将来的必然的形式和有效的原则。但是，共产主义本身并不是人的发展的目标，并不是人的社会的形式。"②③ 也就是说，以扬弃私有财产为中介的共产主义并不意味着人类社会已实现了完美的理想状态，恰恰相反，它仅仅是人类史前史的结束，是真正的人类史的开启，是人的解放的"必然环节""必然的形式和有效的原则"。在《手稿》之后，关于共产主义是一种不以个人意志为转移的客观的现实运动的观点，马克思和恩格斯在其合作完成的《德意志意识形态》中，更加明确地表述道："共产主义对我们来说不是应当确立的状况，不是现实应当与之相适应的理想。我们所称为共产主义的是那种消灭现存状况的现实的运动。"④

总之，马克思在《手稿》中关于共产主义的阐述对于我们今天弄清楚包括共产主义在内的整个人类社会的发展都有着极其重要的

---

① 《马克思恩格斯选集》第4卷，人民出版社，1995，第423页。
② 《马克思恩格斯全集》第3卷，人民出版社，2002，第311页。
③ 关于这段译文及其理解，学界存在不同观点，比较有代表性的观点可参见许兴亚《应当如何理解共产主义不是"人类发展的终点"——马克思〈1844年经济学—哲学手稿〉中译文辨析》，《海派经济学》2006年第15辑。
④ 《马克思恩格斯选集》第1卷，人民出版社，1995，第87页。

意义：共产主义不是遥不可及的，而是资本主义消灭私有制、扬弃异化劳动之后的一个新的社会形态。实际上，在对人类社会发展阶段的认识中，马克思的认识是一以贯之的。在他看来，人类社会不仅是一个从低级阶段向高级阶段不断发展的历史过程，而且是一个由片面发展逐渐走向全面发展的历史进程。我们知道，后来在《哥达纲领批判》中，马克思明确地将共产主义社会划分为两个发展阶段，即共产主义第一阶段和共产主义的高级阶段，并且指出：要实现共产主义社会的高级阶段，则第一阶段是不可逾越的必经阶段。再后来，列宁继承并发展了马克思关于共产主义社会发展阶段的思想。他于《国家与革命》中进一步将马克思所说的"共产主义社会的第一阶段"称为"社会主义社会"，自此，"共产主义社会的第一阶段"变成了"社会主义社会"，"共产主义社会的高级阶段"变成了"共产主义社会"。1920年，列宁在《共产主义运动中的"左派"幼稚病》中把整个共产主义社会明确地划分为三个阶段，即"低级阶段"、"中级阶段"和"最高阶段"，其中"低级阶段"和"中级阶段"是指社会主义社会两个不同的发展阶段，"最高阶段"是指共产主义社会，"最初阶段"则是指"从资本主义向社会主义即向共产主义低级阶段过渡的"阶段。

综上，基于《手稿》的解读，我们看到，共产主义理论是理解和把握马克思学说的基本点，也是关键点，因此，行文至此，我们最后还要再次强调，完整准确地把握进而辩证地理解马克思的共产主义观，必须要有这样的理论自觉和理论自信：共产主义必胜，但绝不会速胜；共产主义是长期的，但绝不是遥遥无期的。①

---

① 参见王虎学《"共产主义"的现实性与超越性》，《光明日报》2016年1月27日，理论版。

"人类命运共同体"的马克思主义理论基础

众所周知,自从党的十八大报告首次明确提出"倡导人类命运共同体意识"以来,习近平总书记在多个外交场合反复强调并阐发了"人类命运共同体"理念。客观地讲,"人类命运共同体"不仅是破解中国问题且极富中国特色的"中国话语",而且已成为回应全球难题且极富世界意义的"中国方案",特别是通过"亚投行"的建立、"一带一路"倡议的实施等具体的实实在在的行动,"人类命运共同体"的理念得到了国际社会的广泛认同,并越来越成为世界各国的普遍共识。"人类命运共同体"集中体现了以马克思主义为指导的中国共产党人经过改革开放不仅有可能且有能力思考全人类的前途和命运问题,而且可以用中国理念和中国方案给世界以积极的现实的建设性的影响。毫不讳言,"人类命运共同体"理念具有鲜明的马克思主义思想底蕴。

一 人类命运共同体的哲学基础:"人是类存在物"

在《1844年经济学哲学手稿》中,马克思曾明确提出:"人是类存在物。"应该说,在马克思哲学中,"类"概念是一个十分重要但长期没有得到足够重视的概念。诚然,"类"是一个被费尔巴哈经常使用而带有鲜明费尔巴哈色彩的概念，但是如果仅仅盯着"类"这层炫人耳目的外衣而不加深究的话，我们就看不到马克思通过"类"概念所实现的真正的理论变革。我们都知道，在著名的《关于费尔巴哈的提纲》中，马克思就对费尔巴哈进行了集中的批判。他指出，费尔巴哈把"人的本质理解为'类'，理解为一种内在的、无声的、把许多个人纯粹自然地联系起来的普遍性"①，费尔巴哈所理解的人的"类本质"显然因其脱离人的劳动活动以及在这种活动中所创造的现实的社会关系而导致了对人的简单化特别是抽象化理解。事实上，马克思已经用"类"概念这个旧瓶装下了"自由自觉的劳动活动"的新酒。

"人是类存在物"通过对费尔巴哈类概念的真正扬弃进而彰显的正是人之为人应有的类存在、类意识、类思维、类价值。的确，历史地看，与马克思所论述的人类社会三形态大致相同，人的存在方式也依次经历了三种形态即人的群体存在、个人存在、类存在。这就不难理解马克思为什么说旧唯物主义的立足点是市民社会，而新唯物主义的立足点是人类社会或社会化的人类。应该讲，无论是"人类社会"还是"社会化的人类"，正是马克思对人的社会存在这一包含了"一切社会关系的总和"的现实的"类本质"的真正自觉，它既超越了传统的虚假的共同体，也打破了抽象化的原子化的个人，所表征的正是人与人、人与社会、个性与社会性、个体化与社会化高度统一、一体化的人的应然理想的社会存在状态。

所以，当我们真正领悟了马克思的"类概念"及其关于"人是类存在物"的重大论断时，那么，从20世纪90年代中期著名马克思主义哲学家高清海先生提出的"类哲学"，到21世纪的今天习近平总书记重申的"人类命运共同体"理念，其一脉相承的深刻的马克思主义哲学基础就一目了然了，其鲜亮的马克思主义理论底色也

---

① 《马克思恩格斯选集》第1卷，人民出版社，2012，第139页。

就不言而喻了。

二 人类命运共同体的历史基础:"历史向世界历史的转变"

任何理念、理论、思想都是一定时代和历史的产物,在马克思的经典文本中,"历史向世界历史的转变"这一经典论断既是对人类历史日益从民族的区域的历史向世界历史转变的大趋势的判断,也构成了"人类命运共同体"的历史基础,可以说,"人类命运共同体"理念正是在"历史向世界历史转变"的时代背景和历史场域中应运而生的。我们知道,随着历史向世界历史的转变,各个地区、各个民族、各个国家之间封闭或隔绝的状态逐渐被打破,"鸡犬之声相闻,老死不相往来"那种小国寡民式的局面也将成为过去时,取而代之的是"你中有我,我中有你"的相互依存度、影响度越来越高的全球化存在状态。正如马克思和恩格斯所言,"由于开拓了世界市场,使一切国家的生产和消费都成为世界性的了。……过去那种地方的和民族的自给自足和闭关自守状态,被各民族的各方面的互相往来和各方面的互相依赖所代替了。……民族的片面性和局限性日益成为不可能,于是由许多种民族的和地方的文学形成了一种世界的文学"[①]。

"人类命运共同体"理念为全球化背景下"地球村"时代的人类何以存在和发展提供了一种更趋合理的新思路和新方案。毋庸置疑,随着"历史向世界历史的转变"特别是全球化进程的加速,各个国家、各个地区、各个民族之间的交往越来越频繁,联系越来越紧密,合作越来越广泛,与此同时,一系列全球性问题或难题如环境、资源、气候、人口、文化冲突等比以往任何时代都更加明显。显然,世界各国正越来越成为一个利益相关、休戚与共的命运共同

---

① 《马克思恩格斯选集》第 1 卷,人民出版社,2012,第 404 页。

体,正所谓"环球同此凉热""一荣俱荣、一损俱损"。当然,今天的全球化是全面的全球化,不仅是经济的全球化,也是文化的全球化,就此而论,"人类命运共同体"首先承认文化的多样性和差异性,并在"尊重差异,包容多样"的基础上追求"和而不同""美美与共",在这个文化的"星丛共同体"中,"万物并育而不相害,道并行而不相悖"。

同时,考察"人类命运共同体"的历史基础,还必须进一步从理论上深化对中国特色与世界意义、中国问题与人类命运等一系列关系问题的认识,既要讲好"中国特色",又要彰显其世界意义,要善于挖掘那些"跨越时空、超越国度、富有永恒魅力、具有当代价值的文化精神";既要立足"中国问题",又要善于跳出"中国问题"思考人类命运,否则我们就会忘记甚至丢失马克思主义创始人那种超越西方中心论、旨在解放全人类的理论旨趣和世界情怀。

三 人类命运共同体的价值基础:"真正的共同体"

人是类存在物,共同体是人类得以生存和发展的最基本方式。我们知道,作为始终关注人类命运的大思想家,马克思从青年时代开始就已经清醒地意识到"共同体"之于人的自由、人的个性、人类解放的重大意义。

当然,马克思所理解的"共同体"也并非一成不变的,而是处于不断生成与演进过程中的。在马克思看来,最初的共同体形式就是"自然形成的共同体",也即原始共同体、部落共同体或血缘共同体,以部落、氏族、农村公社为代表。随着生产力的进一步发展以及社会分工与劳动条件的进一步分离,原始共同体自然而然地式微并消解,取而代之的是"政治共同体",在资本主义社会表现为利益共同体、货币共同体、资本共同体等,这种以国家、阶级、市民社会为代表的"政治共同体",马克思称之为"虚幻的共同体","由于这种共同体是一个阶级反对另一个阶级的联合,因此对于被统治的阶级来说,它不仅是完全虚幻的共同体,而且是新的桎梏"①。在马克思看来,这种"虚幻的共同体"表面上是普遍利益的代表,实质上不过是为特殊利益代言,因此,置身其中,人不是获得自由,而是失去自由,最终必然导致"人的简约化",即人的异化。

因此,在《评一个普鲁士人的〈普鲁士国王和社会改革〉一文》中,马克思就针对上述"虚幻的共同体"提出要构建作为人的活动、人的本质的"真正的共同体"。马克思指出:"那个脱离了个人就引起个人反抗的共同体,是人的真正的共同体,是人的本质。"② 也就是说,只有在这种真正的共同体中,"个人才能获得全面发展其才能的手段","才能有个人自由"可言,因为"在真正的共同体的条件下,各个人在自己的联合中并通过这种联合获得自己的自由"③。结合马克思的思想文本和思考轨迹不难看出,马克思提出构建的"真正的共同体"就是对未来理想社会的一种理论憧憬。这种"真正的共同体"也就是我们所熟悉的"共产主义社会",它意味着"个体和类之间的斗争的真正解决",而且是"通过人并且为了人而对人的本质的真正占有"。这种"真正的共同体"也就是马克思和恩格斯追求的"每个人的自由发展是一切人的自由发展的条件"④ 的"自由人联合体"。

因此,从一定意义上讲,致力于实现世界各国双赢、多赢、共赢的目标,积极倡导联合、合作、共享价值观的"人类命运共同体"理念,不正是马克思一生追求的"真正的共同体"所蕴含的价值在当代世界的表现或实践嘛!

---

① 《马克思恩格斯选集》第1卷,人民出版社,2012,第199页。
② 《马克思恩格斯全集》第3卷,人民出版社,2002,第395页。
③ 《马克思恩格斯选集》第1卷,人民出版社,2012,第199页。
④ 《马克思恩格斯选集》第1卷,人民出版社,2012,第422页。

一种新的现代文明秩序的建构
何以可能？

在现代社会理论大师们那里，分工不仅是破解现代社会"分化—整合"问题的突破口，还是建构社会秩序的重要基础。"秩序"本身是历史地形成并演进的，不同于传统社会的"旧秩序"，现代社会意味着在个人自由和社会控制的内在张力中一种"新秩序"的生成。现代社会秩序是人类自觉建构起来的一种文明秩序，它以"人的自由而全面发展"为最高价值旨归且基于人类不同文化、文明之间的对话、沟通。在高度分化且需要高度整合的现代社会中，现代文明秩序的建构已成为一项重大的时代课题。

现代社会是一个高度分化且需要高度整合的社会，当代中国社会正处于一个高速分化的转型期，整个社会结构最显著的变化就是逐渐从"领域合一"走向"领域分离"。伴随着社会的结构性变迁，社会问题和社会矛盾日益凸显，整个社会很容易从有序走向无序，进入一种"序间"的"失范"状态。这时候，"秩序"的重建以及基于"秩序"重建而实现社会的"整合"，无论是对于单个个人还是整个社会的发展而言，都显得尤为迫切而意义深远。从一定意义上讲，行进在现代化征途中的中国社会转型必然指向一种现代文明秩序，且客观上要求建构一种现代文明秩序。本文试图从分工的视角对这一问题予以深层探析。

一

　　从词源学意义上来看，"秩序"（order）一词源自拉丁语 Ordo、ordin，意为顺序、条理，后引申为秩序、规律、法则等。在一定意义上，作为劳动之"社会存在形式"的分工本身就包含并指向一种秩序，谈分工，不能不谈秩序。而且，在现代社会理论大师们那里，分工不仅是破解现代社会"分化—整合"问题的突破口，还是建构社会秩序的重要基础。从劳动分工到社会分化，再到社会秩序，"秩序"问题凸显的基本线索渐渐呈现在我们面前，正如马尔图切利所说："社会分化提出了社会秩序和团结的问题。"① 可以说，从涂尔干、帕森斯到卢曼，逐渐精致的分化理论，也为辨识现代社会的制度形态及其秩序基础提供了重要的分析工具。②

　　根据马尔图切利的分析，涂尔干实际上并不完全相信社会整合、社会秩序可能来自"行动者对一种共同的价值体系的纯粹分享，原因就在于：生活在现代化所造成的一种强烈动荡的社会环境中的涂尔干对'规范'持有基本的怀疑，因而他十分关注"用更坚实的因素来维持社会团结的需要"③。根据吉登斯的分析，涂尔干所说的这种"坚实因素"不是别的，正是他一贯推崇的分工，因为在涂尔干看来，"现代社会的基本组织原则不应该到作为一个由有产者和无产者构成的阶级体系的'资本主义'特征中去寻找，而应该到职业分工合作的'有机'专业化中去寻找"④。很显然，这里的"分工"被视为现代社会的基本组织原则，巴里巴尔则将"分工原则"进一步

---

① 〔法〕马尔图切利：《现代性社会学：20世纪的历程》，姜志辉译，译林出版社，2007，第21页。
② 参见刘小枫《现代性社会理论绪论》，上海三联书店，1998，第465页。
③ 〔法〕马尔图切利：《现代性社会学：20世纪的历程》，姜志辉译，译林出版社，2007，第46页。
④ 参见〔英〕吉登斯《资本主义与现代社会理论——对马克思、涂尔干和韦伯著作的分析》，郭忠华、潘华凌译，上海译文出版社，2007，第270页。

扩展到整个人类社会，他指出："劳动分工是社会群体组成和解体的基本原则，从原始社会到阶级社会，经过了一系列法令、行会、指令、等级……社会群体变得越来越广阔，越来越不自然。"① 美国语言学家布龙菲尔德（leonard Bloomfield）强调语言在人类活动中的中介功能时明确指出："人类社会按分工原则进行活动。"② 实际上，在斯密、马克思等开辟的分工理论研究路径中，社会秩序、制度安排一直都被看作劳动分工的题中应有之义。如果说人类社会需要一种秩序的话，那么这种秩序的基础就应该到分工中寻找。

　　社会秩序何以可能？这也是哈耶克致力于探索的主题。1936年，哈耶克在《经济学与知识》这篇著名演讲中，基于"分立的个人知识"和"劳动分工"而提出了一个最具原创力的问题，即"知识分工"③。在哈耶克看来，"知识分工（the division of knowledge）的问题""不仅与劳动分工（the division of labor）问题颇为相似，而且还至少与劳动分工问题一样重要。的确，自我们所研究的这门学问创始以来，劳动分工问题就一直是论者们研究的主要论题之一，但是知识分工的问题却被完全忽略了，尽管在我看来，知识分工这个问题乃是经济学（亦即作为一门社会科学的经济学）中真正的核心问题"④。实际上，哈耶克的原创性和独特性就在于将"知识分工"问题与社会秩序问题联系起来考察。他指出："所谓的社会的秩序，在本质上便意味着个人的行动是由成功的预见所指导的，这亦即是说

---

① 〔法〕埃蒂安·巴里巴尔：《马克思的哲学》，王吉会译，中国人民大学出版社，2007，第57页。
② 〔美〕布龙菲尔德：《语言论》，袁家骅、赵世开、甘世福译，商务印书馆，1985，第26页。
③ 需要注意的是，许多思想家在哈耶克之前都已注意到"知识分工"的问题，例如，恩格斯在《德国农民战争》一文中就已指出："在知识领域中也出现劳动分工了。"（《马克思恩格斯全集》第7卷，人民出版社，1959，第361页）涂尔干在《社会分工论》中也曾指出："我们的时代，早已不再是以哲学为唯一科学的时代了，它已经分解成了许许多多的专业学科，每个学科都有自己的目的、方法以至气质。"（〔法〕涂尔干《社会分工论》，渠东译，生活·读书·新知三联书店，2000，第2页）
④ 〔英〕哈耶克：《个人主义与经济秩序》，邓正来译，生活·读书·新知三联书店，2003，第74页。

人们不仅可以有效地运用他们的知识，而且还能够极有信心地预见到他们能从其他人那里所获得的合作。"① 而且，他还指出："秩序的重要性和价值会随着构成因素多样性的发展而增加，而更大的秩序又会提高多样性的价值，由此使人类合作秩序的扩展变得无限广阔。"② 在这里，哈耶克所揭示出的正是现代社会得以正常运行的两大组织原则，即分工与合作。现代制度经济学的研究已经表明，经济的效率并不全然产生于劳动分工和自由竞争，还源于交易与合作，因为"如果缺乏必要的社会合作，不仅效率有限，而且有可能因为竞争无序导致零效率或负效率"③。同样，对社会"秩序"而言，分工与合作犹如一枚硬币的两面，二者不仅都需要"秩序"，而且都指向一种社会"秩序"。

需要特别指出的是，哈耶克将社会秩序分为两种：一种是自生自发式的，另一种是理性建构式的。自生自发的秩序是一种源于系统内部或者说自我生成的秩序，最典型的就是有机体的自发秩序；理性建构的秩序则是由某人通过把一系列要素各置其位且指导和控制其运动方式而确立起来的一种人造的秩序、人为的秩序、建构的秩序。④ 质言之，自生自发秩序和理性建构秩序是两种形成路径截然不同的秩序。哈耶克自觉地以斯密为先驱，站在前一个阵营，并将这一传统阐发为自生自发秩序或扩展演进秩序。在自觉捍卫前者的同时，他还不断抨击后者，在他看来，"道德的规则不是理性做出的结论"，而是介入本能和理性的习惯，个人自由就是自生自发秩序中最为重要的道德遗产。对此，邓正来分析指出："哈耶克建构其社会理论的核心目的乃在于对人类社会中的'自生自发秩序'（即内部

---

① 〔英〕哈耶克：《自由秩序原理》，邓正来译，生活·读书·新知三联书店，1997，第 200 页。
② 〔英〕哈耶克：《致命的自负》，冯克利、胡晋华译，中国社会科学出版社，2000，第 90 页。
③ 万俊人：《道德之维——现代经济伦理导论》，广东人民出版社，2000，第 5 页。
④ 参见冯兴元《市场化：地方模式的演进思路——苏、浙模式比较之一》，《经济学消息报》2000 年第 49 期。

秩序）做理论上的阐发和捍卫，因为正是这个'哈耶克的终身问题'反映了或支配着哈耶克整个社会哲学建构的过程。"① 可以说，哈耶克终其一生都在论证自发秩序或扩展秩序的合理性与必然性，而极力反对人为建构秩序（即所谓的"致命的自负"）。稍加分析就会看到，"哈耶克的终身问题"本身也暴露了自身的"问题"：试想，在人类社会发展过程中，劳动分工的演进怎能没有人类活动的印迹呢？社会"秩序"的形成又怎能完全外在于人的活动呢？

也许，哈耶克并不是有意将"人的活动"从分工和秩序中剔除出去，而只是对分工和秩序中的"人为"因素在现代社会中所造成的问题表示深深的担忧。比如，分工的高度细化可能导致"社会责任缺失"。社会学家默顿明确声称："强化的分工已成为逃避社会责任的极好借口。随着专业化一再细分，每个专家集团都发现，假定在复杂的责任传递过程中没有人最后负责，就越来越有可能为他们的工作所带来的社会后果'推卸责任'，各位专家为产生了社会混乱而担心受怕时，只要确信自己是尽了最大能力来完成任务的，也就很容易把他们的责任推卸掉。"② 同样，人类离不开的"秩序"可能会因"人的活动"而变得脆弱不堪，正如社会学家贝格尔所言："一切在社会中建造起来的世界天生都是不稳定的。它们靠人类活动支持，因而不断地受到人类的自私自利和愚蠢行为的威胁。"③

二

"秩序"本身是历史地形成并演进着的，因而现代社会的秩序不同于传统社会的秩序。根据卢曼的观点，分化使离心倾向逐渐成为现代社会的一个中心特征，即社会制度中不存在任何无可争辩的优

---

① 邓正来：《规则·秩序·无知》，生活·读书·新知三联书店，2004，第190页。
② 〔美〕罗伯特·默顿：《社会理论与社会结构》，唐少杰、齐心等译，译林出版社，2006，第841页。
③ 〔美〕贝格尔：《神圣的帷幕》，上海人民出版社，1991，第37页。

势,这种情形导致不同于传统的秩序结构的形成,如果说传统社会的秩序有一个制度化的中心,那么,现代社会的秩序则没有中心。尽管对习惯于传统社会秩序的思想来说,很容易把这种无中心的秩序视为危机,但就在十七八世纪的时候,逐渐出现了这样一种不可逆转的现象:无中心的现代社会秩序取代了传统社会宗教性的制度中心,上帝不再是社会秩序隐藏的自我引证的根据。① 这时候,对于一个"无法忍受时代命运"的个人来说,尽管他还"可以在已有的宗教或在新的神秘主义形式中寻求庇护,但这些都只能是对现代社会秩序的要求的一种逃避"②。事实上,当我们不再逃避而是直面这个问题的时候,我们就会追问:现代社会秩序的基点何在?在解读托克维尔"自由的秩序"这一思想主题的基础上,刘小枫就此指出:"传统社会以神意来支撑伦理秩序和政治制度对权威、资源、财富分配的裁定之合法性,由此建立起一种生活秩序;当这种由神意指出的合法性(元叙述)丧失之后,现代社会的秩序由多元宗教、形形色色的政党、各种利益集团和限制社会成员冲突的代议制政府及其自治性法律制度来构成。"③

历史地看,传统社会的秩序是一种"旧秩序",而现代社会的秩序是一种"新秩序"。在从传统社会向现代社会迈进的现代化过程中,旧秩序必将被打破,并代之以新秩序,新旧秩序的更替是"时代的命运"。乌尔里希·贝克借助"风险社会"这一概念在揭示现代化的社会结构品质的过程中指出:"一个普遍性的阴影现代(Schattenmoderne),即工业化的世界性后果的社会,捣毁了旧的工业社会的生活秩序。"④ 也就是说,在工业化和现代化的历史进程中,随着传统社会赖以维系的"旧秩序"的灭亡,作为现代社会基

---

① 参见刘小枫《现代性社会理论绪论》,上海三联书店,1998,第465~466页。
② 〔英〕吉登斯:《资本主义与现代社会理论——对马克思、涂尔干和韦伯著作的分析》,郭忠华、潘华凌译,上海译文出版社,2007,第271页。
③ 刘小枫:《现代性社会理论绪论》,上海三联书店,1998,第60页。
④ 〔美〕贝克:《两种现代的冲突》,转引自刘小枫《现代性社会理论绪论》,上海三联书店,1998,第51页。

点的"新秩序"必将生成。吉登斯曾援引阿克顿爵士在关于现代历史的演讲中所表达的信念明确指出:"现代世界建立在新秩序的基础之上……世界在一种前所未知的力量的影响下,运转在一个与往昔截然不同的轨道上。"①

那么,这种"新秩序"到底意味着什么?根据吉登斯的分析,为了区别于"乌托邦"主义的立场,"马克思拒绝为未来的社会提供明晰的蓝图。作为对资本主义的辩证性超越,新的社会秩序将依据生活在当前社会中的人们只能模糊地把握的那些原则组织起来"②。如前所述,分工本身就是现代社会的基本组织原则,因此新的社会秩序将依据分工而建构起来。问题的复杂性就在于,分工既创造了文明,又引起了阶级分化,因此,文明自身也呈现出悖论的性质:文明本来意味着人性化和自由的取向,现在却与物性化和奴役奇特地纠缠在一起。在这种情况下,当一些人把"意识"和"精神"作为自觉自由的象征推举到云霄之中,与人的感性物质生活完全对立起来时,一方面表现了人自我超越的愿望和对自由的憧憬,但另一方面,也自觉不自觉地表达了一种等级式的价值观:人的精神方面和精神生产者是高贵纯洁的,人的物质方面和物质生产者则是卑下肮脏的;这不仅使人的灵与肉、人的理念世界和世俗生活陷入二元对立的境地,还有意无意地强化了那部分摆脱了物质生产的人们的地位与权力,而置广大的物质生产者以被支配被统治的地位,掩饰并巩固着社会的等级秩序。③ 就此而论,新的社会秩序必然是对旧的社会等级秩序的辩证性超越。

实际上,要真正理解这种新的社会"秩序",还必须破除人们长期以来对"秩序"本身所抱有的习惯性偏见。鲍曼敏锐地洞察到:

---

① 参见〔英〕吉登斯《资本主义与现代社会理论——对马克思、涂尔干和韦伯著作的分析》,郭忠华、潘华凌译,上海译文出版社,2007,第1页。
② 〔英〕吉登斯:《资本主义与现代社会理论——对马克思、涂尔干和韦伯著作的分析》,郭忠华、潘华凌译,上海译文出版社,2007,第69页。
③ 参见张曙光《重思唯物史观及其现代意义》,载《中国哲学年鉴》,哲学研究杂志社,2009。

"整个现代时期,我们已习惯了这样的看法,即秩序等同于'被控制中'。正是'被控制中'这一假定——无论是有根有据还是仅仅是臆想幻觉——才是我们最念念不忘的。"① 如此一来,在社会秩序中就只有"社会控制",而看不到"个人自由"的影子,正如吉登斯所说:"个体只是抽象意义上的'社会共同体'成员,在该共同体中,个体在一个独立的'政治'领域中享有作为公民的权利。因此,现代社会秩序将'人的主体本质'与人类的控制相'分离',从而把人自身的能力转化为被外化的形式。"② 所以,如果固守对"秩序"的片面性理解和历史性偏见,自由与秩序将永远被看作水火不容、完全对立的两极。然而,这毕竟是对"秩序"的一种"偏见",当这种"先入之见"从"秩序"中清理出去以后,我们将会重新看到"秩序"的原貌和本义。

毋宁说,在高度分化的现代社会中,个人自由和社会控制恰恰成了新的社会"秩序"的一种张力:一方面,个人不断摆脱传统社会秩序的约束,获得了前所未有的自由空间,个人人格的独立塑造出一种全新的主体化形式;另一方面,由于处于社会分工体系之中的个人活动的异质性,不同个体在社会结构中又是相互依赖的,他们共同变成社会的"成员"。也许,只有用这种辩证的眼光才会使我们真正洞悉人类个体与人类社会共同体的本真关系,诚如米德所言:"拥有一个自我的人类个体总是一个较大的社会共同体、一个较广泛的社会群体的成员。"而这一点最为显著地体现在具有"高度文明的现代人"那里,因为只有"现代文明人个体才是并且认为自己是一个社会成员,不仅是某个局部共同体即国家、民族的一员,而且是整个人类整个文明的一员"③。在这里,我们似乎也能看到马克思关于"世界历史性个人"的影子。米德进一步分析指出:只有在整个人类社会或整个人类文明的意义上,在这样一个大的社会整体中,

---

① 〔英〕齐格蒙特·鲍曼:《全球化——人类的后果》,郭国良、徐建华译,商务印书馆,2001,第55页。
② 〔英〕吉登斯:《资本主义与现代社会理论——对马克思、涂尔干和韦伯著作的分析》,郭忠华、潘华凌译,上海译文出版社,2007,第268~269页。
③ 〔美〕米德:《心灵、自我与社会》,赵月瑟译,上海译文出版社,1992,第240页。

才会"迫使重建该特定社会的那些社会冲突得到调和平息,因此,相对于这个整体而言,这些冲突可以得到解决和消除"①。需要指出的是,冲突本身成为现代社会秩序的构成条件,社会学家科塞有言:"一定程度的不一致、内部分歧和外部争论,恰恰是与最终将群体联结在一起的因素有着有机的联系……在明显存在着社会各部分和各等级划分的结构中,对抗所具有的积极整合作用就表现出来了。"②可见,无论是对于一个社会的健康发展,还是对于一种合理的社会秩序的形成,一定范围内的冲突不仅不是坏事,而且是十分必要的。

从"秩序"的内在张力来看,现代社会秩序的重建与个体的自我重建应该是高度一致的。因为"人的天性本来就是这样的;人们只有为同时代人的完美、为他们的幸福而工作,才能使自己也达到完善"③。而且,"只有通过构成社会的个体在职能、行为的分化上取得的越来越大的成就,社会才能在复杂的组织中获得发展"④。为了更透彻地理解这一点,我们还可以援引米德的一段精彩而详细的论证:"我们在自己所置身的社会秩序中作的变革必然也包括在我们自身作的变革。为了消除一个特定的有组织的人类社会中个体成员之间的社会冲突,必须由那些个体对该社会进行有意识的理智的重建和改变,同样必须由那些个体对其自我或人格进行这样的重建和改变。因而,社会的重建与自我或人格的重建之间的关系是交互的、内在的、有机的……因为既然他们的自我或人格是由他们相互之间有组织的社会联系构成,他们不可能重建那些自我或人格而不再某种程度上重建特定的社会秩序,这种重建当然也是由他们相互之间有组织的社会联系构成的……简言之,社会重建和自我或人格的重建,是一个过程即人类进化过程的两个方面。"⑤

---

① 〔美〕米德:《心灵、自我与社会》,赵月瑟译,上海译文出版社,1992,第270页。
② 〔美〕L.科塞:《社会冲突的功能》,孙立平译,华夏出版社,1989,第17页。
③ 《马克思恩格斯全集》第40卷,人民出版社,1972,第7页。
④ 〔美〕米德:《心灵、自我与社会》,赵月瑟译,上海译文出版社,1992,第271页。
⑤ 〔美〕米德:《心灵、自我与社会》,赵月瑟译,上海译文出版社,1992,第270~271页。

三

人类社会的秩序是不会自发形成的，现代社会秩序必须是自觉建构起来的，且指向一种现代文明秩序。在《想象的马克思主义》一书的"导论"中，雷蒙·阿隆曾这样写道："历史发展不会自行成为一个秩序井然的整体：在当代人的经验中，历史发展分为各种系列，人们对它的评价是相互矛盾的。没有一种制度同时实现了我们所憧憬的一切东西和我们所信奉的所有价值。"① 由此可见，"秩序"并不是自发之物，而是自为之物。须知，作为人类社会发展的根本机制，劳动分工和社会分化既使社会充满生机和多样性，又使社会陷入对立和不平等，尽管我们不可能消灭分工，但我们可以通过发展社会生产力和建立公正的制度，不断地削弱分工对人的支配和限制，扩大人的自由度，使人们在政治、法律和经济上越来越平等，从而实现"社会的公义"。诚然，在制度分割和利益分化的现代社会中，"社会的公义"看似变成了一个矛盾的词语组合，似乎只有高度一体化的传统社会才使"社会的公义"得以可能，但"社会的公义"迄今仍然是持久性地激发社会思想和激情的酵素，即使在高度分化的现代社会中，也是如此。② 需要注意的是，人类自觉建构起来的，以实现"社会的公义"为鹄的现代社会秩序应该是一种开放、宽容、文明的秩序，或曰现代文明秩序。

现代文明秩序要以"人的自由而全面发展"为最高旨归。众所周知，中国的传统道德中有一条原则即"己所不欲，勿施于人"，问题是，"在特殊利益和共同利益之间还有分裂"的情况下，不少人所遵循的往往是"己所欲勿施于人""己所不欲施于人"的原则，在这种原则的支配下，人们既不能公正合理地从事自己的活动，也不

---

① 〔法〕雷蒙·阿隆：《想象的马克思主义》，姜志辉译，上海译文出版社，2007，第198页。
② 参见刘小枫《现代性社会理论绪论》，上海三联书店，1998，第59~60页。

能公正合理地互相交换他们的活动，有些人甚至不择手段地损人利己、巧取豪夺，谋一己之私利。这样就必然造成人与人之间关系的紧张与冲突，并在人类通向"自由的""全面的"发展道路上造成障碍和阻力，难以计数的人因此而蒙受了巨大的损失。因此，现代文明秩序的建构必须摒弃那种"己所欲勿施于人""己所不欲施于人"的原则，改变那种狭隘的、不公正的、不合理的社会关系，建立一种普遍的、公正的、合理的社会关系，这样才能保证人作为一种类属的持续发展，并逐渐实现"一切人的自由发展""全面发展"。①

现代文明秩序的建构必须基于人类不同文化、文明之间的对话、沟通。根据亨廷顿的分析，"文明冲突"是世界和平的最大威胁，而建立在多文明基础上的"世界秩序"则是防止世界大战的最大保障。如果说"秩序"是文明首要的先决条件，那么反过来说，"秩序"的形成必须基于哈贝马斯所倡导的"交往理性"，必须诉诸不同文明在公共领域的一种"谈判"。在一定意义上，这种"谈判"成为文明秩序的源泉。需要指出的是，在文化交融、对话的过程中，"每一种文化都在全球性文化出现的过程中，不得不有所取予与修改的必要，以资适应新的形式"②。也就是说，在一种"世界文化"面前，各个国家、民族都必须对自己的本土文化进行"创造性的转换"，这是历史发展的大势所趋。

中国固然是一个国家，但又不同于近代的"民族国家"（nation-state），从根本上来说，中国是一个以文化，而非以种族为华夷区别的独立发展的政治文化体，或者是"文明体国家"（civilizational state），中国有着一套独特的文明秩序。③ 如果说在传统社会或权力高度集中的时代里，中国文明秩序的独特性在于以政治秩序为核心的话，那么，在现代社会这种高度分化的时代里，如何建构一种具

---

① 参见夏甄陶《人：关系 活动 发展》，《哲学研究》1997年第10期。
② 许倬云：《中国文化与世界文化》，贵州人民出版社，1999，第199页。
③ 参见金耀基《论中国的"现代化"与"现代性"——中国现代的文明秩序的建构》，《北京大学学报》1996年第1期。

有中国特色的现代文明秩序也就成为一项时代课题。从分工的观点及其思想资源看，我们还必须借鉴、汲取、转换中国古代经典典籍中所蕴藏的丰富的分工思想。总体而言，中国传统思想观念重合不重分，这一点可以从"天人合一""家国一体""身心不二"中可见一斑，儒、道两家更是主张由人的身心贯通天地万物，把握天地人的整体秩序。问题就在于：如果天地人以及人类自身不能建筑在必要的分化特别是"水平式"的职业分工及其良性互动之上，则其合一或统一就显示不出多大的力量和内容的丰富性。①

因此，对当代中国而言，我们别无选择，唯一的出路就是"现代化"。对此，金耀基在《从传统到现代》一书中这样写道："我们已明白地看出，中国的出路不应再回到'传统的孤立'中去，也不应无主地倾向西方（或任何一方）；更不应日日夜夜地在新、旧、中、西中打滚。中国的出路有而且只有一条，那就是中国的现代化。其实，这也是全世界所有古老社会唯一可走并正在走的道路。"② 实际上，行进在"现代化"道路上的中国，目标就是要寻求并建构一种现代文明秩序。金耀基曾多次申明："今天我们没有奢侈问中国要不要一个现代的新文明，但必须问中国要建构一个什么样的现代的新文明。中国'化'为'现代'的道路，并没有任意或太多选择的余地，但却绝不是没有创造的空间。中国或东亚的人（也包括一切非西方的人）在经济、政治、文化现代化的过程中，应该自觉地调整并扩大现代化的'目标的视域'在模仿或借鉴西方的现代模式之同时，不应不加批判地以西方现代模式作为新文明的标准。中国建构新的现代文明秩序的过程，一方面，应该不止是拥抱西方启蒙的价值，也应该是对它的批判，另一方面，应该不止是中国旧的传统文明秩序的解构，也应该是它的重构。中国的新文明是'现代的'，也是'中国的'。"③

---

① 张曙光：《国之旧学 其命维新》，《中国社会科学》2009 年第 3 期。
② 金耀基：《从传统到现代》，（台北）商务印书馆，1966，第 12 页。
③ 金耀基：《论中国的"现代化"与"现代性"——中国现代的文明秩序的建构》，《北京大学学报》1996 年第 1 期。

参考文献

一 中文文献

（一）著作类

1. 经典著作

《马克思恩格斯选集》第 1~4 卷，人民出版社，1995。
《马克思恩格斯选集》第 1 卷，人民出版社，2012。
《马克思恩格斯全集》第 1 版，第 1、2、3、4、6、7、9、15、19、20、21、22、23、25、26、28、30、37、39、40、42、46、47、48、49 卷，人民出版社。
《马克思恩格斯全集》第 2 版，第 1、3、30、31、42、43 卷，人民出版社。
《马克思恩格斯文集》第 1 卷，人民出版社，2009。
马克思：《1844 年经济学哲学手稿》（单行本），人民出版社，2000。
马克思、恩格斯：《德意志意识形态》（节选本），人民出版社，2003。
《列宁选集》第 1~4 卷，人民出版社，1995。
《列宁全集》第 1 版，第 17 卷，人民出版社。
《列宁全集》第 2 版，第 38 卷，人民出版社。
《斯大林全集》第 2 卷，人民出版社，1953。
《毛泽东选集》第 1 卷，人民出版社，1991。
《毛泽东文集》第 3 卷，人民出版社，1996。

《邓小平文选》第 3 卷，人民出版社，1993。

《江泽民文选》第 1 卷，人民出版社，2006。

《瞿秋白文集》，人民出版社，1988。

2. 中文译著

《普列汉诺夫哲学著作选集》第 2、3 卷，汝信等译，生活·读书·新知三联书店，1959。

《圣西门选集》第 2 卷，王燕生等译，商务印书馆，1962。

〔苏〕B. H. 罗任：《马克思主义社会学导论》，李广泉、王书坤译，华中工学院出版社，1982。

〔苏〕巴加图利亚：《马克思的第一个伟大发现：唯物史观的形成和发展》，陆忍译，中国人民大学出版社，1981。

〔苏〕巴日特诺夫：《哲学中革命变革的起源——马克思的〈1844 年经济学—哲学手稿〉》，刘丕坤译，中国社会科学出版社，1981。

〔苏〕普列汉诺夫：《论一元论历史观之发展》，博古译，三联书店，1961。

〔俄〕别尔嘉耶夫：《论人的奴役与自由》，张百春译，中国城市出版社，2002。

〔日〕柄谷行人：《马克思，其可能性的中心》，中田友美译，中央编译出版社，2006。

〔美〕阿尔温·托夫勒：《权力的转移》，刘红等译，中共中央党校出版社，1991。

〔美〕艾恺：《世界范围内的反现代化思潮：论文化守成主义》，颜超凡译，贵州人民出版社，1991。

〔美〕布龙菲尔德：《语言论》，袁家骅、赵世开、甘世福译，商务印书馆，1985。

〔美〕贝格尔：《神圣的帷幕》，高师宁译，上海人民出版社，1991。

〔美〕贝克：《两种现代的冲突》，转引自刘小枫《现代性社会理论绪论》，上海三联书店，1998。

〔美〕宾克莱：《理想的冲突——西方社会中变化着的价值观念》，

马之德等译，商务印书馆，1983。

〔美〕弗朗西斯·福山：《历史的终结及最后之人》，黄胜强、许铭原译，中国社会科学出版社，2003。

〔美〕弗洛姆：《健全的社会》，孙恺祥译，贵州人民出版，1994。

〔美〕丹尼尔·贝尔：《资本主义文化矛盾》，赵一凡等译，三联书店，1987。

〔美〕汉娜·阿伦特：《人的条件》，竺乾威等译，人民出版社，1999，第152页。

〔美〕汉斯·摩根索：《国际纵横策论——争强权，求和平》，卢明华等译，上海译文出版社，1995。

〔美〕亨利·基辛格：《大外交》，顾淑馨、林添贵译，海南出版社，1998。

〔美〕金迪斯、鲍尔斯等：《人类的趋社会性及其研究——一个超越经济学的经济分析》，浙江大学跨学科社会科学研究中心译，上海人民出版社，2006。

〔美〕L. 科塞：《社会冲突的功能》，孙立平译，华夏出版社，1989。

〔美〕L. S. 斯塔夫里亚诺斯：《全球通史》，吴象婴等译，上海社会科学院出版社，1992。

〔美〕L. S. 斯塔夫里亚诺斯：《全球分裂——第三世界的历史进程》（上），迟越等译，商务印书馆，1993。

〔美〕罗伯特·默顿：《社会理论与社会结构》，唐少杰、齐心等译，译林出版社，2006。

〔美〕罗兰·罗伯森：《全球化：社会理论和全球文化》，梁光严译，上海人民出版社，2000。

〔美〕米德：《心灵、自我与社会》，赵月瑟译，上海译文出版社，1992。

〔美〕米德：《从伦理学观点看博爱》，载《乔治·赫伯特·米德著作选》，转引自〔美〕H. W. 埃尔曼《比较法律文化》，贺卫方、高鸿钧译，清华大学出版社，2002。

〔美〕欧文·拉兹洛：《多种文化的星球：联合国教科文组织国际专

家小组的报告》，戴侃、辛未译，社会科学文献出版社，2001。

〔美〕帕森斯：《社会行动的结构》，张明德、夏遇南、彭刚译，译林出版社，2003。

〔美〕萨拜因：《政治学说史》（上），盛葵阳译，商务印书馆，1986。

〔美〕萨缪尔·亨廷顿：《文明的冲突与世界秩序的重建》，周琪等译，新华出版社，1998。

〔美〕特雷尔·卡弗：《马克思与恩格斯：学术思想关系》，姜海波、王贵贤译，中国人民大学出版社，2008。

〔美〕托马斯·雅诺斯基：《公民与文明社会》，柯雄译，辽宁教育出版社，2000。

〔美〕悉尼·胡克：《对卡尔·马克思的理解》，徐崇温译，重庆出版社，1989。

〔英〕A. J. 汤因比、〔日〕池田大作：《展望二十一世纪：汤因比与池田大作对话录》，国际文化出版公司，1995。

〔英〕安东尼·吉登斯：《民族-国家与暴力》，生活·读书·新知三联书店，1998。

〔英〕哈耶克：《自由秩序原理》，邓正来译，生活·读书·新知三联书店，1997。

〔英〕哈耶克：《致命的自负》，冯克利、胡晋华译，中国社会科学出版社，2000。

〔英〕哈耶克：《个人主义与经济秩序》，邓正来译，生活·读书·新知三联书店，2003。

〔英〕吉登斯：《资本主义与现代社会理论——对马克思、涂尔干和韦伯著作的分析》，郭忠华、潘华凌译，上海译文出版社，2007。

〔英〕拉尔夫·达仁道夫：《现代社会冲突——自由政治随感》，林荣远译，中国社会科学出版社，2000。

〔英〕马歇尔：《经济学原理》（上），陈良璧译，商务印书馆，1983。

〔英〕麦克莱伦：《马克思思想导论》，郑一明、陈喜贵译，中国人民大学出版社，2008。

〔英〕齐格蒙·鲍曼：《立法者与阐释者：论现代性、后现代性与知识分子》，洪涛译，上海人民出版社，2000。

〔英〕齐格蒙特·鲍曼：《全球化——人类的后果》，郭国良、徐建华译，商务印书馆，2001。

〔英〕齐格蒙特·鲍曼：《被围困的社会》，郇建立译，江苏人民出版社，2005。

〔英〕约翰·汤姆林森：《全球化与文化》，郭英剑译，南京大学出版社，2002。

〔匈〕卢卡奇：《关于社会存在的本体论》（上），白锡堃等译，重庆出版社，1993。

〔匈〕卢卡奇：《历史和阶级意识》，张西平译，重庆出版社，1989。

〔法〕埃蒂安·巴里巴尔：《马克思的哲学》，王吉会译，中国人民大学出版社，2007。

〔法〕奥·科尔纽：《马克思的〈关于费尔巴哈的提纲〉》，载中国社会科学院哲学所编译《马克思哲学思想研究译文集》，人民出版社，1983。

〔法〕德里克：《后殖民气息：全球资本主义时代的第三世界批评》，载汪晖等《文化与公共性》，生活·读书·新知三联书店，1998。

〔法〕福柯：《权力的眼睛——福柯访谈录》，严锋译，上海人民出版社，1997。

〔法〕莱昂·狄骥：《宪法论》第1卷，钱克新译，商务印书馆，1962。

〔法〕雷蒙·阿隆：《想象的马克思主义》，姜志辉译，上海译文出版社，2007。

〔法〕马尔图切利：《现代性社会学：二十世纪的历程》，姜志辉译，译林出版社，2007。

〔法〕涂尔干：《社会分工论》，渠东译，生活·读书·新知三联书店，2000。

〔法〕托克维尔：《论美国的民主》，董果良译，商务印书馆，2002。

〔德〕格罗·詹纳：《资本主义的未来：一种经济制度的胜利还是失败？》，宋玮等译，社会科学文献出版社，2004。

〔德〕哈贝马斯：《交往行动理论》第1卷，洪佩郁、蔺青译，重庆出版社，1994。

〔德〕费希特：《论学者的使命，人的使命》，梁志学、沈真译，商务印书馆，1984。

〔德〕哈贝马斯：《重建历史唯物主义》，郭官义译，社会科学文献出版社，2000。

〔德〕哈贝马斯：《超越民族国家》，载《全球化与政治》，中央编译出版社，2000。

〔德〕黑格尔：《哲学史讲演录》第1卷，贺麟、王太庆译，商务印书馆，1959。

〔德〕黑格尔：《精神现象学》（上），贺麟译，商务印书馆，1979。

〔德〕黑格尔：《法哲学原理》，范扬、张企泰译，商务印书馆，1979。

〔德〕黑格尔：《小逻辑》，贺麟译，商务印书馆，1980。

〔德〕卡西尔：《人论》，甘阳译，西苑出版社，2003。

〔德〕康德：《法的形而上学原理——权利的科学》，沈叔平译，林荣远校，商务印书馆，1991。

〔德〕马克斯·韦伯：《新教伦理与资本主义精神》，于晓、陈维纲等译，生活·读书·新知三联书店，1987。

〔德〕马克斯·韦伯：《学术与政治》，冯克利译，三联书店，1998。

〔德〕西美尔：《时尚的哲学》，费勇等译，文化艺术出版社，2001。

〔德〕施米特：《马克思的自然概念》，欧力同、吴仲昉译，商务印书馆，1988。

〔德〕滕尼斯：《共同体与社会》，林荣远译，商务印书馆，1999。

〔德〕雅斯贝尔斯：《时代的精神状况》，王德峰译，上海译文出版社，1997。

〔意〕安东尼奥·葛兰西：《狱中札记》，曹雷雨、姜丽、张跣译，中国社会科学出版社，2000。

〔意〕拉布里奥拉：《关于历史唯物主义》，杨启、孙魁、朱中龙译，人民出版社，1984。

〔捷克〕奥塔·锡克：《社会主义的计划和市场》，王锡君等译，中国社会科学出版社，1982。

〔捷克〕科西克：《具体的辩证法——关于人与世界问题的研究》，傅小平译，社会科学文献出版社，1989。

3. 中文著作

陈弘毅：《市民社会的理念与中国的未来》，载《法理学的世界》，中国政法大学出版社，2003。

陈先达、靳辉明：《马克思早期思想研究》，生活·读书·新知三联书店，1963。

陈学明、马拥军：《走进马克思——苏东剧变后西方四大思想家的思想轨迹》，东方出版社，2002。

陈宴清：《当代中国社会转型论》，山西教育出版社，1998。

邓正来：《国家与市民社会》，中央编译出版社，1999。

邓正来：《市民社会理论的研究》，中国政法大学出版社，2002。

邓正来：《规则·秩序·无知》，生活·读书·新知三联书店，2004。

邓正来：《中国法学向何处去——建构中国法学"理想图景"时代论纲》，商务印书馆，2006。

杜维明：《文明的冲突与对话》，湖南大学出版社，2001。

复旦大学哲学系现代西方哲学研究室：《西方学者论〈一八四四年经济学—哲学手稿〉》，复旦大学出版社，1983。

侯惠勤：《正确世界观和人生观的磨砺》，南京大学出版社，1996。

胡锦涛：《在庆祝中国共产党成立90周年大会上的讲话》，人民出版社，2011。

金耀基：《从传统到现代》，（台北）商务印书馆，1966。

兰久富：《社会转型时期的价值观念》，北京师范大学出版社，1999。

李德顺：《价值论》，中国人民大学出版社，2007。

李培林、李强、孙立平等：《中国社会分层》，社会科学文献出版社，2004。

刘伟胜：《文化霸权概论》，河北人民出版社，2002。

刘小枫：《现代性社会理论绪论》，上海三联书店，1998。

罗荣渠：《现代化新论——世界与中国的现代化进程》，北京大学出版社，1993。

罗素：《中西文化之比较》，时代文艺出版社，1988。

陆学艺：《当代中国社会阶层研究报告》，社会科学文献出版社，2002。

欧阳康：《社会认识论》，云南人民出版社，2002。

马长山：《国家、市民社会与法治》，商务印书馆，2002。

宁骚：《民族与国家》，北京大学出版社，1995。

覃光广等：《文化学辞典》，中央民族学院出版社，1988。

渠敬东：《缺席与断裂：有关失范的社会学研究》，上海人民出版社，1999。

苏国勋、刘小枫：《二十世纪西方社会理论文选》第4卷，上海三联书店，2005。

孙立平：《转型与断裂——改革以来中国社会结构的变迁》，清华大学出版社，2004。

孙伯鍨、张一兵：《走进马克思》，江苏人民出版社，2001。

石元康：《从中国文化到现代性：典范转移？》，生活·读书·新知三联书店，2000。

童世骏：《意识形态新论·序言》，上海人民出版社，2006。

万俊人：《道德之维——现代经济伦理导论》，广东人民出版社，2000。

王联：《世界民族主义论》，北京大学出版社，2002。

王南湜：《从领域合一到领域分离》，山西教育出版社，1998。

王宁等：《全球化与后殖民批评》，中央编译出版社，1998。

吴江：《吴江文稿》上卷，中央编译出版社，2009。

熊子云、张向东：《唯物史观形成史》，重庆出版社，1988。

许倬云：《中国文化与世界文化》，贵州人民出版，1999。

杨柄：《马克思恩格斯论文艺和美学》，文化艺术出版社，1982。

叶汝贤、孙麾：《马克思与我们同行》，中国社会科学出版社，2003。

余文烈：《当代国外社会主义流派》，安徽人民出版社，2000。

张曙光：《人的世界与世界的人》，河南人民出版社，1994。

张曙光：《个体生命与现代历史》，山东人民出版社，2007。

张曙光：《重思唯物史观及其现代意义》，载《中国哲学年鉴》，哲学研究杂志社，2009。

张文喜：《马克思论"大写的人"》，社会科学文献出版社，2004。

张一兵：《回到马克思——经济学语境中的哲学话语》，江苏人民出版社，2003。

张宇、孟捷、卢荻：《高级政治经济学》，经济科学出版社，2002。

中共中央文献研究室：《十六大以来重要文献选编》（中），中央文献出版社，2006。

《中共中央关于构建社会主义和谐社会若干重大问题的决定》，人民出版社，2006。

周宪：《现代性：从分化到冲突——一种社会理论的描述》，《社会理论论丛》（第二辑），南京大学出版社，2004。

（二）论文类

1. 报刊论文

邓小平：《党和国家领导制度的改革》，《人民日报》1980年8月18日。

安启念：《和谐马克思主义：一个被长期遮蔽的视域》，《中国人民大学学报》2006年第3期。

本刊记者：《构建中国特色社会主义核心价值观——访李忠杰教授》，《科学社会主义》2005年第2期。

陈振明：《"西方马克思主义"的马克思主义归属问题》，《南京社会科学》1997年第12期。

成思危、吴敬琏、厉以宁等：《中国改革的全球价值》，《新华文摘》

2008 年第 7 期。

戴木才、田海舰：《论社会主义核心价值体系与核心价值观》，《中国党政干部论坛》2007 年第 2 期。

杜鸿林：《关于构建中国特色社会主义理论体系的若干思考》，《天津行政学院学报》2007 年第 1 期。

方朝晖：《市民社会的两个传统及其在现代的汇合》，《中国社会科学》1994 年第 5 期。

方朝晖：《对 90 年代市民社会研究的一个反思》，《天津社会科学》1999 年第 5 期。

冯兴元：《市场化：地方模式的演进思路——苏、浙模式比较之一》，《经济学消息报》2000 年第 49 期。

甘绍平：《公民社会是一个什么样的社会？》，《学习时报》2003 年 9 月 1 日。

高兆明：《市民社会的建立与家族精神的破灭——兼论"'市民社会'研究进路"》，《学海》1999 年第 3 期。

高兆明：《论经济全球化中的价值原点——来自民族－国家维度的诘问》，《哲学研究》2001 年第 7 期。

韩庆祥：《制度承载核心价值》，《瞭望》2008 年第 4 期。

韩庆祥：《从哲学解读"中国特色"》，《理论视野》2008 年第 2 期。

韩庆祥、秦小星：《关于分工和异化的几个理论问题》，《学术界》1987 年第 6 期。

韩震、郑立心：《社会主义核心价值体系是构建和谐社会的思想道德基础》，《新视野》2007 年第 6 期。

贺来：《社会团结与社会统一性的哲学论证：对当代哲学中一个重大课题的考察》，《天津社会科学》2007 年第 5 期。

何娅：《基尼系数：城乡历史政策的解构》，《中国国情国力》2007 年第 4 期。

何中华：《论马克思和恩格斯哲学思想的几点区别》，《东岳论丛》2004 年第 3 期。

何中华:《如何看待马克思和恩格斯的思想差别》,《现代哲学》
　　2007年第3期。
何中华:《是"谬见",还是真实?——对一种责难的回应》,《现代
　　哲学》2008年第3期。
何中华:《究竟应当怎样看待"马克思—恩格斯问题"——再答我
　　的两位批评者》,《江苏社会科学》2009年第3期。
金耀基:《论中国的"现代化"与"现代性"——中国现代的文明
　　秩序的建构》,《北京大学学报》1996年第1期。
江畅:《论价值观念现代化的中国特色——从现代价值观念的国家特
　　色、民族特色和传统特色说起》,《人文杂志》2004年第2期。
江泽民:《中国共产党第十五次全国代表大会上的报告》,《人民日
　　报》1997年9月22日。
李君如:《马克思主义中国化若干问题研究》,《中共中央党校学报》
　　2008年第1期。
梁树发、李娉:《改革开放三十年来我国学者关于马克思主义认识的
　　变化与发展——从关于马克思恩格斯关系的认识谈起》,《马克
　　思主义与现实》2009年第4期。
梁晓杰:《社会分工与道德普世》,《现代哲学》2001年第2期。
林剑:《马克思历史观视野中的生产力、生产关系及其矛盾运动》,
　　《江海学刊》2005年第6期。
刘放桐:《从经典马克思主义到西方马克思主义》,《求是学刊》
　　2004年第5期。
刘佑成:《马克思的社会发展三形态理论》,《哲学研究》1988年第
　　12期。
马俊峰:《历史唯物主义的三重意蕴》,《哲学研究》2009年第3期。
孟捷:《产品创新与马克思的分工理论》,《当代经济研究》2004年
　　第9期。
乔榛:《马克思分工理论:发展马克思主义经济学的一种范式》,
　　《经济学家》2005年第3期。

秦刚:《中国特色社会主义的理论体系》,《科学社会主义》2007年第5期。

秦庆武:《略论两对社会基本矛盾的中间环节》,《南京师范大学学报》1982年第1期。

秦宣:《解读"中国特色社会主义理论体系"》,《社会主义论丛》2008年第1期。

王虎学:《论"现实社会"的逻辑起点与历史起点》,《社会主义研究》2009年第3期。

王虎学:《马克思分工思想的人学意蕴》,《哲学动态》2011年第4期。

王虎学:《"共产主义"的现实性与超越性》,《光明日报》2016年1月27日,理论版。

王锐生:《论人的两种全面发展(对话)》,《首都师范大学学报》2002年第6期。

吴家华:《"马克思恩格斯问题"论析》,《中国人民大学学报》2002年第6期。

吴敬琏:《市场经济"升级"有赖于公民社会发展》,《中国改革》2005年第11期。

习近平:《关于中国特色社会主义理论体系的几点学习体会和认识》,《求是》2008年第7期。

夏甄陶:《人:关系 活动 发展》,《哲学研究》1997年第10期。

谢友倩:《风险社会中的风险关系与阶级关系——贝克〈风险社会〉批判》,《南京政治学院学报》2007年第2期。

许纪霖:《现代中国的民族国家认同》,《世界经济与政治论坛》2005年第6期。

许章润:《论现代民族国家是一个法律共同体》,《政法论坛》2008年第3期。

徐崇温:《中国特色社会主义理论体系的构建》,《文汇报》2008年3月3日。

徐军：《"马恩关系问题"视域中的马克思主义哲学——兼评特雷尔·卡弗〈马克思与恩格斯：学术思想关系〉》，《南京政治学院学报》2009年第2期。

徐文杰：《中国特色社会主义理论体系的历史演进及概念辨析》，《中国特色社会主义研究》2007年第6期。

许兴亚：《应当如何理解共产主义不是"人类发展的终点"——马克思〈1844年经济学—哲学手稿〉中译文辨析》，《海派经济学》2006年第15辑。

孙强：《〈1844年经济学—哲学手稿〉与唯物史观的形成》，《复旦大学学报》（社会科学版）2000年第6期。

石仲泉：《对"始于毛"的说法要作具体分析》，《北京日报》2007年11月19日。

杨春贵：《中国特色社会主义理论体系的新概括》，《中国社会科学》2008年第1期。

俞吾金：《从意识形态的科学性到科学技术的意识形态性》，《马克思主义与现实》2007年第3期。

袁贵仁：《建设社会主义核心价值体系》，《中国社会科学》2008年第1期。

袁祖社：《"全球公民社会"的生成及文化意义——兼论"世界公民人格"与全球"公共价值"意识的内蕴》，《北京大学学报》2004年第4期。

俞可平：《中国公民社会研究的若干问题》，《中共中央党校学报》2007年第6期。

曾盛聪：《论中国现代化进程中的公民社会——实然与应然的分析视角》，《学海》2005年第2期。

张乃和：《现代公民社会的起源》，《吉林大学社会科学学报》2006年第6期。

张骐：《走向和谐——当代中国的公民社会探析》，《北京大学学报》（社会科学版）2005年第4期。

张曙光：《谈马克思对人与社会三重关系的界说》，《社会科学辑刊》1996年第3期。

张曙光：《思入现代社会的本质——马克思哲学思想的当代意义刍议》，《学术研究》2002年第5期。

张曙光：《"意识"与"语言"：历史构成的第五个因素》，《河北学刊》2008年第2期。

张曙光：《国之旧学 其命维新》，《中国社会科学》2009年第3期。

张一兵：《从分工到现实的世界历史》，《江苏社会科学》1998年第6期。

张一兵：《论青年马克思对社会概念的初始规定》，《中州学刊》1998年第6期。

郑杭生、洪大用：《现代化进程中的中国国家与社会》，《云南社会科学》1997年第5期。

庄福龄：《六十年间马克思主义中国化两大理论体系的形成》，《马克思主义与现实》2009年第6期。

庄前生：《关于中国特色社会主义理论体系创新的若干构想》，《马克思主义研究》2006年第12期。

祝灵君：《国外建立社会核心价值的经验及对我国的启示》，《中国党政干部论坛》2007年第4期。

朱立元：《不应制造"两个马克思"对立的新神话》，《社会科学报》2010年4月29日。

2. 中文译文

〔英〕肖恩·塞耶斯：《异化与经济发展》，《世界哲学》1995年专刊。

〔英〕肖恩·塞耶斯：《现代工业社会的劳动：围绕马克思劳动概念的考察》，周嘉昕译，《南京大学学报》2007年第1期。

〔法〕玛丽-克劳德·斯莫茨：《治理在国际关系中的正确应用》，《国际社会科学》1999年第1期。

〔美〕弗朗西斯·福山：《社会资本、公民社会与发展》，曹义炬编译,《马克思主义与现实》2003 年第 2 期。

〔美〕亚历山大:《分化理论:问题及其前景》,《国外社会学》1992 年第 1 期。

〔爱尔兰〕弗雷德·鲍威尔:《国家、福利与公民社会》,何文辉编译,《马克思主义与现实》2003 年第 2 期。

二 外文文献

Alan Swingewood, *Culture Theory and The Problem of Modernity*. London: Macmillan, 1997.

C. F. Edward Shils, *Reflections on Civil Society and Civility in the Chinese Intellectual Tradition*. Harvard University Press, Cambridge, Massachusetts, London, England, 1996.

C. F. Parsons, *The System of Moderin Societies*. Englewood Cliff, N. J. Prentice-Hall, 1971.

Ernest Renan, "What is a nation?" In D. Smith, ed., *John Hutchinson & Anthony Nationalism*. Oxford: Oxford University Press, 1994.

Eugene kamenka, *The Ethical Foundation of Marxism*. Boston: Routledge & Kegan Paul, 1972.

Freeman and F. Louca, *As Time Goes By: from Industrial Revolution to Information Revolution*. London: Oxford University Press, 1969.

J. M. Lehmann, *Deconstructing Durkheim: A Post-Structuralist Critique*. New York: Routledge, 1993.

Keith Faulks, *Citizenship*. Routledge, 2000.

Needham, *Right and Left: Essays on Dual Classification*. Chicago: UP of Chicago, 1973.

Roland Roberston, "After Nostalgia? Wilful Nostalgia and the Phase of Gobalization," in B. S. Turner, ed., *Theories of Modernity and Post-Modernity*. London: Sage Publications, 1990.

Sean Sayers, *Marxism and Human Nature*. London: Routledge, 1998.

图书在版编目（CIP）数据

历史唯物主义的"名"与"实" / 王虎学著. -- 北京：社会科学文献出版社，2019.9（2021.3 重印）
（中共中央党校（国家行政学院）马克思主义理论研究丛书）
ISBN 978-7-5201-5381-2

Ⅰ.①历… Ⅱ.①王… Ⅲ.①历史唯物主义–研究 Ⅳ.①B03

中国版本图书馆 CIP 数据核字（2019）第 181969 号

中共中央党校（国家行政学院）马克思主义理论研究丛书
历史唯物主义的"名"与"实"

著　　者 /	王虎学
出 版 人 /	王利民
责任编辑 /	岳梦夏
文稿编辑 /	韩宜儒
出　　版 /	社会科学文献出版社·政法传媒分社（010）59367156 地址：北京市北三环中路甲29号院华龙大厦　邮编：100029 网址：www.ssap.com.cn
发　　行 /	市场营销中心（010）59367081　59367083
印　　装 /	北京建宏印刷有限公司
规　　格 /	开本：787mm×1092mm　1/16 印张：20.75　字数：283千字
版　　次 /	2019年9月第1版　2021年3月第2次印刷
书　　号 /	ISBN 978-7-5201-5381-2
定　　价 /	128.00元

本书如有印装质量问题，请与读者服务中心（010-59367028）联系

▲ 版权所有 翻印必究